1930 Census Carter County Tennessee

Partial Compilation of County

Including Districts Sharing

A Common Boundary

With

Johnson County

Districts 1, 4, 10, 12 & 16

Alphabetized and Indexed

Copyright 2009

ISBN 978-0-578-01475-3

Charles Herman Tester

With Special Thanks to Nancy and Roland Tester and Jack Jr. and Juanita Tester Wilson

All Rights Reserved

This compilation is from the 15th Federal Census of the Population 1930. The 'census takers' or enumerators spelled as they chose and as a result there are many creative and incorrect spelling of names. However with limited space to write and little training, these enumerators successfully completed a readable and reliable body of work.

Please be aware that in the First District almost everyone and their parents have Tennessee listed as the state of birth. Although this is possible it is not probable. Rely on other sources to confirm that this particular listing of information is correct.

The 1930 Census format was extensive and totaled 32 questions concerning citizenship, education, occupation and military service as well as the usual place of abode, names of each family member, ages and relationships. The eight columns in this compilation are 1-number assigned each family by order of visit; 2-surname and given name of each individual household member on April 1, 1930; 3-relationship of each individual to the head of the family; 4-age of each listed individual as of April 1, 1930 (those less than a year old are listed as '0');5-state of birth of each listed individual ;6-state of birth of the father of each listed individual; 7-state of birth of each listed individual; 8-occupation as listed for each working individual/all others listed 'none' in the occupation question.

Carter County 1930 Census Enumeration of Civil Districts 1, 4, 10, 12, & 16

District 4: Pages 1-22

District 1: Pages 23-48

District 10: Pages 49-75

District 12: Pages 76-95

District 16: Pages 96-123

Index following Page 124

Appendices following Index

Family #	Name/ District 4	Relation	Age	I	F	M	Occupation
1	Stout, William	head	58	TN	TN	TN	farmer
	Stout, Aletha	wife	48	NC	NC	NC	
	Stout, Floyd	son	19	TN	TN	NC	
	Stout, Robert	son	8	TN	TN	NC	
	Stout, Glen	son	5	TN	TN	NC	
2	Stout, Haskle	head	22	TN	TN	NC	farmer
	Stout, Lona	wife	17	TN	TN	TN	
	Stout, Marjorie	daughter	0	TN	TN	TN	
3	Andrews, James	head	65	NC	NC	NC	farmer
4	Andrew, Joseph	head	29	TN	NC	NC	
	Andrews, Myrtle	wife	28	TN	TN	TN	
	Andrews, Mable	daughter	8	TN	TN	TN	
	Andrews, Hugh	son	7	TN	TN	TN	
	Andrews, Edith	daughter	5	TN	TN	TN	
	Andrews, Ruth	daughter	3	TN	TN	TN	
	Andrews, Gernie	son	1	TN	TN	TN	
5	Hartley, William	head	44	TN	TN	TN	farmer
	Hartley, Cora	wife	41	TN	TN	NC	
	Hartley, Murphy	son	19	TN	TN	TN	farm laborer
	Hartley, Elenor	daughter	16	TN	TN	TN	
	Hartley, Earl	son	12	TN	TN	TN	
	Hartley, Hobart	son	11	TN	TN	TN	
	Hartley, Sylva	daughter	9	TN	TN	TN	
6	Cable, William	head	52	TN	TN	NC	farmer
	Cable, Ellen	wife	44	NC	NC	NC	
	Cable, Wheeler	son	19	TN	TN	NC	farm laborer
	Cable, Chauncy	son	17	TN	TN	NC	farm laborer
	Cable, Mae	daughter	15	TN	TN	NC	
	Cable, Millard	son	14	TN	TN	NC	
	Cable, Grace	daughter	11	TN	TN	NC	
	Cable, Hardy	son	9	TN	TN	NC	
7	Cable, John	head	27	TN	TN	NC	farmer
	Cable, Lethia	wife	19	TN	TN	TN	
	Cable, Christine	daughter	0	TN	TN	TN	
8	Pearson, William	head	34	TN	NC	TN	farmer
	Pearson, Dove	wife	29	TN	TN	TN	
	Pearson, Wilma	daughter	9	TN	TN	TN	
	Pearson, Trilla	daughter	8	TN	TN	TN	
	Pearson, William Jr.	son	5	TN	TN	TN	
	Pearson, Raymond	son	3	TN	TN	TN	
	Pearson, Jewel	daughter	1	TN	TN	TN	
9	Pearson, Walter	head	47	TN	NC	TN	farmer
	Pearson, Minnie	wife	39	NC	NC	NC	
	Pearson, Vergie	daughter	14	TN	TN	NC	
	Pearson, Dove	daughter	12	TN	TN	NC	
	Pearson, Gernie	son	5	TN	TN	NC	

Family #	Name	Relation	Age	I	F	M	Occupation
10	Andrews, Gather	head	27	TN	TN	NC	silk mills laborer
	Andrews, Matilda	wife	25	TN	TN	TN	
	Andrews, Bernard	son	6	TN	TN	TN	
11	Stout, John	head	49	TN	TN	NC	blacksmith
	Stout, Nellie	wife	38	TN	TN	TN	
	Stout, Lue	daughter	18	TN	TN	TN	
	Stout, Bulah	daughter	15	TN	TN	TN	
	Stout, Shafter	son	13	TN	TN	TN	
	Stout, Pauline	daughter	11	TN	TN	TN	
12	Cable, Mack	head	39	TN	TN	NC	farmer
	Cable, Amanda	wife	30	TN	TN	TN	
	Cable, John	son	8	TN	TN	TN	
	Cable, Coy	son	6	TN	TN	TN	
	Cable, Hazel	daughter	5	TN	TN	TN	
	Cable, Thelma	daughter	3	TN	TN	TN	
13	Clawson, Morris	head	22	TN	TN	TN	farmer
	Clawson, Mae	wife	17	TN	NC	TN	
14	Clawson, Ira	head	29	TN	TN	TN	farmer
	Clawson, Hissie	wife	23	TN	TN	TN	
	Clawson, Loyd	son	2	TN	TN	TN	
	Clawson, Stedford	son	0	TN	TN	TN	
15	Lunceford, Andy	head	50	NC	NC	NC	farmer
	Lunceford, Della	daughter	13	TN	NC	TN	
	Lunceford, Clifford	son	11	TN	NC	TN	
	Lunceford, Noah	son	7	TN	NC	TN	
	Lunceford, Dovie	daughter	5	TN	NC	TN	
16	Clawson, Taylor	head	52	TN	TN	NC	farmer
	Clawson, Mary	wife	50	TN	TN	NC	
	Clawson, McKinley	son	17	TN	TN	TN	
	Clawson, Troy	son	10	TN	TN	TN	
	Clawson, James	son	8	TN	TN	TN	
17	McKinney, James	head	50	TN	NC	NC	farmer
	McKinney, Mackie	wife	50	TN	TN	TN	
18	Isaacs, Mildred	head	77	TN	TN	TN	farmer
	Stokes, Helen	gr dau	17	IN	IN	TN	
19	Ward, Eugene	head	47	TN	TN	TN	farmer
	Ward, Amanda	wife	48	TN	TN	TN	
	Ward, Floyd	son	16	TN	TN	TN	farm laborer
	Ward, Della	daughter	13	TN	TN	TN	
	Ward, Ella	daughter	13	TN	TN	TN	
	Ward, Robert	son	8	TN	TN	TN	
	Ward, Glen	son	3	TN	TN	TN	
20	Potter, James	head	52	TN	TN	TN	farmer
	Potter, Lena	wife	34	TN	TN	NC	
	Potter, Sarah	daughter	18	TN	TN	TN	
	Potter, Orpha	daughter	16	TN	TN	TN	

Family #	Name	Relation	Age	I	F	M	Occupation
	Potter, Walter	son	12	TN	TN	TN	
	Potter, Jettie	daughter	9	TN	TN	TN	
	Potter, Mae	daughter	8	TN	TN	TN	
	Potter, Velva	daughter	5	TN	TN	TN	
	Potter, Frances	daughter	2	TN	TN	TN	
	Potter, Troy	son	0	TN	TN	TN	
21	Hoss, Buck	head	54	TN	TN	TN	farmer
	Hoss, Della	wife	48	TN	NC	NC	
	Hoss, Fred	son	14	TN	TN	TN	
	Hoss, James	son	12	TN	TN	TN	
	Hoss, Boyd	son	4	TN	TN	TN	
22	Hardin, Nat	head	55	TN	TN	TN	farmer
23	Lineback, Nicholson	head	78	GR	GR	GR	farmer
	Lineback, Malinda	wife	68	TN	NC	NC	
24	Luther, Jerry	head	60	NC	NC	NC	farmer
	Luther, Charles	brother	49	TN	NC	NC	farm laborer
25	Potter, Millard	head	38	TN	TN	TN	farmer
	Potter, Pearl	wife	38	TN	TN	TN	
	Potter, Danford	daughter	16	TN	TN	TN	
	Potter, Dannice	daughter	15	TN	TN	TN	
	Potter, Russell	son	9	TN	TN	TN	
	Potter, Ree	son	6	TN	TN	TN	
	Potter, Bernard	son	2	TN	TN	TN	
26	Greer, James	head	58	NC	NC	NC	farmer
	Greer, Mollie	wife	60	NC	NC	NC	
	Price, Lee	soninlaw	38	NC	NC	NC	
	Price, Lillie	daughter	28	NC	NC	NC	
	Price, Warren	gr son	9	TN	NC	TN	
	Price, Raymond	gr son	7	TN	NC	TN	
	Price, Edith	gr dau	4	TN	NC	TN	
	Price, J. L.	gr son	2	TN	NC	TN	
27	Potter, Ham	head	39	TN	TN	TN	farmer
	Potter, Hessie	wife	39	TN	TN	TN	
	Potter, Homer	son	10	TN	TN	TN	
	Potter, Helen	daughter	4	TN	TN	TN	
	Potter, Mary	daughter	2	TN	TN	TN	
28	Andrews, William	head	64	TN	TN	TN	farmer
	Andrews, Rillie	wife	60	TN	TN	TN	
	Potter, Dovie	gr dau	9	TN	TN	TN	
29	Tester, Eli Finley	head	57	NC	NC	NC	farmer
	Tester, Camoline Presnell	wife	50	NC	NC	NC	
	Tester, Coy	son	31	NC	NC	NC	lumber camp cook
	Tester, Ben	son	23	NC	NC	NC	farm laborer
	Tester, Luke	son	18	NC	NC	NC	farm laborer
	Tester, Nelson	son	15	NC	NC	NC	
	Tester, Ruby	daughter	13	NC	NC	NC	

Family #	Name	Relation	Age	I	F	M	Occupation
	Tester, Louis	son	11	NC	NC	NC	
	Tester, Ruth	daughter	9	TN	NC	NC	
	Tester, Mae	daughter	7	TN	NC	NC	
	Tester, Howard	son	4	TN	NC	NC	
30	Tester, Earl	head	27	NC	NC	NC	farmer
	Tester, Nattie	wife	44	TN	TN	TN	
	Tester. Carroll	son	4	TN	NC	TN	
	Tester, Harvey	son	3	TN	NC	TN	

Family #	Name	Relation	Age	I	F	M	Occupation
	Luther, Ray	stepson	21	TN	NC	TN	public school teacher
31	Dugger, Elijah	head	54	TN	TN	TN	farmer
	Dugger, Sarah	wife	44	TN	NC	NC	
	Dugger, William	son	31	TN	TN	TN	farm laborer
	Dugger, Hannah	mother	76	TN	TN	TN	
	Lunceford, William	uncle	81	TN	NC	NC	
32	Sheets, William	head	39	TN	NC	NC	farmer
	Sheets, Rosa	wife	40	TN	NC	TN	
	Sheets, Fredrick	son	14	TN	TN	TN	
	Sheets, Gracy	daughter	12	TN	TN	TN	
	Sheets, Edna	daughter	11	TN	TN	TN	
	Sheets, Howard	son	8	TN	TN	TN	
	Sheets, Hazel	daughter	5	TN	TN	TN	
	Sheets, Ruth	daughter	4	TN	TN	TN	
	Sheets, Gladys	daughter	1	TN	TN	TN	

Family #	Name	Relation	Age	I	F	M	Occupation
	Sheets, Eleanor	daughter	0	TN	TN	TN	
33	Sheets, Mary	head	69	NC	NC	NC	farmer
	Sheets, Cordelia	daughter	45	TN	NC	NC	
	Sheets, Loyd	cousin	22	TN	NC	TN	farm laborer
34	Finney, George	head	64	TN	NC	NC	farmer
	Finney, Eliza	wife	55	NC	NC	NC	
	Dugger, Arthur	soninlaw	27	TN	TN	TN	farm laborer
	Dugger, Blanch	daughter	22	TN	TN	TN	
	Dugger, Ray	grandson	6	TN	TN	TN	
	Dugger, Edward	grandson	4	TN	TN	TN	
	Dugger, Earl	grandson	2	TN	TN	TN	
	Dugger, Lou Ellen	granddau	0	TN	TN	TN	
35	Dugger, Wheeler	head	25	TN	TN	TN	farmer
	Dugger, Virginia	wife	19	TN	TN	TN	
	Dugger, James	son	0	TN	TN	TN	
36	Miller, John	head	57	NC	NC	NC	farmer
	Miller, Katherine	wife	54	TN	TN	NC	
	Miller, Hobart	son	17	TN	NC	TN	
	Miller, Rosa	daughter	15	TN	NC	TN	
	Miller, Louise	daughter	12	TN	NC	TN	
37	Finney, Donald	head	23	TN	TN	TN	farmer
	Finney, Ida	wife	20	NC	NC	NC	
	Finney, Bonnie	daughter	3	TN	TN	NC	
	Finney, Lena	daughter	2	TN	TN	NC	
38	Finney, Garfield	head	48	TN	NC	NC	farmer
	Finney, Ida	wife	43	TN	TN	TN	
	Finney, Dovie	daughter	15	TN	TN	TN	
	Finney, Doris	daughter	11	TN	TN	TN	
	Finney, Delmar	son	9	TN	TN	TN	
39	Ward, Alfred	head	55	TN	TN	NC	farmer
	Ward, Alice	wife	53	TN	TN	TN	
40	Ward, Hanah	head	43	TN	TN	NC	farmer
	Good, Mattie	daughter	18	TN	TN	TN	
	Ward, Rosa	daughter	12	TN	TN	TN	
	Ward, Nora	daughter	4	TN	TN	TN	

Family #	Name	Relation	Age	I	F	M	Occupation
41	Vines, Thomas	head	37	TN	NC	NC	farmer
	Vines, Carrie	wife	25	TN	TN	TN	
	Vines, Roselee	daughter	7	TN	TN	TN	
	Vines, Georgia	daughter	5	TN	TN	TN	
42	Sheffield, Clint	head	40	TN	TN	TN	farmer
43	Cable, Wiley	head	34	TN	TN	TN	farmer
	Cable, Susan	mother	73	TN	TN	TN	
44	Cable, Arthur	head	37	TN	TN	TN	farmer
	Cable, Victoria	wife	35	TN	TN	TN	
45	Hicks, Lawrence	head	31	TN	NC	TN	farmer
	Hicks, Hattie Cook	wife	22	TN	TN	TN	
	Hicks, Onis	daughter	11	TN	TN	TN	
	Hicks, Ina	daughter	2	TN	TN	TN	
	Hicks, Ellen	daughter	1	TN	TN	TN	

Family #	Name	Relation	Age	I	F	M	Occupation
46	Dugger, Roy	head	37	TN	TN	TN	farmer
	Dugger, Bertie	wife	30	TN	TN	TN	
	Dugger, Bulah	daughter	12	TN	TN	TN	
	Dugger, Eva	daughter	9	TN	TN	TN	
	Dugger, Denver	son	6	TN	TN	TN	
	Dugger, Vala	daughter	2	TN	TN	TN	
47	Cook, Thomas	head	60	TN	TN	NC	farmer
	Cook, Elizabeth	wife	61	TN	TN	TN	
	Cook, Tarzan	grandson	15	TN	TN	TN	farm laborer
48	Hicks, Manuel	head	52	TN	NC	NC	farmer
	Hicks, Rosa	wife	29	TN	TN	TN	
	Hicks, Conley	son	10	TN	TN	TN	
	Hicks, Bernie	son	7	TN	TN	TN	
	Hicks, Williamson	grand son	2	TN	TN	TN	
49	Presnell, Link	head	52	NC	NC	NC	farmer
	Presnell, Emma	wife	40	TN	TN	TN	
	Presnell, Warren	step son	17	TN	TN	TN	
	Presnell, Gentry	son	11	TN	TN	TN	
	Presnell, Ruby	daughter	9	TN	TN	TN	
	Presnell, Mayme	daughter	4	TN	TN	TN	
50	Moody, Joseph	head	45	NC	NC	NC	farmer
	Moody, Josie	wife	43	TN	TN	TN	
	Hollifield, Ray	grandson	7	TN	TN	TN	
	Hollifield, Roy	grandson	5	TN	TN	TN	
	Hollifield, Lonzo	grandson	4	TN	TN	TN	farmer
51	Hartley, Albert	head	74	NC	NC	NC	
	Hartley, Matilda	wife	69	TN	TN	NC	
	Hartley, Dana	grandson	17	TN	TN	TN	
	Hartley, Carl	grandson	9	TN	TN	TN	
52	Lunceford, Andy	head	52	TN	TN	TN	farmer
	Lunceford, Julia	wife	35	TN	TN	TN	
	Lunceford, Goldia	daughter	14	TN	TN	TN	
	Lunceford, Dewey	son	9	TN	TN	TN	
	Lunceford, Celia	daughter	2	TN	TN	TN	
53	Walsh, Webster	head	58	TN	NC	TN	farmer
	Walsh, Sarah	wife	59	TN	TN	TN	
	Walsh, Crissie	daughter	26	TN	TN	TN	
54	Walsh, Luther	head	28	TN	TN	TN	farmer
	Walsh, Maggie	wife	25	TN	TN	TN	
	Walsh, Selma	daughter	4	TN	TN	TN	
	Walsh, Ray	son	2	TN	TN	TN	
	Walsh, Raleigh	son	0	TN	TN	TN	
55	Potter, Millard	head	37	TN	TN	NC	farmer
	Potter, Bessie	wife	34	NC	NC	NC	
	Potter, Enoch	son	13	NC	TN	NC	
	Potter, Boonie	son	11	NC	TN	NC	
	Potter, Roy	son	7	NC	TN	NC	
	Potter, L. D.	son	1	TN	TN	NC	
56	Potter, William	head	63	TN	TN	TN	farmer

Family #	Name	Relation	Age	I	F	M	Occupation
	Potter, Emma	wife	63	TN	TN	TN	
	Potter, Ted	son	23	TN	TN	TN	farm laborer
57	Presnell, Scofield	head	68	NC	NC	NC	farmer
	Presnell, Etta	wife	57	NC	NC	NC	
	Presnell, Leon	daughter	14	TN	NC	NC	
	Presnell, Polly	daughter	12	TN	NC	NC	
	Lunceford, Joseph	son in law	20	TN	TN	TN	farm laborer
	Lunceford, Nora	daughter	19	TN	NC	NC	
	Lunceford, Tiney	grdaughter	0	TN	TN	TN	farm laborer
	Presnell, Ben	son	21	TN	NC	NC	
	Presnell, Janie	dau in law	20	TN	TN	TN	
	Presnell, Elva	grdaughter	1	TN	TN	TN	
58	Birchfield, Charles	head	47	TN	TN	TN	farmer
	Birchfield, Dora	wife	38	TN	NC	TN	
	Birchfield, Thomas	son	16	TN	TN	TN	farm laborer
	Birchfield, Nell	daughter	14	TN	TN	TN	
	Birchfield, Donas	son	10	TN	TN	TN	
	Birchfield, Bill	son	8	TN	TN	TN	
	Birchfield, Luther	son	6	TN	TN	TN	
	Birchfield, Gladys	daughter	3	TN	TN	TN	
59	Lambert, John	head	50	NC	NC	NC	farmer
	Lambert, Belle	wife	44	NC	NC	NC	
	Lambert, Myrtle	daughter	16	TN	NC	NC	
	Lambert, Ronda	son	14	TN	NC	NC	
	Lambert, Della	daughter	12	TN	NC	NC	
	Lambert, Homer	son	10	TN	NC	NC	
	Lambert, Frank	son	8	TN	NC	NC	
	Lambert, Earl	son	6	TN	NC	NC	
	Lambert, Delmas	son	3	TN	NC	NC	
60	Walsh, Rod	head	27	NC	NC	NC	gen store merchant
	Walsh, Alice	wife	26	TN	TN	TN	
	Walsh, Gladys	daughter	6	TN	NC	TN	
	Walsh, Rod Jr.	son	4	TN	NC	TN	
	Walsh, James	son	1	TN	NC	TN	
61	Pearson, Carl	head	32	TN	NC	TN	farmer
	Pearson, Estella	wife	27	TN	TN	TN	
	Pearson, William	son	10	TN	TN	TN	

Notes:

Family #	Name	Relation	Age	I	F	M	Occupation
62	Bristol, Jackson	head	49	TN	TN	TN	farmer
	Bristol, Cora	wife	37	NC	NC	NC	
	Bristol, Mae	daughter	11	TN	TN	NC	
	Bristol, Dollie	daughter	9	TN	TN	NC	
	Bristol, Marie	daughter	7	TN	TN	NC	
	Bristol, Edith	daughter	5	TN	TN	NC	
	Burchette, Fae	step dau	16	TN	NC	NC	
63	Cook, Clayton	head	34	TN	TN	TN	farmer
	Cook, Coy	wife	24	TN	TN	TN	
	Cook, Bertha	daughter	4	TN	TN	TN	
	Cook, Mae	daughter	3	TN	TN	TN	
	Cook, Viola	daughter	2	TN	TN	TN	
	Cook, Marilda	daughter	0	TN	TN	TN	
64	Perkins, William	head	52	TN	TN	TN	farmer
	Perkins, Melinda	wife	50	VA	VA	VA	
	Perkins, Malcom	son	30	TN	TN	VA	farm laborer
	Perkins, Melinda	daughter	22	TN	TN	VA	
	Perkins, Hazel	daughter	20	TN	TN	VA	
65	Main, Parker	head	42	TN	TN	TN	farmer
	Main, Nettie Cable	wife	33	TN	TN	TN	
	Main, Edith	daughter	5	TN	TN	TN	
	Main, Edgar	son	3	TN	TN	TN	
	Main, Estella	daughter	1	TN	TN	TN	
66	Green, James	head	53	CO	NC	TN	farmer
	Green, Malinda	wife	52	TN	NC	TN	
	Green, Hubert	son	18	TN	CO	TN	farm laborer
	Green, Luther	son	16	TN	CO	TN	
	Green, Colbert	son	12	TN	CO	TN	
67	Miller, Lillie	head	49	TN	TN	TN	farmer
	Miller, Soloman	son	20	TN	NC	TN	farm laborer
	Miller, Charlie	son	18	TN	NC	TN	farm laborer
	Miller, Ella	daughter	16	TN	NC	TN	
	Miller, Kate	daughter	14	TN	NC	TN	
	Miller, Andrew	son	10	TN	NC	TN	
	Dugger, Lemuel	soninlaw	27	TN	TN	TN	farm laborer
	Dugger, Bessie	daughter	22	TN	NC	TN	
	Dugger, Mae	grdaughter	3	TN	TN	TN	
	Dugger, Shelton	gr son	2	TN	TN	TN	
68	Lewis, John	head	39	TN	TN	TN	farmer
	Lewis, Retta	wife	48	NC	NC	NC	
	Lewis, Oscar	son	15	TN	TN	NC	
	Lewis, Sarah	mother	62	TN	NC	TN	
69	Dugger, Robert	head	79	TN	TN	TN	farmer
	Dugger, Rebecca	daughter	41	TN	TN	TN	
	Dugger, Maston	son	39	TN	TN	TN	farm laborer
	Dugger, Tina	daughter	20	TN	TN	TN	
	Campbell, David	son in law	42	TN	TN	TN	lumber camp laborer
	Campbell, Winnie	daughter	29	TN	TN	TN	
	Campbell, Ham	gr son	9	TN	TN	TN	
	Campbell, Bertie	grdaughter	8	TN	TN	TN	

Family #	Name	Relation	Age	I	F	M	Occupation
	Campbell, Hugh	gr son	7	TN	TN	TN	
	Campbell, Earl	gr son	5	TN	TN	TN	
	Campbell, Allen	gr son	2	TN	TN	TN	
70	Dugger, George	head	53	TN	TN	TN	farmer
	Dugger, Carrie	daughter	16	TN	TN	TN	
	Dugger, Hobart	son	14	TN	TN	TN	
	Dugger, Willard	son	12	TN	TN	TN	
71	Gilbert, Catherine	head	63	TN	TN	TN	farmer
	Gilbert, Eller	son	29	TN	TN	TN	farmer
	Gilbert, Bertha	dau in law	24	TN	TN	TN	
	Gilbert, J. C.	gr son	4	TN	TN	TN	
	Gilbert, Anna Lee	grdaughter	1	TN	TN	TN	
72	Dugger, Carter	head	38	TN	TN	TN	farmer
	Dugger, Bessie	wife	30	TN	NC	TN	
	Dugger, Spencer	son	11	TN	TN	TN	
	Dugger, Bulah	daughter	10	TN	TN	TN	
	Dugger, Lona	daughter	4	TN	TN	TN	
	Dugger, Ray	son	2	TN	TN	TN	
73	Dugger, Braemar	head	29	TN	TN	TN	farmer
	Dugger, Polly	wife	28	TN	TN	TN	
	Dugger, Martha	daughter	3	TN	TN	TN	
	Dugger, Freeman	son	1	TN	TN	TN	
	Dugger, Truman	son	1	TN	TN	TN	
74	Dugger, William	head	55	TN	NC	TN	farmer
	Dugger, Roseman	son	40	TN	TN	TN	farm laborer
	Dugger, Frank	son	31	TN	TN	TN	farm laborer
	Dugger, Richard	gr son	7	TN	TN	NC	
75	Eggers, Charles	head	37	TN	TN	TN	farmer
	Eggers, Minnie	wife	35	TN	TN	TN	
	Eggers, Algine	mother	69	TN	TN	TN	
	Eggers, Hernie	son	14	TN	TN	TN	
	Eggers, Clo	daughter	9	TN	TN	TN	
	Eggers, Ruth	daughter	2	TN	TN	TN	
	Pierce, Joseph	cousin	2	TN	TN	TN	farm laborer
76	Eggers, Job	head	43	NC	NC	NC	farmer
	Eggers, Bertha	wife	35	TN	NC	TN	
	Eggers, Edward	son	15	TN	NC	TN	
	Eggers, Lane	son	13	TN	NC	TN	
	Eggers, Robert	son	11	TN	NC	TN	
	Eggers, Charles	son	9	TN	NC	TN	
	Eggers, Dorn	son	7	TN	NC	TN	
	Eggers, Louise	daughter	6	TN	NC	TN	
	Eggers, Lucille	daughter	4	TN	NC	TN	
	Eggers, Geraldine	daughter	2	TN	NC	TN	
	Eggers, Job Jr.	son	0	TN	NC	TN	
77	Miller, Frank	head	22	TN	NC	TN	public school teacher
	Miller, Hope	wife	20	TN	NC	TN	
78	Buchanan, Coy	head	30	NC	NC	NC	farmer
	Buchanan, Lona	wife	49	TN	TN	TN	
	Buchanan, Herbert	son	5	TN	NC	TN	

Family #	Name	Relation	Age	I	F	M	Occupation
	Buchanan, Judd	son	9	NC	NC	TN	
78 repeat	Black, George	head	53	NC	TN	NC	farmer
	Black, Callie	wife	48	TN	NC	NC	
	Black, Ozia	daughter	16	TN	NC	TN	
	Black, Lona	daughter	15	TN	NC	TN	
	Black, Effie	daughter	13	TN	NC	TN	
	Black, Savada	daughter	9	TN	NC	TN	
79	Black, Susan	head	84	NC	NC	NC	farmer
	Black, Fannie	daughter	63	NC	NC	NC	
	Black, Zeno	gr son	9	TN	TN	TN	
80	Hatley, Sciles	head	55	TN	NC	NC	farmer
	Hatley, Fannie	wife	45	TN	NC	TN	
	Hatley, Oakie	daughter	19	TN	TN	TN	
	Hatley, Annie	daughter	12	TN	TN	TN	
	Hatley, Rhetta	daughter	7	TN	TN	TN	
	Hatley, Worley	son	6	TN	TN	TN	
	Hatley, Norma	daughter	4	TN	TN	TN	
	Hatley, Norman	son	4	TN	TN	TN	
81	Dugger, Henry	head	43	TN	TN	TN	farmer
	Dugger, Minnie	wife	34	NC	NC	NC	
	Gilbert, Claud	stepson	17	TN	TN	NC	farm laborer
82	Goodwin, Solmon	head	52	TN	TN	TN	farmer
	Goodwin, Dawson	brother	42	TN	TN	TN	
	Roberts, Mack	bro in law	71	TN	TN	TN	
83	Lunceford, Jacob	head	35	TN	TN	TN	farmer
	Lunceford, Mayme	wife	25	TN	TN	TN	
	Lunceford, Bonnie	daughter	9	TN	TN	TN	
	Lunceford, Bulah	daughter	7	TN	TN	TN	
	Lunceford, Freeman	son	2	TN	TN	TN	
84	Voncannon, Frank	head	37	TN	NC	TN	farmer
	Voncannon, Janie	wife	39	TN	NC	TN	
	Voncannon, Catherine	mother	75	TN	NC	TN	
	Voncannon, Dennis	son	14	TN	TN	TN	
	Voncannon, Edna	daughter	12	TN	TN	TN	
	Voncannon, Bonnie	daughter	10	TN	TN	TN	
	Voncannon, Anna Mae	daughter	2	TN	TN	TN	
85	Montgomery, Robert	head	35	TN	TN	TN	lumber yard laborer
	Montgomery, Rosa	wife	30	TN	NC	NC	
	Montgomery, Alice	daughter	14	TN	TN	TN	
	Montgomery, Mae	daughter	11	TN	TN	TN	
	Montgomery, Roy	son	9	TN	TN	TN	
	Montgomery, Edith	daughter	8	TN	TN	TN	
	Montgomery, Warren	son	7	TN	TN	TN	
	Montgomery, Nell	daughter	5	TN	TN	TN	
	Montgomery, Herbert	son	1	TN	TN	TN	
86	McNeal, Roby	head	22	TN	TN	TN	farmer
	McNeal, Ina	wife	21	TN	TN	TN	
	McNeal, R.C.	daughter	1	TN	TN	TN	
	McNeal, Dorothy	daughter	0	TN	TN	TN	
87	Bunton, Columbus	head	50	TN	TN	TN	farmer

Family #	Name	Relation	Age	I	F	M	Occupation
	Bunton, Sarah	wife	48	NC	NC	NC	
	Bunton, Rosy	daughter	21	TN	TN	NC	
	Bunton, Della	daughter	18	TN	TN	NC	
	Bunton, Harris	son	16	TN	TN	NC	
	Bunton, Clifford	son	12	TN	TN	NC	
	Bunton, Gurthia	daughter	11	TN	TN	NC	
	Bunton, Novella	daughter	10	TN	TN	NC	
	Bunton, Boyd	son	6	TN	TN	NC	
	Bunton, Ray	son	1	TN	TN	NC	
88	Grider, Powell	head	75	NC	NC	NC	farmer
	Grider, Lou	wife	73	NC	NC	NC	
89	Grider, Arlie	head	40	NC	NC	NC	dairy farm laborer
	Grider, Bertha	wife	32	TN	TN	TN	
	Grider, Paul	son	4	TN	NC	TN	
	Grider, Maud	daughter	3	TN	NC	TN	
	Grider, Daniel	son	0	TN	NC	TN	
90	Green, Walter	head	34	TN	NC	TN	farmer
	Green, Golda	wife	39	TN	NC	TN	
	Green, Corda	daughter	10	TN	TN	TN	
	Green, Ned	son	9	TN	TN	TN	
	Green, Ray	son	7	TN	TN	TN	
	Green, Dan	son	7	TN	TN	TN	
	Green, Robert	son	5	TN	TN	TN	
	Green, Dot	daughter	2	TN	TN	TN	
	Green, Clo	daughter	1	TN	TN	TN	
91	Green, Thomas	head	62	NC	NC	NC	farmer
	Green, Sarah	wife	56	TN	TN	TN	
	Green, John	son	17	TN	NC	TN	
	Green, James	son	13	TN	NC	TN	
92	Pilkton, Grayson	head	21	TN	TN	TN	farmer
	Pilkton, Lettie	wife	20	TN	NC	TN	
	Pilkton, Ruth	mother	56	TN	NC	NC	
93	Heaton, Garfield	head	48	TN	TN	TN	farmer
	Heaton, Ida	wife	51	TN	NC	NC	
	Heaton, Ivan	son	21	TN	TN	TN	rubber factory laborer
	Heaton, Elva	daughter	19	TN	TN	TN	
	Heaton, Howard	son	17	TN	TN	TN	
	Heaton, Dola	daughter	14	TN	TN	TN	
	Heaton, Coy	son	13	TN	TN	TN	
94	Miller, Avery	head	49	TN	NC	NC	farmer
	Miller, Mary	wife	45	TN	TN	TN	
	Miller, Jacob	son	24	NC	TN	TN	public school teacher
	Miller, Blaine	son	20	NC	TN	TN	farm laborer
	Miller, Abe	son	17	NC	TN	TN	farm laborer
	Miller, Joseph	son	15	NC	TN	TN	
	Miller, Martha	daughter	12	TN	TN	TN	
	Miller, Edell	daughter	10	TN	TN	TN	
	Miller, Clyde	son	7	TN	TN	TN	
	Miller, Raymond	son	4	TN	TN	TN	
95	Miller, William	head	72	NC	NC	NC	farmer

Family #	Name	Relation	Age	I	F	M	Occupation
	Miller, Martha	wife	68	NC	NC	NC	
	Miller, June	daughter	32	NC	NC	NC	
	Voncannon, Wheeler	son in law	27	TN	TN	TN	farm laborer
	Voncannon, Myrtle	daughter	26	NC	NC	NC	
	Voncannon, Christine	gr dau	5	TN	TN	NC	
96	Ward, David	head	34	TN	TN	TN	farmer
	Ward, Luella	daughter	12	TN	TN	NC	
	Ward, Ethel	daughter	10	TN	TN	NC	
	Ward, Loyd	son	6	TN	TN	NC	
97	Miller, James	head	52	TN	NC	TN	farmer
	Miller, Sarah	wife	51	NC	NC	NC	
	Miller, Dove	daughter	15	TN	TN	NC	
	Miller, Hobart	son	13	TN	TN	NC	
	Miller, Jennings	son	7	TN	TN	NC	
	South, Ida	sis in law	52	NC	NC	NC	cook private home
	Miller, John	brother	49	TN	NC	TN	log camp laborer
98	Heaton, Blaine	head	37	TN	TN	TN	farmer
	Heaton, Susan	wife	36	NC	NC	NC	
	Heaton, Rome	son	16	TN	TN	NC	
	Heaton, Jonas	son	14	TN	TN	NC	
	Heaton, Arlie	son	12	TN	TN	NC	
	Heaton, Katherine	daughter	10	TN	TN	NC	
	Heaton, Jeanie	daughter	8	TN	TN	NC	
	Heaton, Coolidge	son	6	TN	TN	NC	
	Heaton, Rainie	daughter	4	TN	TN	NC	
	Heaton, Silas	son	0	TN	TN	NC	
	Markland, Luranie	mother	81	TN	TN	TN	
99	Potter, John	head	55	TN	TN	TN	farmer
	Potter, Eliza	wife	49	TN	TN	TN	
	Potter, Bonnie	daughter	19	TN	TN	TN	
	Potter, Tine	son	18	TN	TN	TN	
	Potter, Mary	daughter	11	TN	TN	TN	
	Potter, Carrie	daughter	9	TN	TN	TN	
100	Davis. Andy	head	74	NC	NC	NC	farmer
	Davis, Caroline	wife	66	NC	NC	NC	
101	Wagner, Lawrence	head	52	TN	TN	TN	farmer
	Wagner, Victoria	wife	54	TN	TN	TN	
102	Stout, David	head	29	TN	TN	NC	farmer
	Stout, Ida	wife	30	TN	TN	TN	
	Stout, Mary	daughter	6	TN	TN	TN	
	Stout, Mae	daughter	3	TN	TN	TN	
	Stout, Clay	son	0	TN	TN	TN	
103	Stout, Thomas	head	69	TN	TN	TN	farmer
	Stout, Sarah	wife	52	NC	NC	NC	
104	Kirkpatrick, Taylor	head	55	TN	NC	TN	farmer
	Kirkpatrick, Elizabeth	mother	81	TN	TN	TN	
105	McKinnis, Lon	head	26	TN	TN	TN	farmer
	McKinnis, Ruby	wife	18	TN	TN	TN	
106	Good, Thomas	head	75	TN	NC	NC	
	Good, Polly	wife	73	TN	TN	TN	

Family #	Name	Relation	Age	I	F	M	Occupation
107	Irick, B.	head	44	TN	TN	TN	farmer
	Irick, Emma	wife	42	TN	TN	TN	
	Irick, Delma	daughter	20	TN	TN	TN	
	Irick, Thomas	son	19	TN	TN	TN	farm laborer
	Irick, Bernice	daughter	18	TN	TN	TN	
	Irick, Clark	son	15	TN	TN	TN	
	Irick, Scott	son	10	TN	TN	TN	
	Irick, Anna	daughter	8	TN	TN	TN	
108	Irick, Dallas	head	21	TN	TN	TN	farmer
	Irick, Anna	wife	23	TN	TN	NC	
	Irick, Glasco	son	1	TN	TN	TN	
109	Hayes, Elsa	head	62	NC	NC	NC	farmer
	Hayes, Mortica	wife	52	TN	NC	NC	
	Hayes, Emila	daughter	16	TN	NC	TN	
	Hayes, Mary	daughter	11	TN	NC	TN	
110	Hayes, Kermit	head	23	TN	NC	TN	farmer
	Hayes, Mary	wife	21	NC	NC	NC	
	Hayes, Jolene	daughter	0	TN	TN	NC	
111	Irick, Thomas	head	41	TN	TN	TN	farmer
	Irick, Anna	wife	31	TN	TN	TN	
	Irick, Helen	daughter	9	TN	TN	TN	
	Irick, Ruth	daughter	6	TN	TN	TN	
	Irick, Vernon	son	4	TN	TN	TN	
112	Birchfield, Grant	head	38	TN	TN	TN	farmer
	Birchfield, Bertha	wife	43	TN	TN	TN	
	Birchfield, Irick	son	17	TN	TN	TN	farm laborer
	Birchfield, Worley	son	15	TN	TN	TN	
	Birchfield, Allen	son	13	TN	TN	TN	
	Birchfield, Lona	daughter	11	TN	TN	TN	
	Birchfield, Christine	daughter	9	TN	TN	TN	
	Birchfield, Casey	daughter	7	TN	TN	TN	
	Birchfield, Hope	daughter	5	TN	TN	TN	
	Birchfield, Dud	son	1	TN	TN	TN	
113	Irick, George	head	68	TN	VA	TN	farmer
	Irick, Mary	wife	70	TN	TN	TN	
	Irick, Ray	son	35	TN	TN	TN	farm laborer
	Harmon, Polly	servant	24	TN	TN	TN	cook private family
114	Hayes, Frank	head	46	TN	NC	NC	farmer
	Hayes, Sarah	wife	43	TN	TN	TN	
	Hayes, Fred	son	24	TN	TN	TN	silk mill laborer
	Hayes, Wade	son	18	TN	TN	TN	farm laborer
	Hayes, Mona	daughter	16	TN	TN	TN	
	Hayes, George	son	13	TN	TN	TN	
	Hayes, Edith	daughter	11	TN	TN	TN	
	Hayes, Bonnie	daughter	9	TN	TN	TN	
	Hayes, Gertrude	daughter	7	TN	TN	TN	
	Hayes, Carl	son	6	TN	TN	TN	
	Hayes, Martha	daughter	4	TN	TN	TN	
	Hayes, Mary	daughter	1	TN	TN	TN	
115	Cales, Floyd	head	33	NC	VA	VA	coal miner

Family #	Name	Relation	Age	I	F	M	Occupation
	Cales, Sanada	wife	30	TN	NC	TN	
	Cales, Warren	son	6	TN	NC	TN	
	Cales, Virginia	daughter	5	VA	NC	TN	
	Cales, Loyd	son	4	TN	NC	TN	
	Cales, Mary	daughter	2	VA	NC	TN	
	Cales, Homer	son	0	TN	NC	TN	
116	Oaks, Julius	head	64	TN	TN	TN	farmer
	Oaks, John	son	21	TN	TN	TN	farm laborer
	Oaks, Etta	daughter	19	TN	TN	TN	
	Oaks, Carl	son	15	TN	TN	TN	
	Oaks, Ralph	son	11	TN	TN	TN	
	Oaks, Rosa	daughter	6	TN	TN	TN	
117	Marlow, Harrison	head	39	TN	TN	TN	farmer
	Marlow, Etta	wife	37	NC	NC	NC	
	Marlow, Minnie	daughter	18	NC	TN	NC	
	Marlow, Lulu	daughter	14	TN	TN	NC	
	Marlow, Orvile	son	10	TN	TN	NC	
	Marlow, Virgie	daughter	7	TN	TN	NC	
	Marlow, William	son	5	TN	TN	NC	
	Marlow, James	son	3	TN	TN	NC	
118	Banner, Daniel	head	51	TN	NC	NC	farmer
	Banner, Della	wife	46	TN	TN	TN	
	Banner, Ray	son	22	TN	TN	TN	farm laborer
	Banner, Pardee	son	20	TN	TN	TN	farm laborer
	Banner, Ida	daughter	13	TN	TN	TN	
	Banner, Brady	son	9	TN	TN	TN	
	Cable, Noah	fthr in law	83	TN	TN	TN	
119	Heaton, Gaston	head	35	TN	TN	TN	farmer
	Heaton, Ida	wife	32	TN	TN	TN	
	Heaton, Paul	son	15	TN	TN	TN	
	Heaton, Frank	son	11	TN	TN	TN	
	Heaton, Clint	son	7	TN	TN	TN	
	Heaton, Rex	son	4	TN	TN	TN	
120	Pierce, Roy	head	43	TN	TN	TN	farmer
	Pierce, Orpha	wife	34	TN	TN	TN	
	Pierce, Ellis	son	12	TN	TN	TN	
	Pierce, Carroll	son	7	TN	TN	TN	
	Wagner, Andy	fthr in law	79	TN	TN	TN	
	Wagner, Alex	bro in law	51	TN	TN	TN	farm laborer
121	Banner, Lem	head	53	TN	TN	TN	farmer
	Banner, Carrie	wife	44	TN	TN	TN	
	Banner, Arthur	son	24	TN	TN	TN	farm laborer
	Banner, Roby	son	12	TN	TN	TN	
122	Heaton, Rassor	head	33	TN	TN	TN	farmer
	Heaton, Ina	wife	26	TN	NC	TN	
	Heaton, Walter	son	8	TN	TN	TN	
	Heaton, Anna Mae	daughter	6	TN	TN	TN	
123	Heaton, Alfred	head	40	TN	TN	TN	farmer
	Heaton, Mary	mother	72	TN	TN	TN	
	Heaton, Orpha	daughter	12	TN	TN	TN	

Family #	Name	Relation	Age	I	F	M	Occupation
	Heaton, George	son	9	TN	TN	TN	
124	Montgomery, Daniel	head	59	TN	TN	TN	farmer
	Montgomery, Laura	wife	57	TN	TN	TN	
125	Strickland, John	head	56	NC	NC	NC	farmer
	Strickland, Sally	wife	50	TN	TN	TN	
	Strickland, Matilda	daughter	17	TN	NC	TN	
	Strickland, Carrie	daughter	12	TN	NC	TN	
	Strickland, Della	daughter	10	TN	NC	TN	
	Strickland, Alice	daughter	6	TN	NC	TN	
	Strickland, Mayme	daughter	5	TN	NC	TN	
	Shell, Harrison	cousin	39	NC	NC	NC	lumber mill laborer
126	Odom, Apinklaham	head	74	NC	NC	NC	farmer
	Odom, Rosa	daughter	24	TN	NC	TN	
	Odom, Luther	son	22	TN	NC	TN	farm laborer
	Odom, Henry	son	19	TN	NC	TN	farm laborer
	Cable, Conley	gr son	19	TN	TN	TN	odd job laborer
127	Odom, Solmon	head	37	TN	NC	TN	farmer
	Odom, Linnie	wife	30	NC	NC	NC	
	Odom, William	son	13	TN	TN	NC	
	Odom, Leon	daughter	9	TN	TN	NC	
	Odom, John	son	6	TN	TN	NC	
	Odom, Lina	daughter	4	TN	TN	NC	
	Odom, Jay	son	2	TN	TN	NC	
	Odom, Gracy	daughter	0	TN	TN	NC	
128	Odom, Ray	head	30	TN	NC	TN	lumber camp cook
	Odom, Bessie	wife	21	TN	TN	TN	
	Odom, Anna Lee	daughter	2	TN	TN	TN	
129	Stout, Madison	head	34	TN	TN	TN	farmer
	Stout, Elsie	wife	26	TN	TN	TN	
	Stout, Dorothy	daughter	8	TN	TN	TN	
	Stout, Charlie	son	7	TN	TN	TN	
	Stout, Hazel	daughter	6	TN	TN	TN	
	Stout, George	son	5	TN	TN	TN	
	Stout, Sarah	daughter	2	TN	TN	TN	
	Stout, Russell	son	2	TN	TN	TN	
130	Perkins, Joseph	head	31	TN	TN	NC	farmer
	Perkins, Fleesie	wife	18	TN	TN	TN	
	Presnell, Mary	mother	77	NC	NC	NC	
131	Montgomery, Taylor	head	40	TN	TN	TN	farmer
	Montgomery, Viola	wife	30	TN	TN	TN	
	Montgomery, Rex	son	11	TN	TN	TN	
	Montgomery, Frances	daughter	10	TN	TN	TN	
	Montgomery, Warren	son	9	TN	TN	TN	
	Montgomery, Lillian	daughter	7	TN	TN	TN	
	Montgomery, Margie	daughter	4	TN	TN	TN	
	Montgomery, Willard	son	2	TN	TN	TN	
132	Dugger, Janie	head	35	NC	NC	NC	
	Duger, Leslie	daughter	16	TN	TN	NC	
	Duger, Elma	daughter	14	TN	TN	NC	
	Dugger, Arlie	son	12	TN	TN	NC	

Family #	Name	Relation	Age	I	F	M	Occupation
	Dugger, Worley	son	10	TN	TN	NC	
	Dugger, Loyd	son	8	TN	TN	NC	
	Dugger, Howard	son	6	TN	TN	NC	
	Dugger, Fay	daughter	0	TN	TN	NC	
	Dugger, Edith	daughter	0	TN	TN	NC	
133	Byers, Arville	head	31	TN	NC	TN	farmer
	Byers, Betty	wife	28	TN	TN	TN	
	Byers, Myrtle	daughter	7	TN	TN	TN	
134	Lunceford, James	head	62	TN	TN	TN	farmer
	Lunceford, Eliza	wife	61	TN	TN	TN	
	Lunceford, Oscar	gr son	16	TN	TN	TN	
	Bristol, Arizona	gr daughter	7	TN	TN	TN	
135	Hicks, Alvin	head	29	TN	NC	TN	farmer
	Hicks, Orla	wife	20	TN	NC	NC	
136	Hayes, John	head	49	NC	NC	NC	farmer
	Hayes, Pearlie	wife	43	TN	TN	TN	
	Hayes, Edith	daughter	21	TN	NC	TN	
	Hayes, Willie	daughter	19	TN	NC	TN	
	Hayes, Hassie	daughter	16	TN	NC	TN	
	Ward, Frank	gr son	5	TN	TN	TN	
	Ward, Mary	gr daughter	1	TN	TN	TN	
	Heaton, Joseph	fthr in law	74	TN	TN	TN	
	Heaton, Mariah	mthr in law	74	TN	TN	TN	
137	Irick, John	head	64	TN	TN	TN	farmer
	Irick, Mae	wife	36	TN	TN	TN	
	Irick, Claud	son	11	TN	TN	TN	
	Irick, Alice	daughter	9	TN	TN	TN	
	Irick, Dovie	daughter	8	TN	TN	TN	
	Irick, Ruby	daughter	6	TN	TN	TN	
	Irick, Hattie	daughter	1	TN	TN	TN	
138	Heaton, Edgar	head	37	TN	TN	TN	farmer
	Heaton, Maude	wife	39	TN	TN	TN	
	Heaton, Fred	son	7	TN	TN	TN	
	Heaton, Louise	daughter	4	TN	TN	TN	
	Heaton, Daniel	father	81	TN	TN	TN	
	Heaton, Granville	uncle	68	TN	TN	TN	
	Chester, Evaline	aunt	83	TN	TN	TN	
139	Morgan, Radford	head	51	TN	TN	TN	farmer
	Morgan, Matulda	wife	56	TN	TN	TN	
	Morgan, James	son	26	TN	TN	TN	farm laborer
	Morgan, Robert	son	20	TN	TN	TN	farm laborer
140	Guy, Carlie	head	30	NC	NC	NC	farmer
	Guy, Alice	wife	26	TN	TN	TN	
	Guy, Hettie	daughter	9	TN	NC	TN	
	Guy, Mary	daughter	7	TN	NC	TN	
	Guy, James	son	5	TN	NC	TN	
	Guy, Alfred	son	1	TN	NC	TN	
141	Dugger, Abram	head	51	TN	TN	TN	farmer
	Dugger, Amanda	wife	56	NC	NC	NC	
	Stines, Morgan	fthr in law	85	NC	NC	VA	

Family #	Name	Relation	Age	I	F	M	Occupation
142	Clawson, William	head	49	TN	TN	TN	farmer
	Clawson, Polly	wife	51	TN	TN	TN	
	Clawson, Robert	son	23	TN	TN	TN	farm laborer
	Clawson, James	son	23	TN	TN	TN	farm laborer
	Clawson, Walter	son	19	TN	TN	TN	farm laborer
	Clawson, Luther	son	14	TN	TN	TN	
143	Trivett, Charles	head	28	TN	TN	TN	farmer
	Trivett, Delia	wife	27	NC	NC	NC	
	Trivett, Cellie	son	7	TN	TN	NC	
	Trivett, Vergie	daughter	5	TN	TN	NC	
	Trivett, Dessie	daughter	2	TN	TN	NC	
144	Clawson, Riley	head	23	TN	TN	TN	farmer
	Clawson, Emma	wife	25	TN	TN	TN	
	Clawson, Salva	daughter	5	TN	TN	TN	
	Clawson, Ruth	daughter	2	TN	TN	TN	
145	Hollyfield, Roy	head	33	TN	TN	TN	farmer
	Hollyfield, Sarah	wife	27	TN	TN	TN	
	Hollyfield, Jackson	son	10	TN	TN	TN	
	Hollyfield, Madgie	daughter	7	TN	TN	TN	
	Hollyfield, Spurgon	son	3	TN	TN	TN	
	Hollyfield, L. D.	son	1	TN	TN	TN	
146	Hollyfield, Elijah	head	69	NC	NC	NC	farmer
	Hollyfield, Nanny	wife	62	TN	NC	TN	
147	Trivett, Lackey	head	26	TN	TN	TN	plant chemist
	Trivett, Oda	wife	21	TN	NC	TN	
	Trivett, Preston	son	5	TN	TN	TN	
	Trivett, Marjorie	daughter	3	TN	TN	TN	
	Trivett, Oscar	son	2	TN	TN	TN	
148	Trivett, Abraham	head	52	TN	NC	TN	farmer
	Trivett, Addie	wife	50	TN	NC	TN	
	Trivett, Lockey	daughter	20	TN	TN	TN	
149	Hicks, Fonzy	head	51	NC	NC	NC	lumber camp laborer
	Hicks, Nancy	wife	41	TN	TN	TN	
	Hicks, Gobel	son	25	TN	NC	TN	lumber camp laborer
	Hicks, Missouri	daughter	14	TN	TN	TN	
	Hicks, Frances	daughter	18	TN	TN	TN	
150	Vines, Alf	head	50	TN	TN	TN	farmer
	Vines, Leona	wife	30	NC	NC	NC	
	Hicks, Dewey	step son	11	TN	TN	NC	
	Hicks, Arvel	step son	8	TN	TN	NC	
	Hicks, John	step son	6	TN	TN	NC	
	Hicks, Callie	step dau	3	TN	TN	NC	
	Vines, Clayton	son	19	TN	TN	TN	railroad laborer
151	Baird, William	head	50	TN	TN	TN	farmer
	Baird, Nora	wife	39	TN	TN	NC	
	Baird, Luther	son	15	TN	TN	TN	
	Baird, Cordelia	daughter	15	TN	TN	TN	
	Baird, Daniel	son	10	TN	TN	TN	
	Baird, Hattie	daughter	6	TN	TN	TN	
	Baird, Rosa	daughter	4	TN	TN	TN	

Family #	Name	Relation	Age	I	F	M	Occupation
	Baird, Ernest	son	2	TN	TN	TN	
	Baird, Elgin	son	0	TN	TN	TN	
152	Cordell, Darris	head	33	TN	TN	TN	lumber camp teamster
	Cordell, Fasada	wife	28	TN	TN	TN	
	Cordell, Glen	son	11	TN	TN	TN	
	Cordell, Nat	son	6	TN	TN	TN	
	Cordell, Oliver	son	3	TN	TN	TN	
	Cordell, Wayne	son	1	TN	TN	TN	
153	Lambert, Joseph	head	37	TN	NC	NC	farmer
	Lambert, Della	wife	26	TN	TN	TN	
	Lambert, Alvin	son	9	TN	TN	TN	
	Lambert, Leeta	daughter	6	TN	TN	TN	
	Lambert, Ernest	son	2	TN	TN	TN	
154	Lambert, William	head	75	NC	NC	NC	farmer
	Lambert, Bessie	wife	37	NC	VA	NC	
	Lambert, David	son	17	TN	TN	NC	farm laborer
	Lambert, McKinley	son	10	TN	NC	TN	
	Lambert, Walter	son	4	TN	NC	TN	
155	Flannery, Belle	head	45	NC	NC	NC	farmer
	Lambert, Roscoe	son	18	TN	NC	NC	odd job laborer
	Lambert, Fred	son	15	TN	NC	NC	
156	Lambert, Isaac	head	45	NC	NC	NC	farmer
	Lambert, Ethel	wife	22	TN	TN	NC	
	Lambert, Ethel	daughter	17	TN	NC	NC	
	Lambert, Ruby	daughter	8	TN	NC	NC	
	Lambert, Dewey	son	6	TN	NC	NC	
	Lambert, Troy	son	1	TN	NC	TN	
	Lambert, May	gr dau	0	TN	NC	TN	
157	Clawson, William	head	27	TN	TN	TN	farmer
	Clawson, Edna	wife	21	NC	NC	NC	
	Clawson, Piner	daughter	6	TN	TN	NC	
	Clawson, McKinley	son	4	TN	TN	NC	
	Clawson, Dolan	son	2	TN	TN	NC	
	Clawson, Gernie	brother	18	TN	TN	TN	
158	Hollyfield, Sergeant	head	18	TN	TN	TN	farm laborer
	Hollyfield, Bessie	wife	17	TN	TN	TN	
159	Potter, William	head	28	TN	TN	TN	farm laborer
	Potter, Orta	wife	25	NC	TN	NC	
	Potter, Dortha	daughter	8	TN	TN	NC	
	Potter, Virginia	daughter	7	TN	TN	NC	
	Potter, Novella	daughter	6	TN	TN	NC	
	Potter, Garrison	son	4	TN	TN	NC	
160	Morgan, James	head	74	TN	NC	TN	farmer
	Morgan, Rosalee	wife	83	TN	TN	TN	
	Morgan, Leonard	gr son	18	TN	TN	TN	farm laborer
161	Clawson, Lewis	head	25	TN	TN	TN	farmer
	Clawson, Delia	wife	21	TN	TN	TN	
	Clawson, Marjorie	daughter	0	TN	TN	TN	
162	Hicks, Lillie	head	64	NC	NC	NC	farmer
163	Guy, Carter	head	49	NC	NC	NC	farmer

Family #	Name	Relation	Age	I	F	M	Occupation
	Guy, Daisy	wife	41	NC	NC	NC	
	Guy, Dana	son	17	TN	NC	NC	farm laborer
	Guy, Gather	son	14	TN	NC	NC	
	Guy, Elmer	son	10	TN	NC	NC	
	Guy, Leola	daughter	7	TN	NC	NC	
	Guy, Alvin	son	5	TN	NC	NC	
164	Potter, Harrison	head	35	TN	TN	TN	lumber camp teamster
	Potter, Nora	wife	35	NC	NC	NC	
	Potter, Clyde	son	8	TN	TN	NC	
	Potter, Anna Lee	daughter	7	TN	TN	NC	
	Potter, Rubin	son	4	TN	TN	NC	
	Mann, William	fthr in law	82	NC	NC	NC	
165	Henson, Frank	head	50	NC	NC	NC	farmer
	Henson, Ider	wife	33	NC	NC	NC	
	Henson, Biner	daughter	12	NC	NC	NC	
	Henson, Mary	daughter	9	TN	NC	NC	
	Henson, Myrtle	daughter	7	TN	NC	NC	
	Henson, Virgie	daughter	4	TN	NC	NC	
	Henson, Herbert	son	1	TN	NC	NC	
166	Henson, Percy	head	28	NC	NC	NC	farmer
	Henson, Pearl	wife	20	TN	NC	TN	
167	Vines, William	head	67	TN	TN	TN	farmer
	Vines, Mattie	wife	67	TN	TN	TN	
	Vines, James	son	42	TN	TN	TN	
	Vines, Lillie	daughter	37	TN	TN	TN	
	Vines, Ira	gr dau	19	TN	TN	TN	
	Vines, Melvina	gr dau	16	TN	TN	TN	
	Vines, Roy	gr son	13	TN	TN	TN	
168	Clawson, James	head	74	TN	TN	TN	farmer
	Clawson, Jane	wife	71	TN	TN	TN	
	Clawson, Sarah	daughter	50	TN	TN	TN	
	Clawson, Jada	son	27	TN	TN	TN	farm laborer
	Clawson, Thomas	son	25	TN	TN	TN	
169	Clawson, Fate	head	42	TN	TN	TN	farmer
	Clawson, Elizabeth	wife	38	TN	TN	TN	
	Clawson, Synda	daughter	18	TN	TN	TN	
	Clawson, Sam	son	16	TN	TN	TN	
	Clawson, Monroe	son	14	TN	TN	TN	
	Clawson, Brownlow	son	12	TN	TN	TN	
	Clawson, Anna Mae	daughter	10	TN	TN	TN	
	Clawson, Ira	daughter	8	TN	TN	TN	
	Clawson, Ezekiel	son	5	TN	TN	TN	
	Clawson, Bud	son	3	TN	TN	TN	
	Clawson, John	son	1	TN	TN	TN	
170	Lambert, Hobart	head	30	TN	TN	TN	farmer
	Lambert, Etta	wife	26	TN	TN	TN	
	Lambert, Mae	daughter	8	TN	TN	TN	
	Lambert, Allen	son	7	TN	TN	TN	
	Lambert, Mattie	daughter	2	TN	TN	TN	
171	Birchfield, Nancy	head	79	TN	TN	TN	farmer

Family #	Name	Relation	Age	I	F	M	Occupation
172	Mann, Ulyssis	Head	21	TN	NC	NC	farm laborer
	Mann, Visey	wife	18	TN	TN	TN	
173	Vines, Arthur	head	32	TN	TN	TN	farmer
	Vines, Geneva	wife	30	NC	NC	NC	
	Vines, Edna	daughter	10	TN	TN	NC	
	Vines, Claud	son	8	TN	TN	NC	
	Vines, Loyd	son	6	TN	TN	NC	
	Vines, Marie	daughter	4	TN	TN	NC	
	Vines, Ledie	daughter	2	TN	TN	NC	
174	Hicks, Peter	head	56	NC	NC	NC	jeweler
	Hicks, Cora	daughter	35	NC	NC	NC	
	Hicks, Stacy	son	18	TN	NC	NC	farm laborer
	Hicks, Nell	gr dau	13	TN	TN	NC	
	Hicks, Adron	gr son	5	TN	TN	NC	
	Hicks, William	gr son	1	TN	TN	NC	
175	Clawson, David	head	50	TN	TN	TN	farmer
	Clawson, Flossie	wife	28	PA	MA	PA	
	Clawson, Garfield	son	19	TN	TN	TN	farm laborer
	Clawson, Bert	son	12	TN	TN	TN	
	Clawson, Vermie	daughter	8	TN	TN	TN	
176	Potter, Carrick	head	52	TN	TN	TN	farmer
	Potter, Amanda	wife	53	TN	TN	TN	
	Potter, Joseph	son	26	TN	TN	TN	road const laborer
	Potter, Pearl	daughter	20	TN	TN	TN	
	Potter, Raleigh	son	16	TN	TN	TN	
	Potter, Samuel	son	13	TN	TN	TN	
177	Potter, Ham	head	58	TN	TN	TN	farmer
	Potter, Sadie	wife	40	TN	TN	NC	
	Potter, Janie	daughter	20	TN	TN	TN	
	Potter, Julia	daughter	18	TN	TN	TN	
	Potter, Jane	daughter	16	TN	TN	TN	
	Potter, James	son	15	TN	TN	TN	
	Potter, Montie	son	12	TN	TN	TN	
	Potter, Dessie	daughter	9	TN	TN	TN	
	Potter, Sarah	mother	89	TN	NC	NC	
178	Birchfield, Alex	head	66	VA	VA	VA	farmer
	Birchfield, Alice	wife	57	TN	TN	TN	
	Morgan, Willard	nephew	14	TN	TN	TN	
179	Harmon, Grant	head	47	TN	NC	TN	lumber ca teamster
	Harmon, Brandy	daughter	17	TN	TN	TN	
	Harmon, Dora	daughter	15	TN	TN	TN	
	Harmon, Delia	daughter	14	TN	TN	TN	
180	Church, Wiley	head	52	NC	NC	NC	farmer
	Church, Ellen	wife	42	TN	TN	TN	
	Church, Howard	son	20	TN	NC	TN	box factory laborer
	Church, Luther	son	17	TN	NC	TN	farm laborer
	Church, Della	daughter	14	TN	NC	TN	
	Church, Gordia	son	12	TN	NC	TN	
	Church, Nellie	daughter	8	TN	NC	TN	
	Church, Dorris	daughter	6	TN	NC	TN	
	Church, Ray	son	3	TN	NC	TN	
	Church, Allen	son	0	TN	NC	TN	

Family #	Name	Relation	Age	I	F	M	Occupation
	Church, Nancy	mother	79	NC	NC	NC	
181	Harmon, Marion	head	58	NC	NC	NC	farmer
	Harmon, Eliza Ellen	wife	58	TN	TN	TN	
	Harmon, Emmett	son	26	TN	NC	TN	farm laborer
	Harmon, France	son	22	TN	NC	TN	farm laborer
	Church, Elijah	son in law	29	NC	NC	NC	railroad laborer
	Church, Janie	daughter	28	TN	NC	TN	
	Church, Irina	gr dau	4	TN	NC	TN	
	Church, Gene	gr son	2	TN	NC	TN	
182	Andes, Charles	head	65	TN	TN	TN	farmer
	Andes, Janie	wife	60	TN	TN	TN	
	Andes, Worley	son	18	TN	TN	TN	farm laborer
	Andes, Lona	gr dau	11	TN	TN	TN	
	Andes, Celia	gr dau	7	TN	OH	TN	
183	Trivett, Jacob	head	48	TN	TN	TN	farmer
	Trivett, Addie	daughter	15	TN	TN	TN	
	Trivett, Dessie	daughter	12	TN	TN	TN	
	Trivett, Elmer	son	10	TN	TN	TN	
184	Clawson, Henry	head	36	TN	TN	TN	farmer
	Clawson, Bertha	wife	39	TN	TN	NC	
	Clawson, Pauline	daughter	13	TN	TN	TN	
	Clawson, Eula	daughter	12	TN	TN	TN	
	Clawson, Lona	daughter	9	TN	TN	TN	
	Clawson, Don	son	7	TN	TN	TN	
	Clawson, Novella	daughter	5	TN	TN	TN	
	Clawson, Al	son	2	TN	TN	TN	
	Clawson, Alma	daughter	0	TN	TN	TN	
185	Harmon, Roby	head	52	NC	NC	NC	farmer
	Harmon, Julia	wife	51	NC	NC	NC	
	Harmon, Vertie	daughter	16	TN	NC	NC	
	Harmon, Retta	daughter	14	TN	NC	NC	
	Harmon, Lou	daughter	11	TN	NC	NC	
186	Harmon, Virgil	head	36	TN	NC	TN	railroad laborer
	Harmon, Minnie	wife	37	NC	NC	NC	
	Harmon, Mayme	daughter	15	TN	TN	NC	
	Harmon, Russell	son	13	TN	TN	NC	
	Harmon, Ruby	daughter	11	TN	TN	NC	
	Harmon, Della	daughter	9	TN	TN	NC	
	Harmon, Florence	daughter	6	TN	TN	NC	
	Harmon, Geter	son	4	TN	TN	NC	
187	Dugger, Martha	head	48	NC	NC	TN	odd job laborer
	Dugger, Earl	son	17	TN	NC	NC	farm laborer
	Dugger, Flossie	daughter	13	TN	NC	NC	
	Dugger, Rainie	daughter	10	TN	NC	NC	
	Dugger, Sylva	daughter	10	TN	NC	NC	
188	Watson, Elbert	head	24	TN	TN	TN	farmer
	Watson, Ethel	wife	28	TN	NC	NC	
	Watson, Andy	son	8	TN	TN	TN	
	Watson, Allen	son	5	TN	TN	TN	
	Watson, Alvin	son	3	TN	TN	TN	

Family #	Name	Relation	Age	I	F	M	Occupation
189	Potter, Benjamin	head	27	TN	TN	TN	lumber mill sawyer
	Potter, Verdie	wife	26	TN	TN	TN	
	Potter, Boyd	son	14	TN	TN	TN	
	Potter, Samuel	son	12	TN	TN	TN	
	Potter, Helen	daughter	1	TN	TN	TN	

Notes:

Family #	Name/District 1	Relation	Age	I	F	M	Occupation
1	Goodwin, David	head	52	TN	TN	TN	hardware salesman
	Goodwin, Bonnie	wife	38	TN	TN	TN	
	White, Mary	servant	47	TN	TN	TN	private family servant
2	Williams, Alfred	head	39	TN	TN	TN	farmer
	Williams, Myrtle	wife	38	TN	TN	TN	
	Williams, Glen	son	15	TN	TN	TN	
	Williams, Crayton	son	12	TN	TN	TN	
	Williams, James	son	9	TN	TN	TN	
3	White, John	head	49	TN	TN	TN	farmer
	White, Julia	wife	24	NC	NC	NC	
	White, Irene	daughter	15	TN	TN	TN	
	White, Fannie	daughter	13	TN	TN	TN	
	White, R. L.	son	11	TN	TN	TN	
	White, Edith	daughter	6	TN	NC	TN	
	White, Rosa	daughter	4	TN	NC	TN	
	White, Bertha	daughter	2	TN	NC	TN	
4	Williams, Robert	head	70	TN	TN	TN	farmer
	Williams, Fannie	wife	60	TN	TN	TN	
5	Timbs, James	head	35	TN	TN	TN	farmer
	Timbs, Bertie	wife	29	TN	TN	TN	
	Timbs, Charles	son	13	TN	TN	TN	
	Timbs, Retha	daughter	11	TN	TN	TN	
	Timbs, Lawrence	son	9	TN	TN	TN	
	Timbs, Wallace	son	7	TN	TN	TN	
	Timbs, Novella	daughter	5	TN	TN	TN	
	Timbs, James Jr.	son	3	TN	TN	TN	
	Timbs, William	son	0	TN	TN	TN	
6	Holloway, George	head	58	TN	TN	TN	farmer
	Holloway, Lois	wife	37	NC	TN	NC	
	Holloway, Rosy	daughter	17	TN	TN	NC	
	Holloway, Burl	son	12	TN	TN	NC	
	Holloway, Annie	daughter	7	TN	TN	NC	
7	Smith, Cordie	head	45	TN	TN	TN	laundress
	Smith, Frank	son	17	TN	TN	TN	
8	Smith, Carter	head	41	TN	TN	TN	lumber mill laborer
	Smith, Grace	wife	32	TN	TN	TN	
	Smith, Zola	daughter	13	TN	TN	TN	
	Smith, James	son	10	TN	TN	TN	
	Smith, Virginia	daughter	6	TN	TN	TN	
	Smith, John	son	5	TN	TN	TN	
9	Smith, James	head	70	TN	TN	TN	farmer
	Smith, Mollie	wife	64	TN	TN	TN	
	Lewis, James	servant	52	TN	TN	TN	private family servant
10	Culver, Joseph	head	48	NC	NC	NC	farmer
	Culver, Emma	wife	49	NC	NC	NC	
	Culver, Ruth	daughter	21	NC	NC	NC	
	Culver, Lane	son	20	NC	NC	NC	steel mill laborer
	Culver, Carl	son	16	NC	NC	NC	farm laborer
	Culver, Hal	son	13	NC	NC	NC	farm laborer
	Culver, Cecil	son	7	TN	NC	NC	

Family #	Name	Relation	Age	I	F	M	Occupation
11	Lewis, Kyle	head	47	TN	TN	TN	truck farm laborer
	Lewis, Martha	wife	38	TN	TN	TN	
	Lewis, Grady	son	19	TN	TN	TN	truck farm laborer
	Lewis, Walter	son	17	TN	TN	TN	odd job laborer
	Lewis, Willard	son	14	TN	TN	TN	
	Lewis, Kyle Jr.	son	11	TN	TN	TN	
	Lewis, Retha	daughter	2	TN	TN	TN	
12	Donnelly, James	head	44	NC	NC	NC	truck farmer
	Donnelly, Alice	wife	39	NC	NC	NC	
	Donnelly, James	son	20	NC	NC	NC	farm laborer
	Donnelly, Hazel	daughter	18	NC	NC	NC	
	Donnelly, Pauline	daughter	16	TN	NC	NC	
	Donnelly, Maud	daughter	8	TN	NC	NC	
	Donnelly, Eula	daughter	5	TN	NC	NC	
13	Banner, Michael	head	74	NC	NC	NC	
	Banner, Hettie	daughter	33	NC	NC	NC	
14	White, Manurva	head	70	NC	NC	NC	
	White, Vergie	daughter	45	TN	NC	NC	
	Roper, Troy	son in law	24	NC	NC	NC	furnture factory laborer
	Roper, Belva	daughter	29	TN	TN	NC	
	White, David	gr son	6	TN	TN	TN	
15	Howell, James	head	26	NC	NC	NC	general store salesman
	Howell, Ruth	wife	24	TN	TN	TN	
	Howell, Flora	sister	23	TN	NC	NC	
16	White, Lon	head	38	TN	TN	TN	log mill laborer
	White, Adda	wife	39	TN	TN	TN	
	White, Juanita	daughter	15	TN	TN	TN	
	White, Troy	son	12	TN	TN	TN	
	White, Oraville	daughter	10	TN	TN	TN	
	White, John	son	0	TN	TN	TN	
17	Dishman, Mary Jane	head	52	NC	TN	TN	truck farmer
	Dishman, Mary	daughter	16	NC	NC	NC	
	Dishman, Dewey	son	31	TN	NC	NC	lumber mill laborer
	Dishman, Polly Frances	dau in law	17	NC	NC	NC	
18	Lunceford, Bert	head	52	TN	TN	TN	lumber mill foreman
	Lunceford, Mattie	wife	40	TN	TN	TN	
	Lunceford, Ola	daughter	19	TN	TN	TN	
	Lunceford, James	son	13	TN	TN	TN	
	Lunceford, Frances	daughter	7	TN	TN	TN	
	Lunceford, Virginia	daughter	5	TN	TN	TN	
19	Black, William	head	56	TN	TN	NC	house carpenter
	Black, Emma	wife	50	NC	TN	TN	
	Black, Ruth	daughter	14	TN	TN	TN	
	Goodwin, Robert	boarder	56	TN	TN	TN	
20	Slemp, Brazil	head	62	TN	TN	TN	farmer
	Slemp, Loretta	wife	58	TN	TN	TN	
	Tester, Winnie	daughter	26	TN	TN	TN	
	Tester, James	son in law	29	TN	TN	TN	house painter
	Slemp, June	gr dau	4	TN	TN	TN	
	Slemp, James	gr son	0	TN	TN	TN	

Family #	Name	Relation	Age	I	F	M	Occupation
21	Campbell, Joseph	head	84	TN	TN	TN	
22	Stout, Silas	head	61	VA	NC	NC	truck farmer
	Stout, Lillie	wife	41	NC	NC	NC	
	Stout, John	son	18	VA	VA	NC	
	Stout, Emma	daughter	16	TN	VA	NC	
	Stout, Edith	daughter	14	TN	VA	NC	
	Stout, China	daughter	12	TN	VA	NC	
	Stout, Millard	son	10	TN	VA	NC	
	Stout, Blanch	daughter	6	TN	VA	NC	
	Stout, Virginia	daughter	2	TN	VA	NC	
23	Morley, George	head	34	TN	TN	TN	steam railroad fireman
	Morley, Adda	wife	32	TN	TN	TN	
	Morley, Virginia	daughter	9	TN	TN	TN	
	Morley, Hazel	daughter	8	TN	TN	TN	
	Morley, Edwin	son	3	TN	TN	TN	
	Morley, Nellie	daughter	1	TN	TN	TN	
24	Jenkins, Charles Edgar	head	24	TN	TN	TN	farm laborer
	Jenkins, Ivalee	wife	22	NC	NC	NC	
	Jenkins, Charles Jr.	son	2	TN	TN	NC	
25	Millsaps, Arlis	head	24	NC	NC	NC	lumber mill laborer
	Millsaps, Creasy	wife	21	VA	VA	TN	
	Millsaps, Alford	son	3	VA	NC	VA	
	Millsaps, Julia	daughter	0	TN	NC	VA	
26	Rainbolt, William	head	45	KS	NC	NC	lumber mill fireman
	Rainbolt, Anna	wife	30	TN	TN	TN	
	Rainbolt, Harold	son	10	TN	KS	TN	
	Rainbolt, Robert	son	8	TN	KS	TN	
	Rainbolt, Elsie	daughter	6	TN	KS	TN	
	Rainbolt, Nina	daughter	5	TN	KS	TN	
	Rainbolt, Elizabeth	daughter	0	TN	KS	TN	
27	White, Noble	head	24	TN	TN	TN	lumber mill laborer
	White, Melissa	wife	34	TN	TN	TN	
	Miller, Raymond	step son	17	TN	TN	TN	
	White, Lorraine	daughter	0	TN	TN	TN	
28	Watts, James	head	48	TN	NC	NC	lumber mill inspector
	Watts, Jannie	wife	39	NC	NC	NC	
	Watts, Tice	son	22	NC	TN	NC	lumber mill laborer
	Watts, Myra	daughter	19	NC	TN	NC	private family servant
	Watts, Lauralee	daughter	17	NC	TN	NC	
	Watts, Robert	son	14	NC	TN	NC	
	Watts, Roby	son	11	NC	TN	NC	
	Watts, James	son	8	NC	TN	NC	
	Watts. Ronda	son	6	NC	TN	NC	
	Watts, Clyde	son	3	NC	TN	NC	
	Watts, Jack	son	0	NC	TN	NC	
29	Gillman, Theodore	head	28	TN	TN	TN	lumber mill laborer
	Gillman, Bessie	wife	21	NC	NC	NC	
	Gillman, Jack	son	3	NC	TN	NC	
	Gillman, Benjamin	son	2	NC	TN	NC	
	Gillman, Virginia	daughter	0	NC	TN	NC	

Family #	Name	Relation	Age	I	F	M	Occupation
30	Matherly, Percy	head	35	TN	TN	TN	farm laborer
	Matherly, Vesta	wife	35	TN	NC	NC	
	Matherly, C. J.	son	12	TN	TN	TN	
	Matherly, Lee	son	11	TN	TN	TN	
	Matherly, Charles	son	8	TN	TN	TN	
	Matherly, Percy Jr.	son	6	TN	TN	TN	
	Matherly, Bill	son	0	TN	TN	TN	
31	Laws, William	head	58	TN	TN	TN	lumber mill laborer
	Laws, Mary	wife	57	TN	TN	TN	
	Laws, Elsie	daughter	37	TN	TN	TN	private family servant
	White, Marie	gr dau	9	TN	TN	TN	
32	Rainbolt, David	head	32	TN	TN	TN	farm laborer
	Rainbolt, Ethel	wife	24	TN	TN	TN	
	Rainbolt, Mary	daughter	6	TN	TN	TN	
	Rainbolt, Frances	daughter	5	TN	TN	TN	
	Rainbolt, Lucille	daughter	3	TN	TN	TN	
	Rainbolt, Amy	daughter	0	TN	TN	TN	
33	Rainbolt, Ferd	head	30	TN	TN	TN	truck farmer
	Rainbolt, Ethel	wife	39	TN	TN	TN	
	White, John	step son	16	TN	TN	TN	
	White, Ruda	step dau	14	TN	TN	TN	
	White, Norma	step dau	12	TN	TN	TN	
	White, James	step son	10	TN	TN	TN	
34	Eller, Calvin	head	51	NC	NC	NC	truck farmer
	Eller, Callie	wife	50	NC	NC	NC	
	Eller, Charlie	son	16	NC	NC	NC	
	Eller, Lucille	daughter	12	NC	NC	NC	
	Gregg, Ralph	gr son	5	TN	NC	NC	
35	Smith, Lawson	head	55	TN	TN	TN	truck farmer
	Smith, Carrie	wife	57	TN	NC	NC	
	Smith, Ollie	son	22	TN	TN	TN	farm laborer
	Smith, Charles	son	16	TN	TN	TN	
	Smith, Georgia	daughter	13	TN	TN	TN	
	Smith, Paco	son	11	TN	TN	TN	
	Smith, Gladys	daughter	7	TN	TN	TN	
36	Smith, Sallie	head	74	TN	TN	TN	farmer
	Adams, Cynthia	gr dau	8	TN	TN	TN	
37	Trivett, Paul	head	25	TN	TN	TN	auto repair shop owner
	Trivett, Julia	wife	25	TN	TN	NC	
	Trivett, Ruby	daughter	2	TN	TN	TN	
38	White, William	head	42	TN	TN	TN	farmer
	White, Alice	wife	42	TN	TN	TN	
39	Lewis, William	head	55	TN	TN	TN	house carpenter
	Lewis, Fannie	wife	47	TN	TN	TN	
	Lewis, Donas	son	19	TN	TN	TN	
	Lewis, Dorothy	daughter	16	TN	TN	TN	
	Lewis, Dove	daughter	13	TN	TN	TN	
	Lewis, Wilma	daughter	10	TN	TN	TN	
	Lewis, Marie	daughter	6	TN	TN	TN	
	Lewis, Ruby	daughter	2	TN	TN	TN	

Family #	Name	Relation	Age	I	F	M	Occupation
40	Hodge, George	head	32	TN	TN	TN	farm
	Hodge, Sarah	wife	31	TN	TN	TN	
	Hodge, Maranoma	daughter	12	TN	TN	TN	
	Hodge, Frances	daughter	10	TN	TN	TN	
	Hodge, Beatrice	daughter	8	TN	TN	TN	
	Hodge, Una	daughter	7	TN	TN	TN	
41	Clawson, John	head	21	TN	TN	TN	laborer
	Clawson, Nancy	wife	22	TN	TN	TN	
42	Campbell, David	head	28	TN	TN	TN	lumber mill laborer
	Campbell, Catherine	wife	27	TN	TN	TN	
43	Bailey, Floyd	head	52	TN	TN	TN	farmer
	Bailey, Margaret	wife	41	NC	NC	NC	
	Bailey, Cloe	son	10	TN	TN	TN	
44	Bunton, Robert	head	47	TN	TN	TN	farmer
	Bunton, Anna	wife	42	TN	TN	TN	
45	Cook, Mack	head	34	TN	TN	TN	lumber mill laborer
	Cook, Matilda	wife	48	TN	TN	TN	
	Campbell, Hoover	nephew	17	TN	TN	TN	
	Campbell, Florence	neice	11	TN	TN	TN	
46	Morgan, Robert	head	24	TN	TN	TN	lumber mill laborer
	Morgan, Helen	wife	27	TN	TN	TN	
	Morgan, Ruth	daughter	4	TN	TN	TN	
	Morgan, Ruby	daughter	2	TN	TN	TN	
	Morgan, Rudy	son	0	TN	TN	TN	
47	Campbell, Earl	head	27	TN	TN	TN	lumber mill laborer
	Campbell, Bessie	wife	24	TN	TN	TN	
	Campbell, Earl Jr.	son	7	TN	TN	TN	
	Campbell, Pauline	daughter	5	TN	TN	TN	
	Campbell, Christine	daughter	3	TN	TN	TN	
	Campbell, Bonnie	daughter	1	TN	TN	TN	
	Hodge, Willard	nephew	15	TN	TN	TN	
48	Campbell, William	head	58	TN	TN	TN	farmer
	Campbell, Nettie	wife	50	TN	TN	TN	
	Campbell, Beulah	daughter	18	TN	TN	TN	
	Campbell, Chauncy	son	16	TN	TN	TN	
	Campbell, Percy	son	12	TN	TN	TN	
49	Campbell, Herman	head	26	TN	TN	TN	lumber mill laborer
	Campbell, Destimona	wife	24	WV	TN	TN	
	Campbell, Irene	daughter	4	TN	TN	WV	
	Campbell, Leonard	son	3	TN	TN	WV	
	Campbell, Harold	son	2	TN	TN	WV	
	Campbell, Ruby	daughter	0	TN	TN	WV	
50	Campbell, Cloe	head	23	TN	TN	TN	truck farm laborer
	Campbell, Rita	wife	22	TN	TN	TN	
	Campbell, Darrel	son	1	TN	TN	TN	
51	Campbell, George	head	54	TN	TN	TN	farmer
	Campbell, Leanda	wife	55	TN	TN	TN	
	Campbell, Carma	daughter	15	TN	TN	TN	
	Campbell, Georgia	daughter	17	TN	TN	TN	
52	McNeal, Sarah	head	69	TN	TN	TN	home laundress

Family #	Name	Relation	Age	I	F	M	Occupation
53	Moody, Jim	head	48	TN	TN	TN	farmer
	Moody, Cora Anderson	wife	46	TN	TN	TN	
	Moody, Dorris	son	18	TN	TN	TN	
	Moody, Dennis	son	16	TN	TN	TN	
	Moody, Dolores	daughter	10	TN	TN	TN	
	Moody, Daigle	son	9	TN	TN	TN	
	Moody, Dezmonia	daughter	7	TN	TN	TN	
	Moody, Delmas	son	3	TN	TN	TN	
54	Duvall, John	head	52	NC	NC	NC	farmer
	Duvall, Della	wife	51	TN	TN	TN	
	Duvall, Ralph	son	17	TN	NC	TN	
55	Campbell, John	head	51	TN	TN	TN	farmer
	Campbell, Martha	wife	62	TN	TN	TN	
	Campbell, Jane	sister	39	TN	TN	TN	public school teacher
	Hodge, Virginia	gr dau	12	TN	TN	TN	
56	Hodge, William	head	36	TN	TN	TN	farmer
	Hodge, Retha	wife	26	TN	TN	TN	
	Hodge, Mary	daughter	7	TN	TN	TN	
	Hodge, Charles	son	3	TN	TN	TN	
57	McNeal, Dale	head	39	TN	TN	TN	steam railroad laborer
	McNeal, Etoile	wife	39	TN	TN	TN	
	McNeal, Thomas	son	11	TN	TN	TN	
	McNeal, Irene	daughter	8	TN	TN	TN	
	McNeal, Elma	daughter	5	TN	TN	TN	
	McNeal, John	son	2	TN	TN	TN	
58	Vines, Frank	head	39	TN	TN	TN	farmer
	Vines. Hattie	wife	22	TN	TN	TN	
	Vines, Edward	son	0	TN	TN	TN	
59	McQueen, Edwin	head	44	TN	TN	TN	farm laborer
	McQueen, Nancy	wife	35	TN	TN	TN	
	McQueen, James	son	12	TN	TN	TN	
	McQueen, Helen	daughter	9	TN	TN	TN	
	McQueen, Fred	son	6	TN	TN	TN	
60	White, Granville	head	50	TN	TN	TN	farmer
	White, Victoria	wife	41	TN	TN	TN	
	White, Ray	son	17	TN	TN	TN	
	White, Anna May	daughter	19	TN	TN	TN	
	White, Boyd	son	14	TN	TN	TN	
	White, Floyd	son	9	TN	TN	TN	
	White, Homer Lee	son	7	TN	TN	TN	
	White, Hascal	son	4	TN	TN	TN	
	White, Eula	daughter	2	TN	TN	TN	
	White, Richard	father	87	TN	TN	TN	
61	Campbell, Daniel	head	42	TN	TN	TN	farmer
	Campbell, Sallie	wife	41	TN	TN	TN	
	Campbell, Leroy	son	19	TN	TN	TN	
	Campbell, Emma	daughter	15	TN	TN	TN	
	Campbell, Ina Bell	daughter	11	TN	TN	TN	
	Campbell, Orpha	daughter	9	TN	TN	TN	
	Campbell, Estel	son	6	TN	TN	TN	

Family #	Name	Relation	Age	I	F	M	Occupation
62	Prichard, Callie	head	57	TN	TN	TN	home laundress
	Prichard, Arthur	son	15	TN	TN	TN	
63	Prichard, Jerry	head	35	TN	TN	TN	furniturefactory laborer
	Prichard, Vettie	wife	31	TN	TN	TN	
	Prichard, Loma	daughter	12	TN	TN	TN	
	Prichard, Spencer	son	10	TN	TN	TN	
	Prichard, Mary	daughter	7	TN	TN	TN	
	Prichard, Leonard	son	5	TN	TN	TN	
	Prichard, Gladys	daughter	2	TN	TN	TN	
	Prichard, Winnie	daughter	0	TN	TN	TN	
64	Hately, Alvin	head	45	TN	TN	TN	farmer
	Hately, Minnie	wife	36	TN	TN	TN	
	Hately, Wayne	son	18	TN	TN	TN	
	Hately Lawrence	son	16	TN	TN	TN	
	Hately, Herbert	son	13	TN	TN	TN	
	Hately, Burl	son	12	TN	TN	TN	
	Hately, Brown	son	6	TN	TN	TN	
	Hately, Carl	son	3	TN	TN	TN	
	Hately, Christine	daughter	0	TN	TN	TN	
65	Campbell, William	head	35	TN	TN	TN	farmer
	Campbell, Freddie	wife	35	TN	TN	TN	
	Campbell, Leota	daughter	7	TN	TN	TN	
	Campbell, Nora	daughter	6	TN	TN	TN	
66	Montgomery, Roosevelt	head	29	TN	TN	TN	farmer
	Montgomery, Delray	wife	28	TN	TN	TN	
	Montgomery, George	son	8	TN	TN	TN	
	Montgomery, Anna Bell	daughter	7	TN	TN	TN	
	Montgomery, Thomas	son	5	TN	TN	TN	
	Montgomery, David	son	3	TN	TN	TN	
	Montgomery, Nettie	daughter	0	TN	TN	TN	
67	Arnold, John	head	60	TN	TN	TN	farmer
	Arnold, Ida	wife	54	TN	TN	TN	
	Arnold, Thomas	son	23	TN	TN	TN	truck farm laborer
	Arnold, Howard	son	21	TN	TN	TN	
	Arnold, Arvil	son	18	TN	TN	TN	
	Arnold, Eugene	son	11	TN	TN	TN	
	Arnold, Rudy	son	8	TN	TN	TN	
	Arnold, Ruby	daughter	8	TN	TN	TN	
68	Finney, Robert Andrew	head	32	TN	TN	TN	farmer
	Finney, Flora	wife	32	TN	TN	TN	
	Finney, Beulah	daughter	9	TN	TN	TN	
	Finney, Phillip	son	7	TN	TN	TN	
	Finney, Georgia	daughter	5	TN	TN	TN	
	Finney, Maxine Bell	daughter	3	TN	TN	TN	
	Finney, Robert	son	1	TN	TN	TN	
69	White, Frank	head	33	TN	TN	TN	
	White, Sallie	wife	29	TN	TN	TN	
	White, Christina	daughter	10	TN	TN	TN	
	White, Mabel	daughter	8	TN	TN	TN	
	White, Emma	daughter	5	TN	TN	TN	

Family #	Name	Relation	Age	I	F	M	Occupation
70	Poole, Maggie	head	55	TN	VA	TN	farmer
	Poole, Henry	son	30	TN	TN	TN	lumber mill laborer
	Poole, Robert	son	27	TN	TN	TN	lumber mill laborer
	Poole, Walter	son	18	TN	TN	TN	lumber mill laborer
71	Norris, George	head	67	NC	NC	NC	farmer
	Smith, Sarah	daughter	31	TN	NC	TN	
	Norris, Letha	daughter	26	TN	NC	TN	
	Norris, Charley	gr son	15	TN	TN	TN	
	Smith, Leroy	gr son	6	VA	TN	TN	
	Smith, Virginia	gr dau	0	TN	TN	TN	
72	Norris, James	head	30	TN	NC	TN	lumber mill laborer
	Norris, Ruth	wife	21	TN	TN	TN	
73	Norris, Joseph	head	35	NC	NC	TN	farm laborer
	Norris, Millie	wife	25	TN	TN	NC	
	Norris, Evon	daughter	5	TN	NC	TN	
74	Hately, Gather	head	39	TN	TN	NC	farmer
	Hately, Elizza	wife	34	TN	TN	TN	
	Hately, Catherine	daughter	16	TN	TN	TN	
	Hately, Frank	son	12	TN	TN	TN	
	Hately, Roy	son	7	TN	TN	TN	
	Hately, Bonnie	daughter	4	TN	TN	TN	
75	Hately, Elmer	head	24	TN	NC	NC	farmer
	Hately, Marie	wife	21	TN	TN	TN	
	Hately, Anna Belle	daughter	0	TN	TN	TN	
	Hately, Theodore	brother	13	TN	TN	TN	
	Hately, Martha	mother	68	NC	NC	NC	
76	Hodge, Hattie	head	31	TN	TN	TN	laundress
	Hodge, Coralee	daughter	13	TN	TN	TN	
	Hodge, James	son	9	TN	TN	TN	
	White, Dove	sister	26	TN	TN	TN	
	White, Dennis	nephew	4	TN	TN	TN	
77	Campbell, Bruce	head	42	TN	TN	TN	farmer
	Campbell, Julia	wife	56	TN	TN	TN	
78	Hayes, Arnold	head	23	TN	TN	TN	silk mill laborer
	Hayes, Pearl	wife	20	TN	TN	TN	
	Hayes, Juanita	daughter	2	TN	TN	TN	
	Hayes, Ed	son	0	TN	TN	TN	
79	Prichard, Monroe	head	54	TN	TN	TN	farmer
	Prichard, Mae	wife	34	TN	TN	TN	
	Bradley, Neta	sis in law	32	TN	TN	TN	
80	Campbell, Joseph	head	57	NC	NC	NC	
81	Campbell, Walter	head	51	NC	NC	NC	farmer
	Campbell, Mary	sister	52	NC	NC	NC	
	Hogshead, Margaret	niece	21	NC	TN	NC	
	Hogshead, Lois	niece	19	NC	NC	NC	
82	Whaley, James	head	59	TN	TN	TN	farmer
	Whaley, Ettie	wife	62	TN	TN	TN	laundress
	Whaley, Daniel	son	25	TN	TN	TN	farm laborer
	Whaley, Katty	daughter	23	TN	TN	TN	
	Whaley, David	son	21	TN	TN	TN	farm laborer

Family #	Name	Relation	Age	I	F	M	Occupation
83	Whaley, William	head	38	TN	TN	TN	farmer
	Whaley, Stella	wife	36	TN	TN	TN	
	Whaley, Grady	son	16	TN	TN	TN	
	Whaley, Walter	son	14	TN	TN	TN	
	Whaley, Claude	son	11	TN	TN	TN	
	Whaley, Troy	son	8	TN	TN	TN	
	Whaley, Paul	son	5	TN	TN	TN	
	Whaley, Charley	son	3	TN	TN	TN	
	Whaley, Frances	daughter	0	TN	TN	TN	
	Whaley, Carter	father	66	TN	TN	TN	
84	Reece, Roby	head	50	TN	TN	TN	farmer
	Reece, Callie	wife	47	TN	TN	TN	
	Reece, Roy	son	21	TN	TN	TN	lumber mill laborer
	Reece, Hillary	son	19	TN	TN	TN	lumber mill laborer
	Reece, Martin	son	17	TN	TN	TN	
	Reece, Paul	son	15	TN	TN	TN	
	Reece, Hester	daughter	12	TN	TN	TN	
	Reece, Dora	daughter	10	TN	TN	TN	
	Reece, Blanch	daughter	8	TN	TN	TN	
	Reece, Virgie	daughter	6	TN	TN	TN	
	Reece, Roby Jr.	son	1	TN	TN	TN	
85	Wagner, Haskel	head	37	TN	TN	TN	lumber mill laborer
	Wagner, Ettie	wife	29	TN	TN	TN	
	Wagner, Columbus	son	8	TN	TN	TN	
	Wagner, Ruby	daughter	3	TN	TN	TN	
	Wagner, Robert	son	0	TN	TN	TN	
86	Stout, James	head	48	TN	TN	TN	farmer
	Stout, Lillie	wife	38	TN	TN	TN	
	Stout, Crete	daughter	15	TN	TN	TN	
	Stout, Sophia	daughter	13	TN	TN	TN	
	Stout, Edith	daughter	10	TN	TN	TN	
	Stout, Julia	daughter	8	TN	TN	TN	
	Stout, Dorothy	daughter	4	TN	TN	TN	
87	Hodge, Isaac	head	50	TN	TN	TN	farmer
	Hodge, Etoile	wife	40	TN	TN	TN	
	Hodge, James	son	19	TN	TN	TN	
	Hodge, Raymond	son	15	TN	TN	TN	
88	McNeal, Robert	head	53	TN	TN	TN	farmer
	McNeal, Cora	wife	28	TN	TN	TN	
	McNeal, Mary	daughter	1	TN	TN	TN	
	McNeal, Thomas	son	16	TN	TN	TN	
89	Ward, Clayton	head	33	TN	TN	TN	farmer
	Ward, Elizabeth	wife	26	TN	TN	TN	
	Ward, Beatrice	daughter	9	TN	TN	TN	
	Ward, Ruby	daughter	7	TN	TN	TN	
	Ward, Thomas	son	4	TN	TN	TN	
	Ward, Franklin	son	4	TN	TN	TN	
	Ward, Ira	son	2	TN	TN	TN	
90	McPherson, Lissie	head	56	TN	TN	TN	farmer
	McPherson, Bessie	daughter	23	TN	TN	TN	

Family #	Name	Relation	Age	I	F	M	Occupation
91	McNeal, Wesley	head	26	TN	TN	TN	lumber mill laborer
	McNeal, Mae	wife	24	TN	TN	TN	
	McNeal, Jesse	son	8	TN	TN	TN	
	McNeal, Robert	son	6	TN	TN	TN	
	McNeal, Paul	son	4	TN	TN	TN	
	McNeal, Roxie	daughter	1	TN	TN	TN	
92	Reece, Wiley	head	52	NC	NC	NC	farmer
	Reece, Lulu	wife	52	NC	NC	NC	
	Reece, Estle	son	18	TN	NC	NC	
	Reece, Elmer	son	15	TN	NC	NC	
	Reece, Earl	son	13	TN	NC	NC	
	Reece, **Bee**	son	11	TN	NC	NC	
	Reece, Jenna	daughter	9	TN	NC	NC	
	Reece, Ethel	daughter	7	TN	NC	NC	
93	Reece, James	head	22	NC	NC	NC	farm laborer
	Reece, Elizabeth	wife	32	TN	TN	TN	
	Lewis, Alfred	step son	14	TN	TN	TN	
	Lewis, Lawrence	step son	12	TN	TN	TN	
	Lewis, William	step son	9	TN	TN	TN	
94	Matheson, George	head	60	TN	NC	TN	farmer
	Matheson, Mona	wife	17	TN	NC	NC	
	Matheson, Brownlow	son	23	TN	TN	TN	rayon mill laborer
	Matheson, Oscar	son	17	TN	TN	TN	
	Matheson, Florence	daughter	3	TN	TN	TN	
	Matheson, Billy Hoover	son	1	TN	TN	TN	
95	McNeal, John	head	43	TN	TN	TN	furnitur factory laborer
	McNeal, Minnie	wife	39	TN	TN	TN	
	Adams, Ernest	step son	17	TN	TN	TN	lumber mill laborer
	Adams, Clyde	step son	15	TN	TN	TN	
	McNeal, Annie	daughter	12	TN	TN	TN	
	McNeal, Cynthia	daughter	9	TN	TN	TN	
	McNeal, Brown	son	5	TN	TN	TN	
96	Clemens, Callie	head	27	TN	TN	TN	home laundress
	Clemens, Arlie	daughter	10	TN	TN	TN	
	Clemens, John	son	6	TN	TN	TN	
	Clemens, Howard	son	3	TN	TN	TN	
97	Presley, Lossen	head	59	TN	TN	NC	truck farmer
	Presley, Maude	wife	22	TN	TN	TN	
	Presley, Vivian	daughter	3	TN	TN	TN	
	Presley, Joseph	son	1	TN	TN	TN	
98	Whaley, Joseph	head	61	TN	TN	TN	farm laborer
	Whaley, Roe	wife	50	TN	TN	TN	
	Whaley, David	son	14	TN	TN	TN	
	Whaley, Dove	daughter	12	TN	TN	TN	
	Whaley, Hazlewood	son	7	TN	TN	TN	
	Whaley, Garfield	son	4	TN	TN	TN	
	Whaley, Roxie	daughter	2	TN	TN	TN	
99	White, Tobie	head	24	TN	TN	TN	lumber mill laborer
	White, Annie	wife	24	TN	TN	TN	
	White, Elma	daughter	2	TN	TN	TN	

Family #	Name	Relation	Age	I	F	M	Occupation
100	McQueen, Stacy	head	32	TN	TN	TN	farmer
	McQueen, Mary	wife	35	TN	TN	TN	laundress
	Whaley, Clitola	step dau	14	TN	TN	TN	
	Whaley, Bessie	step dau	7	TN	TN	TN	
	Whaley, Nat	step son	5	TN	TN	TN	
	Whaley, Kathy	step dau	2	TN	TN	TN	
101	Holloway, Alvin	head	54	TN	TN	TN	farmer
	Holloway, Crete	wife	46	TN	TN	TN	
	Holloway, Effie	daughter	19	TN	TN	TN	
	Holloway, Goldie	daughter	17	TN	TN	TN	
	Holloway, Offie	daughter	15	TN	TN	TN	
	Holloway, Jesse	son	12	TN	TN	TN	
	Holloway, Adda	daughter	10	TN	TN	TN	
	Holloway, Hunter	son	7	TN	TN	TN	
102	Whaley, Nathan	head	43	TN	TN	TN	farmer
	Whaley, Nancy	wife	52	TN	TN	TN	
	Whaley, Rosa	daughter	14	TN	TN	TN	
	Whaley, Roxie	daughter	12	TN	TN	TN	
	Whaley, Ralph	son	10	TN	TN	TN	
	Whaley, Ruby	daughter	9	TN	TN	TN	
103	Campbell, Walter	head	45	TN	TN	TN	railroad laborer
	Campbell, Ida	wife	49	TN	TN	TN	
	Campbell, Okie	daughter	11	TN	TN	TN	
	Campbell, Sylva	daughter	9	TN	TN	TN	
104	Campbell, Polly	head	34	TN	TN	TN	farmer
	Campbell, Gladys	daughter	14	TN	TN	TN	
	Campbell, Bonnie	daughter	11	TN	TN	TN	
	Campbell, Marie	daughter	8	TN	TN	TN	
	Adams, Joseph	brother	28	TN	TN	TN	farm laborer
105	Campbell, Nat	head	35	TN	TN	TN	farmer
	Campbell, Rena	wife	20	TN	TN	TN	
	Campbell, Edith	daughter	0	TN	TN	TN	
	Whaley, Coy	nephew	17	TN	TN	TN	
	Campbell, Jim	brother	64	TN	TN	TN	
106	Rainbolt, Grant	head	39	TN	TN	TN	farmer
	Rainbolt, Selma	wife	42	TN	TN	TN	
	Rainbolt, Howard	son	18	TN	TN	TN	farm laborer
	Rainbolt, Viola	daughter	16	TN	TN	TN	
	Rainbolt, Emma	daughter	14	TN	TN	TN	
	Rainbolt, J. A.	son	11	TN	TN	TN	
	Rainbolt, Bertha	daughter	9	TN	TN	TN	
	Rainbolt, Retha	daughter	4	TN	TN	TN	
107	Rainbolt, Willard	head	23	TN	TN	TN	lumber mill laborer
	Rainbolt, Edith	wife	21	IA	IA	IA	
108	Rainbolt, Catherine	head	65	TN	TN	TN	farmer
	Crow, Isaac	gr soninlaw	29	TN	TN	TN	farm laborer
	Crow, Effie	gr dau	21	TN	TN	TN	
	Crow, Edith	ggr dau	2	TN	TN	TN	
	Crow, Annie	ggr dau	1	TN	TN	TN	
	Crow, Bessie	ggr dau	0	TN	TN	TN	

Family #	Name	Relation	Age	I	F	M	Occupation
109	White, Thomas	head	49	TN	TN	TN	farmer
	White, Ethel	wife	44	TN	TN	TN	
	White, Creasy	daughter	14	TN	TN	TN	
110	Poole, Robert	head	52	TN	TN	TN	farmer
	Poole, Julia	wife	49	TN	TN	TN	
	Griffey, Lockie	step dau	15	TN	TN	TN	
	Griffey, Charley	step son	11	TN	TN	TN	
	Griffey, Donna	step dau	9	TN	TN	TN	
	Griffey, John Thomas	step son	7	TN	TN	TN	
	Poole, Hattie	daughter	5	TN	TN	TN	
111	Bailey, Walter	head	48	TN	TN	TN	farmer
	Bailey, Elsa	wife	34	TN	TN	TN	
	Bailey, Dolly	daughter	2	TN	TN	TN	
	Bailey, John	son	1	TN	TN	TN	
112	Price, Martha	head	56	NC	NC	NC	laundress
	Price, Charley	son	20	TN	NC	NC	farm laborer
	Price, Harvey	son	18	TN	NC	NC	farm laborer
	Price, Lula	daughter	14	TN	NC	NC	
113	Whaley, Henry	head	30	TN	TN	TN	farm laborer
	Whaley, Ellis	son	13	TN	TN	TN	
	Whaley, Dewey	son	10	TN	TN	TN	
	Whaley, Lewis	son	5	TN	TN	TN	
114	Timbs, William	head	54	TN	TN	TN	farmer
	Timbs, Maggie	wife	43	NC	NC	NC	
115	Clemmons, Kyle	head	46	TN	TN	TN	farmer
	Clemmons, Addie	wife	34	TN	TN	TN	
	Clemmons, James	son	13	TN	TN	TN	
	Clemmons, Retha	daughter	7	TN	TN	TN	
	Clemmons, Margaret	daughter	4	TN	TN	TN	
116	Ward, Arthur	head	44	TN	TN	TN	farmer
	Ward, Josie	wife	34	TN	TN	TN	
	Ward, Stanley	son	15	TN	TN	TN	
	Ward, Edith	daughter	12	TN	TN	TN	
	Ward, Elb	son	8	TN	TN	TN	
	Ward, Dorothy	daughter	5	TN	TN	TN	
117	Lewis, Solomon	head	65	TN	TN	TN	farm laborer
	Lewis, Sarah	wife	64	TN	TN	TN	laundress
118	Ward, Lincoln	head	34	TN	TN	TN	farmer
	Ward, Tamara	wife	35	TN	TN	TN	
	Ward, Hobart	son	12	TN	TN	TN	
	Ward, William	son	8	TN	TN	TN	
	Ward, Loyd	son	6	TN	TN	TN	
	Ward, Earl	son	4	TN	TN	TN	
	Whitehead, Andrew	fth in law	83	TN	TN	TN	
119	Ward, John	head	44	TN	TN	TN	farmer
	Ward, Sarah	wife	35	TN	TN	TN	
	Ward, Roy	son	12	TN	TN	TN	
	Ward, Spencer	son	9	TN	TN	TN	
	Ward, May	daughter	4	TN	TN	TN	
	Ward, Dessie	daughter	2	TN	TN	TN	

Family #	Name	Relation	Age	I	F	M	Occupation
120	Church, Jeff	head	59	TN	TN	TN	farmer
	Church, Callie	wife	49	TN	TN	TN	
	Church, Annie	daughter	18	TN	TN	TN	
	Church, Donald	son	12	TN	TN	TN	
	Church, Martha	daughter	15	TN	TN	TN	
	Church, J. C.	son	10	TN	TN	TN	
	Church, Otis	son	8	TN	TN	TN	
	Church, Clifford	son	5	TN	TN	TN	
121	White, Alexander	head	56	TN	TN	TN	farmer
	White, Earl	son	22	TN	TN	TN	power co electrician
	White, Ray	son	20	TN	TN	TN	truck farm laborer
	White, Mary	daughter	17	TN	TN	TN	
	White, Jesse	son	14	TN	TN	TN	
	White, Clark	son	7	TN	TN	TN	
	Worsham, Effie	step dau	25	TN	TN	TN	
122	Huntley, Pedro	head	56	NC	NC	NC	
	Huntley, Susan	wife	57	TN	TN	TN	
	Hazlewood, Ina	daughter	22	TN	NC	TN	
	Hazlewood, Sherrill	gr son	0	TN	TN	TN	
123	Smith, Homer	head	39	TN	TN	TN	farmer
	Smith, Nellie	wife	41	TN	TN	TN	
	Smith, Dora	daughter	14	TN	TN	TN	
	Smith, Helen	daughter	11	TN	TN	TN	
	Smith, Sadie	daughter	8	TN	TN	TN	
	Smith, Florence	daughter	6	TN	TN	TN	
	Smith, Nellie	daughter	2	TN	TN	TN	
	Smith, Wilma	daughter	0	TN	TN	TN	
124	Price, Albert	head	31	NC	NC	NC	truck farm laborer
	Price, Sarah	wife	29	TN	TN	TN	
	Price, Gladys	daughter	7	TN	NC	TN	
	Price, Arline	daughter	4	TN	NC	TN	
	Price, Lazarus	son	1	TN	NC	TN	
125	Hartley, John	head	30	TX	MX	TX	shop pattern maker
	Hartley, Ruth	wife	25	TN	TN	TN	
	Hartley, Clara	daughter	8	TN	TX	TN	
	Hartley, Sherman	son	6	TN	TX	TN	
126	Smith, John	head	63	TN	TN	TN	truck farmer
	Smith, Lula	wife	56	TN	TN	TN	
127	Smith, Ezekiel	head	57	TN	TN	TN	farmer
	Smith, Sallie	sister	54	TN	TN	TN	
128	Smith, Frank	head	41	TN	TN	TN	farmer
	Smith, Sallie	wife	39	TN	TN	TN	
	Smith, Grover	son	16	TN	TN	TN	truck farm laborer
	Smith, Lillian	daughter	14	TN	TN	TN	
	Smith, Leta	daughter	9	TN	TN	TN	
	Smith, Ovie	son	7	TN	TN	TN	
	Smith, Virginia	daughter	4	TN	TN	TN	
	Smith, Mack	son	3	TN	TN	TN	
	Smith, Eula	daughter	0	TN	TN	TN	
	Rainbolt, Fama	aunt	60	TN	TN	TN	family house maid

Family #	Name	Relation	Age	I	F	M	Occupation
129	Markland, Henry	head	40	TN	TN	TN	farmer
	Markland, Louis	son	14	TN	TN	TN	
	Markland, Mary	daughter	12	TN	TN	TN	
	Markland, Henry Jr.	son	10	TN	TN	TN	
	Markland, Carroll	son	7	TN	TN	TN	
	Markland, Catherine	daughter	5	TN	TN	TN	
130	Deloach, John	head	48	TN	TN	TN	farmer
	Deloach, Abbie	wife	29	TN	TN	TN	
	Deloach, Walter	son	11	TN	TN	TN	
	Deloach, James	son	8	TN	TN	TN	
	Deloach, Louisa	daughter	5	TN	TN	TN	
	Deloach, Lena	daughter	1	TN	TN	TN	
131	Deloach, Michael	head	38	TN	TN	TN	truck farmer
	Deloach, Lockie	wife	26	TN	TN	TN	
	Deloach, James	son	11	TN	TN	TN	
	Deloach, Rosa	daughter	4	TN	TN	TN	
132	Deloach, William	head	35	TN	TN	TN	truck farmer
	Deloach, Roxie	wife	25	TN	TN	TN	
	Deloach, Ruby	daughter	3	TN	TN	TN	
	Delocah, William Jr.	son	1	TN	TN	TN	
133	Deloach, Nat	head	38	TN	TN	TN	truck farmer
	Deloach, Pearl	wife	30	TN	TN	TN	
	Deloach, Ida	daughter	12	TN	TN	TN	
	Deloach, Pauline	daughter	11	TN	TN	TN	
	Deloach, Robert	son	8	TN	TN	TN	
	Deloach, Edward	son	5	TN	TN	TN	
	Deloach, Effie	daughter	1	TN	TN	TN	
134	Lewis, William	head	35	TN	TN	TN	truck farmer
	Lewis, May	wife	29	TN	TN	TN	
	Lewis, Carroll	son	7	TN	TN	TN	
	Lewis, Charles	son	7	TN	TN	TN	
	Lewis, Frances	daughter	4	TN	TN	TN	
	Lewis, George	father	69	TN	TN	TN	truck farm laborer
135	Walsh, Myrtle	head	33	TN	TN	TN	
	Walsh, Helen	daughter	15	TN	TN	TN	
	Walsh, Leland	son	13	TN	TN	TN	
	Walsh, Bernard	son	10	TN	TN	TN	
	Walsh, Earl	son	6	TN	TN	TN	
	Walsh, Elma	daughter	4	TN	TN	TN	
	Walsh, James	son	1	TN	TN	TN	
136	Walsh, George	head	62	TN	TN	TN	farmer
	Walsh, Martha	wife	52	TN	TN	TN	
	Walsh, Bert	son	30	TN	TN	TN	farm laborer
	Walsh, Pearl	daughter	27	TN	TN	TN	
	Walsh, Cecile	daughter	21	TN	TN	TN	
	Walsh, Obie	son	19	TN	TN	TN	farm laborer
137	Cable, Julia	head	47	TN	TN	TN	truck farmer
	Cable, Gertrude	daughter	24	TN	TN	TN	private family servant
	Cable, Lillian	daughter	18	TN	TN	TN	rayon mill laborer
	Cable, Carmon	son	16	TN	TN	TN	

Family #	Name	Relation	Age	I	F	M	Occupation
138	Stout, Abraham	head	68	TN	TN	TN	farmer
	Stout, Linnie	wife	39	TN	TN	TN	
	Stout, Anna	daughter	12	TN	TN	TN	
	Stout, Gilbert	son	6	TN	TN	TN	
	Stout, Robert	son	4	TN	TN	TN	
	Stout, Loyd	son	3	TN	TN	TN	
	Stout, Linny	son	0	TN	TN	TN	
	Younce, William	step son	18	TN	TN	TN	truck farm laborer
139	Whaley, Tipton	head	34	TN	TN	TN	truck farmer
	Whaley, Mary Ann	mother	65	TN	TN	TN	
	Whaley, Carter	brother	32	TN	TN	TN	lumber mill laborer
	Whaley, Ray	nephew	12	TN	TN	TN	
	Whaley, Charlie	nephew	10	TN	TN	TN	
	Whaley, Retha	niece	5	TN	TN	TN	
	Whaley, Ruth	niece	2	TN	TN	TN	
	Whaley, Clyde	cousin	32	TN	TN	TN	
	Holloway, Chauncy	cousin	21	TN	TN	TN	lumber mill laborer
140	Morley, Ernest	head	34	TN	TN	TN	truck farmer
	Morley, Nellie	wife	27	TN	TN	TN	
	Morley, Chauncy	son	7	TN	TN	TN	
	Morley, Ellen	daughter	5	TN	TN	TN	
	Morley, Pricella	daughter	1	TN	TN	TN	
141	Pierce, Ezekiel	head	37	TN	TN	TN	genrl store merchant
	Pierce, Maude	wife	20	TN	TN	TN	
	Pierce, Henry	father	70	TN	TN	TN	farmer
142	Holloway, Ellen	head	42	TN	TN	TN	truck farmer
	Holloway, Grady	son	18	TN	TN	TN	truck farm laborer
143	Pierce, Lillie	head	35	TN	TN	TN	
	Pierce, Earl	son	18	TN	TN	TN	farm laborer
	Pierce, Troy	son	16	TN	TN	TN	farm laborer
	Pierce, Troy	son	14	TN	TN	TN	
	Pierce, Hazel	daughter	11	TN	TN	TN	
	Pierce, Agnes	daughter	7	TN	TN	TN	
144	Matherly, Joseph	head	44	TN	TN	TN	farmer
	Matherly, Jane	wife	43	TN	TN	TN	
	Matherly, Offa	daughter	22	TN	TN	TN	silk mills laborer
	Matherly, Warren	son	20	TN	TN	TN	state hwy laborer
	Matherly, Boyd	son	17	TN	TN	TN	truck farm laborer
145	Matherly, Garfield	head	49	TN	TN	TN	farmer
	Matherly, Cordia	wife	47	TN	TN	TN	
	Matherly, Robert	son	20	TN	TN	TN	farm laborer
	Matherly, Lucy	daughter	16	TN	TN	TN	
	Matherly, Stella	daughter	7	TN	TN	TN	
146	Oliver, Moses	head	70	TN	TN	TN	
147	Matherly, Dana	head	28	TN	TN	TN	truck farm laborer
	Matherly, Ida	wife	22	TN	TN	TN	
	Matherly, Retha	daughter	4	TN	TN	TN	
	Matherly, Pauline	daughter	3	TN	TN	TN	
	Matherly, Marie	daughter	1	TN	TN	TN	
	Matherly, Dana Jr.	son	1	TN	TN	TN	

Family #	Name	Relation	Age	I	F	M	Occupation
149	Pierce, John	head	46	TN	TN	TN	farmer
(skipped	Pierce, Annie	wife	38	TN	TN	TN	
#148)	Pierce, Nannie	daughter	20	TN	TN	TN	rayon mill laborer
	Pierce, Woodrow	son	17	TN	TN	TN	truck farm laborer
	Pierce, Mildred	daughter	14	TN	TN	TN	
150	Pierce, Griffin	head	76	TN	TN	TN	farmer
	Pierce, Berry	son	46	TN	TN	TN	truck farm laborer
151	Buckles, Levi	head	47	TN	TN	TN	farmer
	Buckles, Callie	wife	27	TN	TN	TN	
	Buckles, Teddie	son	14	TN	TN	TN	
	Buckles, Lena	daughter	12	TN	TN	TN	
	Buckles, Floyd	son	6	TN	TN	TN	
152	Berry, Robert	head	48	TN	TN	TN	farmer
	Berry, Willie	daughter	16	TN	TN	TN	
	Pierce, Howard	son in law	21	TN	TN	TN	powercompany laborer
	Pierce, Jane	daughter	21	TN	TN	TN	
	Pierce, Nelian	gr dau	2	TN	TN	TN	
	Pierce, Mack	gr son	0	TN	TN	TN	
153	Pierce, Crumley	head	49	TN	TN	TN	farmer
	Pierce, Cora	wife	46	TN	TN	TN	
	Pierce, Gaston	son	15	TN	TN	TN	
	Pierce, Ray	son	13	TN	TN	TN	
	Pierce, Wilby	son	11	TN	TN	TN	
	Pierce, Lola	daughter	9	TN	TN	TN	
	Pierce, Virginia	daughter	5	TN	TN	TN	
	Pierce, Georgia	daughter	3	TN	TN	TN	
	Dugger, Dortha	daughter	17	TN	TN	TN	
154	White, Dana	head	34	TN	TN	TN	farmer
	White, Irene	wife	30	TN	TN	TN	
	White, Otis	son	8	TN	TN	TN	
	White, Paul	son	5	TN	TN	TN	
155	McGhee, Daniel	head	82	TN	TN	TN	farm laborer
	McGhee, Edna	wife	52	TN	TN	TN	
	McGhee, Fird	son	28	TN	TN	TN	truck farm laborer
	McGhee, Hobert	son	24	TN	TN	TN	state hwy laborer
	McGhee, Mary	daughter	21	TN	TN	TN	
	McGhee, George	son	19	TN	TN	TN	truck farm laborer
	McGhee, Rosa	daughter	16	TN	TN	TN	
	McGhee, Katy	daughter	12	TN	TN	TN	
	McGhee, Anna	daughter	7	TN	TN	TN	
156	White, Hila	head	60	TN	TN	TN	
	White, Alma	daughter	31	TN	TN	TN	dress maker
	White, Stanley	son	29	TN	TN	TN	state hwy laborer
	White, Hubert	son	25	TN	TN	TN	taxi cab chauffer
	White, Loyd	son	18	TN	TN	TN	state hwy laborer
	Sanders, Paul	boarder	26	TN	TN	TN	truck farm laborer
157	Goodwin, Lee	head	37	TN	TN	TN	farmer
	Goodwin, Winnie	wife	30	TN	TN	TN	dry goods sales lady
	Goodwin, Marie	daughter	8	TN	TN	TN	
	Goodwin, Virginia	daughter	5	TN	TN	TN	

Family #	Name	Relation	Age	I	F	M	Occupation
158	Campbell, James	head	39	TN	TN	TN	farmer
	Campbell, Ethel Pierce	wife	38	TN	TN	TN	
	Campbell, Claude	son	19	TN	TN	TN	farm laborer
	Campbell, Jessie	son	17	TN	TN	TN	farm laborer
	Campbell, Frank	son	15	TN	TN	TN	
	Campbell, Gladys	daughter	13	TN	TN	TN	
	Campbell, Paul	son	11	TN	TN	TN	
	Campbell, Iona	daughter	7	TN	TN	TN	
	Campbell, Martha	daughter	5	TN	TN	TN	
	Campbell, Fay	daughter	2	TN	TN	TN	
159	Pierce, Ollie	head	40	TN	TN	TN	truck farmer
	Pierce, Lula	wife	36	TN	TN	TN	
	Pierce, Spencer	son	17	TN	TN	TN	rayon mill laborer
	Pierce, Ruby	daughter	15	TN	TN	TN	
	Pierce, Lena	daughter	10	TN	TN	TN	
	Pierce, Haskell	son	8	TN	TN	TN	
	Pierce, Ethel	daughter	5	TN	TN	TN	
	Pierce, Marie	daughter	1	TN	TN	TN	
160	Pierce, Etta	head	47	TN	TN	TN	home laundress
	Pierce, Bruce	so9n	27	TN	TN	TN	taxi cab chauffer
161	Pierce, Frances	head	37	TN	TN	TN	rayon mill laborer
	Pierce, Winnie	sister	34	TN	TN	TN	
	Pierce, Novella	daughter	17	TN	TN	TN	rayon mill laborer
	Pierce, Worley	son	13	TN	TN	TN	
	Pierce, Edith	daughter	10	TN	TN	TN	
162	Hicks, A. M.	head	30	NC	NC	TN	truck farmer
	Hicks, Naomi	wife	24	IN	TN	TN	
	Hicks, warren	son	9	TN	TN	TN	
	Hicks, James	son	7	AR	TN	TN	
	Hicks, Leonard	son	5	IN	NC	TN	
	Hicks, Fred	son	1	TN	NC	IN	
163	Pierce, Walker	head	44	TN	TN	TN	truck farmer
	Pierce, Cora Bowers	wife	41	TN	TN	TN	
	Pierce, Elbert	son	20	TN	TN	TN	rayon mill laborer
	Pierce, Lillian	daughter	17	TN	TN	TN	rayon mill laborer
	Pierce, Ira	daughter	14	TN	TN	TN	
	Pierce, Willy	son	12	TN	TN	TN	
	Pierce, Mabel	daughter	10	TN	TN	TN	
	Pierce, Frances	daughter	5	TN	TN	TN	
	Pierce, Melvin	son	2	TN	TN	TN	
164	Berry, Griffin	head	43	TN	TN	TN	farmer
	Berry, Donna	wife	39	TN	TN	TN	
	Berry, Valentine	son	13	TN	TN	TN	
	Berry, Stanford	son	11	TN	TN	TN	
	Berry, Norma	daughter	9	TN	TN	TN	
	Berry, Fannie	daughter	6	TN	TN	TN	
	Berry, W. P.	son	1	TN	TN	TN	
165	Rhymer, Starling	head	53	TN	TN	TN	farmer
	Rhymer, Nora	wife	49	TN	TN	TN	
	McCloud, Chelsea	daughter	19	TN	TN	TN	

Family #	Name	Relation	Age	I	F	M	Occupation
166	Pierce, Donelly	head	34	TN	TN	TN	farmer
	Pierce, Beulah	wife	29	TN	TN	TN	
	Pierce, Ina	daughter	11	TN	TN	TN	
167	Kite, John	head	59	TN	TN	TN	farmer
	Kite, Alice	wife	49	TN	TN	TN	
	Kite, McKinley	son	24	TN	TN	TN	truck farm laborer
	Kite, John Jr.	son	15	TN	TN	TN	
	Kite, Brown	son	13	TN	TN	TN	
	Kite, Joseph	son	11	TN	TN	TN	
	Kite, James	son	8	TN	TN	TN	
168	McQueen, Mary	head	63	TN	TN	TN	truck farmer
	McCloud, Walter	son in law	26	TN	TN	TN	state hwy laborer
	McCloud, Olivene	daughter	19	TN	TN	TN	
	McCloud, Mary	gr dau	1	TN	TN	TN	
169	White, Ray	head	33	TN	TN	TN	state hwy laborer
	White, Anna	wife	27	TN	TN	TN	
	White, Willard	son	12	TN	TN	TN	
	White, Viola	son	9	TN	TN	TN	
	White, Franklin	son	7	TN	TN	TN	
170	Phillips, William	head	77	TN	TN	TN	farmer
	Phillips, Louise	wife	70	TN	TN	TN	
	White, Wanitta	niece	13	TN	TN	TN	
	Gallagher, Eliza	servant	58	TN	TN	TN	private family servant
171	Vines, Grover	head	36	TN	TN	TN	farm laborer
	Vines, Bessie	wife	27	TN	TN	TN	
	Vines, James	son	5	TN	TN	TN	
	Vines, Arlene	daughter	3	TN	TN	TN	
	Vines, Billie	daughter	1	TN	TN	TN	
172	Hazlewood, Robert	head	53	TN	TN	TN	farmer
	Hazlewood, Bertie	wife	49	TN	TN	TN	
	Hazlewood, Louise	daughter	22	TN	TN	TN	public school teacher
	Hazlewood, Shelton	gr son	5	TN	TN	TN	
173	Campbell, William	head	69	TN	TN	TN	farmer
	Campbell, Mattie	wife	63	TN	TN	TN	
	Campbell, Gene	son	31	TN	TN	TN	farm laborer
174	Pierce, Daniel	head	64	TN	TN	TN	farmer
	Pierce, Sarah	wife	49	TN	TN	TN	
	Pierce, Lucy	daughter	5	TN	TN	TN	
175	Smith, David	head	78	TN	TN	TN	farmer
	Smith, Sallie	wife	70	TN	TN	TN	
	Smith, Gladys	gr dau	12	TN	TN	TN	
176	Pierce, Bruce	head	37	TN	TN	TN	farmer
	Pierce, Millie	wife	31	TN	TN	TN	
	Pierce, Lester	son	9	TN	TN	TN	
	Pierce, Julia	daughter	7	TN	TN	TN	
	Pierce, Robert	son	5	TN	TN	TN	
	Pierce, Virginia	daughter	3	TN	TN	TN	
177	Smith, Daniel	head	24	TN	TN	TN	rayon mill laborer
	Smith, Bessie	wife	21	TN	TN	TN	
	Smith, Margaret	daughter	1	TN	TN	TN	

Family #	Name	Relation	Age	I	F	M	Occupation
178	Pierce, Sexton	head	49	TN	TN	TN	farmer
	Pierce, Dora	wife	39	TN	TN	TN	
	Pierce, Bessie	daughter	20	TN	TN	TN	rayon mill laborer
	Pierce, Allen	son	18	TN	TN	TN	
	Pierce, Roy	son	15	TN	TN	TN	
	Pierce, Dayton	son	14	TN	TN	TN	
	Pierce, Worley	son	11	TN	TN	TN	
	Pierce, Paul	son	7	TN	TN	TN	
	Pierce, Elton	son	4	TN	TN	TN	
179	Campbell, James	head	69	TN	TN	TN	farmer
	Campbell, Jessie	wife	63	TN	TN	TN	
	Campbell, Chris	son	45	TN	TN	TN	carpenter
	Campbell, Marian	gr dau	16	TN	TN	TN	
	Campbell, Willard	gr son	14	TN	TN	TN	
	Campbell, Hyder	gr son	12	TN	TN	TN	
	Rainbolt, Martha	daughter	24	TN	TN	TN	home laundress
	Glover, James	nephew	39	TN	TN	TN	rayon mill laborer
180	Smith, William	head	56	TN	TN	TN	farmer
	Smith, Corda	wife	47	TN	TN	TN	
	Smith, Hazel	daughter	20	TN	TN	TN	
	Smith, Ham	son	18	TN	TN	TN	farm laborer
	Smith, Wayne	son	16	TN	TN	TN	
	Smith, James	son	14	TN	TN	TN	
181	Roark, Cager	head	60	TN	TN	TN	truck farmer
	Roark, Oma	wife	51	TN	TN	TN	
	Roark, William	son	32	TN	TN	TN	truck farm laborer
	Roark, Arlina	dau in law	28	TN	TN	TN	
	Roark, Kelly	gr son	9	TN	TN	TN	
	Roark, Beatrice	gr dau	7	TN	TN	TN	
	Roark, Dovie	gr dau	4	TN	TN	TN	
182	Smith, George	head	76	TN	TN	TN	farmer
	Smith, Grace	wife	67	TN	TN	TN	
183	Smith, Robert	head	62	TN	TN	TN	truck farmer
	Smith, Lula	wife	39	TN	TN	TN	
	Smith, Bea	daughter	9	TN	TN	TN	
	Smith, Tim	son	2	TN	TN	TN	
184	Smith, Hamton	head	32	TN	TN	TN	rayon mill laborer
	Smith, Okey	wife	27	TN	TN	TN	
	Smith, Kenny	son	9	TN	TN	TN	
	Smith, Bernice	daughter	5	TN	TN	TN	
185	Adams, Harry	head	38	TN	TN	TN	truck famer
	Adams, Celia	wife	39	TN	TN	TN	
	Adams, Ruby	daughter	12	TN	TN	TN	
186	Pierce, Armisted	head	28	TN	TN	TN	state hwy laborer
	Pierce, Grace	wife	19	TN	TN	TN	
	Pierce, Georgia	daughter	6	TN	TN	TN	
	Pierce, Jannie	mother	53	TN	TN	TN	
187	Holden, Walter	head	23	TN	TN	TN	truck farm laborer
	Holden, Bertha	wife	19	TN	TN	TN	
	Holden, Vanessa	daughter	0	TN	TN	TN	

Family #	Name	Relation	Age	I	F	M	Occupation
188	Smith, Edward	head	36	TN	TN	TN	truck farmer
	Smith, Val	wife	30	TN	TN	TN	
	Smith, Edith	daughter	12	TN	TN	TN	
	Smith, Mayme	daughter	10	TN	TN	TN	
	Smith, Crawford	son	7	TN	TN	TN	
189	Smith, Elbert	head	34	TN	TN	TN	rayon mill laborer
	Smith, Roxie	wife	33	TN	TN	TN	
	Smith, Spurgon	son	7	TN	TN	TN	
	Smith, Loraine	daughter	4	TN	TN	TN	
	Smith, Vada	daughter	1	TN	TN	TN	
190	Lewis, Cecil	head	47	TN	TN	TN	truck farmer
	Lewis, Virginia	wife	24	TN	TN	TN	
	Lewis, Walter	son	16	TN	TN	TN	
	Lewis, Charley	son	14	TN	TN	TN	
	Lewis, Nancy	mother	71	TN	TN	TN	
191	Lewis, John	head	40	TN	TN	TN	carpenter
	Lewis, Ruth	wife	35	TN	TN	TN	
	Lewis, Howard	son	16	TN	TN	TN	
	Lewis, Herman	son	14	TN	TN	TN	
	Lewis, Norman	son	12	TN	TN	TN	
192	Smith, Ernest	head	37	TN	TN	TN	truck farmer
	Smith, Nannie	wife	32	TN	TN	TN	
	Smith, Kate	daughter	12	TN	TN	TN	
	Smith, Bonnie	daughter	10	TN	TN	TN	
	Smith, Reece	son	8	TN	TN	TN	
	Smith, Lillian	daughter	6	TN	TN	TN	
	Smith, John	son	4	TN	TN	TN	
	Smith, Hugh	son	1	TN	TN	TN	
193	Smith, John	head	64	TN	TN	TN	truck farmer
	Smith, Martha	wife	62	TN	TN	TN	
194	Joines, Belvie	head	34	TN	TN	TN	laborer
	Joines, Effie	wife	31	TN	TN	TN	
	Joines, Norman	son	12	TN	TN	TN	
	Joines, Elmo	son	10	TN	TN	TN	
	Joines, James	son	7	TN	TN	TN	
	Joines, Omego	daughter	5	TN	TN	TN	
	Joines, Aloma	daughter	1	TN	TN	TN	
195	Blevins, Charles	head	52	TN	TN	TN	truck farmer
	Blevins, Maude	wife	45	TN	TN	TN	
	Blevins, Herbert	son	26	TN	TN	TN	truck farm laborer
	Blevins, Woodrow	son	17	TN	TN	TN	truck farm laborer
	Blevins, Paul	son	11	TN	TN	TN	
	Blevins, Mary	daughter	8	TN	TN	TN	
	Blevins, Mark	son	5	TN	TN	TN	
	Elliott, Ray	son in law	25	TN	TN	TN	general store salesman
	Elliott, Blanch	daughter	25	TN	TN	TN	
	Elliott, Blanch Jr.	gr dau	1	TN	TN	TN	
	Elliott, Ray Jr.	gr son	0	TN	TN	TN	
196	Pierce, Matty	head	56	TN	TN	TN	truck farmer
	Pierce, Harry	son	17	TN	TN	TN	rayon mill laborer

Family #	Name	Relation	Age	I	F	M	Occupation
197	Pierce, Anderson	head	65	TN	TN	TN	truck farmer
	Pierce, Roda	daughter	15	TN	TN	TN	
198	Oliver, Hooker	head	40	TN	TN	TN	
	Oliver, Bessie	wife	38	TN	TN	TN	
	Oliver, Roy	son	17	TN	TN	TN	truck farm laborer
	Oliver, Jessie	son	15	TN	TN	TN	
	Oliver, Lafayette	son	13	TN	TN	TN	
	Oliver, Edward	son	11	TN	TN	TN	
	Oliver, Howard	son	8	TN	TN	TN	
	Oliver, Mollie	daughter	5	TN	TN	TN	
	Oliver, Robert	son	3	TN	TN	TN	
	Oliver, Myrtle	daughter	1	TN	TN	TN	
199	Whaley, Dana	head	29	TN	TN	TN	truck farmer
	Whaley, Ella Gentry	wife	26	TN	TN	TN	
	Whaley, Dana Jr.	son	4	TN	TN	TN	
	Whaley, George	son	2	TN	TN	TN	
	Whaley, Carl	son	0	TN	TN	TN	
200	Smith, Clarence	head	31	TN	TN	TN	truck farmer
	Smith, Mary	wife	21	TN	TN	TN	
	Smith, Taffada	daughter	2	TN	TN	TN	
	Smith, Gordon	son	0	TN	TN	TN	
201	Hinkle, Charley	head	53	TN	TN	TN	truck farmer
	Hinkle, Orley	wife	52	TN	TN	TN	
	Hinkle, Roxie	gr dau	11	TN	TN	TN	
202	Morton, James	head	31	TN	TN	TN	rayon mills laborer
	Morton, Sadie	wife	28	TN	TN	TN	
	Morton, Velma	daughter	8	TN	TN	TN	
	Morton, James	son	6	TN	TN	TN	
	Morton, Clarence	son	4	TN	TN	TN	
	Morton, Marie	daughter	1	TN	TN	TN	
203	Oliver, James	head	55	TN	TN	TN	truck farmer
	Oliver, Roxie	sister	50	TN	TN	TN	private housekeeper
	Oliver, Samuel	son	18	TN	TN	TN	rayon mills laborer
	Oliver, Roby	son	16	TN	TN	TN	
204	Smith, Fred	head	40	TN	TN	TN	truck farmer
	Smith, Ella	wife	38	TN	TN	TN	
	Smith, Ralph	son	18	TN	TN	TN	rayon mills laborer
	Smith, Donald	son	9	TN	TN	TN	
205	Stout, Donald	head	39	TN	TN	TN	rayon mills laborer
	Stout, Minerva	wife	32	TN	TN	TN	
	Stout, Earl	son	13	TN	TN	TN	
	Stout, Robert	son	10	TN	TN	TN	
	Stout, Magdalina	daughter	6	TN	TN	TN	
206	Estep, Wesley	head	45	TN	TN	TN	truck farmer
	Estep, Flossie	wife	36	TN	TN	TN	
	Estep, Stanley	son	20	TN	TN	TN	rayon mills laborer
	Estep, Madoline	daughter	18	TN	TN	TN	rayon mills laborer
	Estep, Hazel	daughter	14	TN	TN	TN	
	Estep, Ora	daughter	11	TN	TN	TN	
	Estep, Iva	daughter	6	TN	TN	TN	

Family #	Name	Relation	Age	I	F	M	Occupation
	Estep, Carroll	son	4	TN	TN	TN	
	Estep, Joyce	daughter	0	TN	TN	TN	
	Estep, Harv	father	74	TN	TN	TN	
207	Jenkins, David	head	51	TN	TN	TN	truck farm laborer
	Jenkins, Mollie	wife	40	TN	TN	TN	
	Jenkins, Sexton	son	19	TN	TN	TN	truck farm laborer
	Jenkins, Omar	son	17	TN	TN	TN	truck farm laborer
	Jenkins, Luther	son	9	TN	TN	TN	
	Jenkins, Conley	son	5	TN	TN	TN	
208	Peters, Benjamin	head	52	TN	TN	TN	truck farmer
	Peters, Rosa	wife	48	TN	TN	TN	
	Peters, Charley	son	24	TN	TN	TN	rayon mills laborer
	Peters, Georgia	daughter	21	TN	TN	TN	rayon mills laborer
209	Goodwin, Isabel	head	58	TN	TN	TN	truck farmer
	Carden, Louis	son	41	TN	TN	TN	rayon mills laborer
	Carden, Dickson	son	21	TN	TN	TN	truck farm laborer
	Carden, Mary	daughter	19	TN	TN	TN	home laundress
210	Stewart, Thomas	head	38	TN	TN	TN	state hwy laborer
	Stewart, Ina	wife	26	TN	TN	TN	
	Stewart, Thomas	son	11	TN	TN	TN	
	Stewart, Anita	daughter	9	TN	TN	TN	
	Stewart, Charley	son	7	TN	TN	TN	
	Stewart, James	son	3	TN	TN	TN	
	Stewart, Nellie	daughter	1	TN	TN	TN	
211	Carden, Laney	head	24	TN	TN	TN	rayon mills laborer
	Carden, Alice	wife	24	TN	TN	TN	
	Carden, Parlee	daughter	6	TN	TN	TN	
	Carden, James	son	4	TN	TN	TN	
	Carden, Charley	son	1	TN	TN	TN	
212	Campbell, Lossen	head	41	TN	TN	TN	truck farmer
	Campbell, Elsa	wife	34	TN	TN	TN	
	Campbell, Hildred	daughter	16	TN	TN	TN	
	Campbell, Lena	daughter	14	TN	TN	TN	
	Campbell, Charlotte	daughter	10	TN	TN	TN	
	Campbell, Carson	son	8	TN	TN	TN	
	Campbell, Winona	daughter	6	TN	TN	TN	
	Campbell, Lossen Jr.	son	3	TN	TN	TN	
	Campbell, John	son	2	TN	TN	TN	
	Campbell, Silas	son	1	TN	TN	TN	
	Campbell, Thomas	son	0	TN	TN	TN	
213	Bunton, Lockie	head	38	TN	TN	TN	truck farmer
	Bunton, Isabel	daughter	16	TN	TN	TN	rayon mill laborer
	Bunton, Otis	son	8	TN	TN	TN	
	Bunton, Dugger	father	81	TN	TN	TN	
214	Peters, Elza	head	50	TN	TN	TN	truck farmer
	Peters, Ettie	wife	52	TN	TN	TN	
	Campbell, Mat	step son	35	TN	TN	TN	truck farm laborer
	Campbell, Pressie	step dau	22	TN	TN	TN	
	Peters, Frank	son	30	TN	TN	TN	truck farm laborer
	Peters, William	son	27	TN	TN	TN	truck farm laborer

Family #	Name	Relation	Age	I	F	M	Occupation
215	Glover, John	head	51	TN	TN	TN	farm laborer
	Glover, Annie	wife	54	TN	TN	TN	
	Campbell, Ethel	daughter	32	TN	TN	TN	rayon mill laborer
	Campbell, Howard	gr son	10	TN	TN	TN	
	Campbell, Ruby	gr dau	7	TN	TN	TN	
	Glover, Paul	son	24	TN	TN	TN	rayon mill laborer
	Glover, Ada	daughter	22	TN	TN	TN	rayon mill laborer
	Glover, Boyd	son	19	TN	TN	TN	rayon mill laborer
216	Glover, Mary	head	71	TN	TN	TN	farmer
	Glover, Dillia	daughter	28	TN	TN	TN	farm laborer
217	Campbell, Nancy	head	77	TN	TN	TN	
218	Hinkle, James	head	24	TN	TN	TN	farmer
	Hinkle, Wilma	wife	22	TN	TN	TN	
	Hinkle, James Jr.	son	3	TN	TN	TN	
	Hinkle, Pansy	daughter	1	TN	TN	TN	
219	Oliver, George	head	45	TN	TN	TN	highway const laborer
	Oliver, Eva	wife	31	TN	TN	TN	
	Oliver, Rosa	daughter	14	TN	TN	TN	
	Oliver, James	son	11	TN	TN	TN	
	Oliver, Della	daughter	8	TN	TN	TN	
	Oliver, Annie	daughter	5	TN	TN	TN	
	Oliver, John	son	3	TN	TN	TN	
	Oliver, George	son	0	TN	TN	TN	
220	Teague, C. C.	head	52	TN	TN	TN	farmer
	Teague, Catherine	wife	56	TN	TN	TN	
	Teague, Chassie	son	19	TN	TN	TN	farm laborer
	Teague, Hattie	dau in law	16	TN	TN	TN	
	Teague, William	gr son	1	TN	TN	TN	
221	Campbell, Melvin	head	55	TN	TN	TN	farmer
	Campbell, Josie	wife	42	TN	TN	TN	
	Campbell, Charley	son	21	TN	TN	TN	rayon mill laborer
	Campbell, Letha	daughter	19	TN	TN	TN	rayon mill laborer
	Campbell, Waymont	son	17	TN	TN	TN	rayon mill laborer
	Campbell, George	son	14	TN	TN	TN	
	Campbell, Arden	son	10	TN	TN	TN	
	Campbell, Kyle	son	7	TN	TN	TN	
	Campbell, Dorothy	daughter	4	TN	TN	TN	
222	Campbell, Maynard	head	30	TN	TN	TN	farmer
	Campbell, Pearl	wife	28	TN	TN	TN	
	Campbell, Vaughn	son	9	TN	TN	TN	
	Campbell, Louis	son	7	TN	TN	TN	
	Campbell, Jacqueline	daughter	5	TN	TN	TN	
	Campbell, Maynard Jr.	son	2	TN	TN	TN	
	Campbell, Andrew	son	0	TN	TN	TN	
223	Shaw, King	head	52	TN	TN	TN	farmer
	Shaw, Emma	wife	49	TN	TN	TN	
	Shaw, Louis	son	19	TN	TN	TN	rayon mills laborer
	Shaw, Grace	daughter	17	TN	TN	TN	
	Shaw, Mark	son	14	TN	TN	TN	
	Shaw, Luke	son	14	TN	TN	TN	

Family #	Name	Relation	Age	I	F	M	Occupation
224	Lewis, Lawson	head	58	TN	TN	TN	truck farmer
	Lewis, Nannie Blevins	wife	44	TN	TN	TN	
	Lewis, Hunter	son	17	TN	TN	TN	truck farm laborer
	Lewis, Paul	son	16	TN	TN	TN	
	Lewis, Harrell	son	12	TN	TN	TN	
	Lewis, Donald	son	10	TN	TN	TN	
	Lewis, Meta	daughter	6	TN	TN	TN	
	Lewis, Della	daughter	1	TN	TN	TN	
225	Goodwim, Alice	head	73	TN	TN	TN	truck farmer
226	Montgomery, Mack	head	33	TN	TN	TN	general store merchant
	Montgomery, Grace	wife	27	TN	TN	TN	
	Montgomery, Norma	daughter	8	TN	TN	TN	
	Montgomery, Gertrude	daughter	6	TN	TN	TN	
	Montgomery, Faye	daughter	4	TN	TN	TN	
	Montgomery, Christine	daughter	3	TN	TN	TN	
	Montgomery, Joye	daughter	1	TN	TN	TN	
227	Carden, Grady	head	66	TN	TN	TN	farmer
	Carden, May	daughter	27	TN	TN	TN	
	Carden, Rhonda	sister	70	TN	TN	TN	
228	Bowers, Allen	head	34	TN	TN	TN	truck farm laborer
	Bowers, Bessie	wife	30	TN	TN	TN	
	Bowers, Floyd	son	11	TN	TN	TN	
	Bowers, Dorothy	daughter	6	TN	TN	TN	
	Bowers, Faye	daughter	4	TN	TN	TN	
	Bowers, Robert	son	2	TN	TN	TN	
	Bowers, Ernest	son	0	TN	TN	TN	
229	Wilson, George	head	45	TN	TN	TN	farmer
	Wilson, Ida	wife	48	TN	TN	TN	
230	Glover, Maggie	head	31	TN	TN	TN	home laundress
	Glover, Fred	son	16	TN	TN	TN	rayon mills laborer
	Glover, Gwen	daughter	14	TN	TN	TN	
	Glover, Norma	daughter	9	TN	TN	TN	
	Glover, Mary	daughter	7	TN	TN	TN	
	Glover, Charley	son	4	TN	TN	TN	
	Glover, Conley	son	2	TN	TN	TN	
	Glover, Clyde	son	0	TN	TN	TN	
231	Morton, Clayton	head	50	TN	TN	TN	truck farmer
	Morton, Rhoda	wife	48	TN	TN	TN	
	Morton, Ruby	daughter	18	TN	TN	TN	rayon mills laborer
	Morton, William	son	16	TN	TN	TN	rayon mills laborer
	Morton, Maybell	daughter	10	TN	TN	TN	
232	Campbell, Mel	head	62	TN	TN	TN	truck farmer
	Campbell, Celia	wife	51	TN	TN	TN	
233	Odom, William	head	32	TN	TN	TN	rayon mills laborer
	Odom, Mary	wife	30	TN	TN	TN	
	Odom, James	son	0	TN	TN	TN	
234	Lewis, Naomi	head	62	TN	TN	TN	truck farmer
	Lewis, Jennie	sister	43	TN	TN	TN	
235	Campbell, Dana	head	28	TN	TN	TN	rayon mills laborer
	Campbell, Margaret	wife	24	TN	TN	TN	

Family #	Name	Relation	Age	I	F	M	Occupation
236	Nidiffer, William	head	48	TN	TN	TN	truck farmer
	Nidiffer, Josie Lewis	wife	42	TN	TN	TN	
	Nidiffer, Vicy	daughter	17	TN	TN	TN	
	Nidiffer, W. T.	son	11	TN	TN	TN	
	Nidiffer, Gladys	daughter	4	TN	TN	TN	
237	Campbell, John	head	60	TN	TN	TN	truck farmer
	Campbell, Maude	wife	44	TN	TN	TN	
	Campbell, Floyd	son	17	TN	TN	TN	rayon mills laborer
	Campbell, Pauline	daughter	19	TN	TN	TN	
	Campbell, Lloyd	son	15	TN	TN	TN	
	Campbell, Clyde	son	13	TN	TN	TN	
	Campbell, Paul	son	11	TN	TN	TN	
	Campbell, John Jr.	son	6	TN	TN	TN	
238	Goodwin, William	head	47	TN	TN	TN	truck farmer
	Goodwin, Mollie	wife	48	TN	TN	TN	
	Goodwin, Austin	son	24	TN	TN	TN	silk mills laborer
	Goodwin, Ray	son	21	TN	TN	TN	silk mills laborer
	Goodwin, Wilson	son	19	TN	TN	TN	state hwy laborer
	Goodwin, Bradis	daughter	16	TN	TN	TN	
	Goodwin, Hazel	daughter	12	TN	TN	TN	
	Goodwin, Juanita	daughter	9	TN	TN	TN	
	Smith, Geraldine	gr dau	4	TN	TN	TN	
239	Wilson, James	head	67	TN	TN	TN	general store merchant
	Wilson, Jane	wife	47	TN	TN	TN	
	Wilson, William	son	22	TN	TN	TN	rayon mills laborer
	Wilson, Carter	son	18	TN	TN	TN	rayon mills laborer
	Wilson, Emma	daughter	16	TN	TN	TN	rayon mills laborer
	Wilson, Lafayette	son	8	TN	TN	TN	
	Wilson, Pauline	daughter	6	TN	TN	TN	
240	Bunton, B. D.	head	60	TN	TN	TN	minister
	Bunton, Della	wife	55	TN	TN	TN	
241	Smith, Bruce	head	29	TN	TN	TN	truck farmer
	Smith, Della	wife	26	TN	TN	TN	
242	Presnell, Henry	head	52	TN	TN	TN	truck farmer
	Presnell, Lulu Pierce	wife	47	TN	TN	TN	
	Presnell, Guy	son	13	TN	TN	TN	
243	McNeal, Patrick	head	70	TN	TN	TN	truck farmer
	McNeal, Margaret	wife	64	TN	TN	TN	
	McNeal. Rhoda	daughter	43	TN	TN	TN	
	McNeal, Charley	gr son	12	TN	TN	TN	
244	Campbell, Donnie	head	50	TN	TN	TN	truck farmer
	Campbell, Fannie	daughter	21	TN	TN	TN	home laundress
	Campbell, Elmer	son	17	TN	TN	TN	truck farm laborer
	Campbell, Orville	son	14	TN	TN	TN	
	Campbell, Paul	gr son	8	TN	TN	TN	
245	Campbell, James	head	58	TN	TN	TN	truck farm laborer
	Campbell, Annie	wife	47	TN	TN	TN	
	Campbell, Flossie	daughter	25	TN	TN	TN	home laundress
	Campbell, Ruth	daughter	23	TN	TN	TN	
	Campbell, Eugene	gr son	4	TN	TN	TN	

Family #	Name	Relation	Age	I	F	M	Occupation
	Campbell, Troy	son	16	TN	TN	TN	farm laborer
	Campbell, Clifton	son	14	TN	TN	TN	
	Campbell, Grant	son	10	TN	TN	TN	
246	Vines, Daniel	head	49	TN	TN	TN	farm laborer
	Vines, Janie	wife	48	TN	TN	TN	
	Vines, Monroe	son	24	TN	TN	TN	farm laborer
	Vines, Dewey	son	19	TN	TN	TN	farm laborer
	Vines, Julian	son	17	TN	TN	TN	farm laborer
	Vines, Victor	son	15	TN	TN	TN	
	Vines, Leander	son	12	TN	TN	TN	
	Vines, William	son	9	TN	TN	TN	
	Vines, Raymond	son	4	TN	TN	TN	
	Vines, Hazel	daughter	1	TN	TN	TN	
247	Griffey, Mary	head	70	TN	TN	TN	
	Griffey, Ida	daughter	39	TN	TN	TN	laundress
	Griffey, Winnie	gr dau	15	TN	TN	TN	
248	Markland, Landon	head	45	TN	TN	TN	general store merchant
	Markland, Minnie	wife	44	TN	TN	TN	
	Markland, Pauline	daughter	21	TN	TN	TN	office stenographer
	Markland, Blanch	daughter	18	TN	TN	TN	public school teacher
	Markland, Landon Jr.	son	15	TN	TN	TN	
	Markland, Edie	daughter	11	TN	TN	TN	
	Markland, Edward	son	7	TN	TN	TN	
	Markland, Lawrence	son	4	TN	TN	TN	
249	Markland, William	head	74	TN	TN	TN	farm
	Markland, Mary	wife	72	TN	TN	TN	
250	Matheson, Andy	head	26	TN	TN	TN	lumber mill laborer
	Matheson, Eliza	wife	24	TN	TN	TN	
	Matheson, George	son	3	TN	TN	TN	
	Matheson, Maribelle	daughter	1	TN	TN	TN	
251	Smith, William	head	39	TN	TN	TN	general store merchant
	Smith, Ella	wife	37	TN	TN	TN	
	Smith, Ernest	son	6	TN	TN	TN	
	Smith, Sylva	daughter	1	TN	TN	TN	
252	Culver, Charlie	head	43	TN	TN	TN	farmer
	Culver, Ellen	mother	67	TN	TN	TN	
253	Pierce, D. N.	head	32	TN	TN	TN	farmer
	Pierce, Frances	wife	22	TN	TN	TN	
	Pierce, Dorothy	daughter	2	TN	TN	TN	
	Pierce, Otis	son	0	TN	TN	TN	
	Pierce, Bailey	father	69	TN	TN	TN	farm laborer
254	Hazlewood, Pleasant	head	81	TN	TN	TN	farmer
	Hazlewood, Jane	wife	75	TN	TN	TN	
255	Slimp, Oliver	head	39	TN	TN	TN	farmer
	Slimp, Nettie	wife	49	TN	TN	TN	
	Slimp, Haskle	son	15	TN	TN	TN	
256	Smith, Oscar	head	42	TN	TN	TN	railroad fireman
	Smith, Albert	son	15	TN	TN	TN	
	Smith, John	son	12	TN	TN	TN	

Family #	Name/District 10	Relation	Age	I	F	M	Occupation
1	Hardin, William	head	45	TN	TN	TN	farmer
	Hardin, Ellen	wife	43	TN	TN	TN	
	Hardin, Stacy	son	16	TN	TN	TN	
	Hardin, Leonard	son	7	TN	TN	TN	
	Hardin, Evelyn	daughter	3	TN	TN	TN	
	Miller, Josie	cook	26	TN	TN	TN	cook
2	Hardin, Powell	head	67	TN	TN	TN	farmer
	Hardin, Amanda	wife	65	TN	TN	TN	
	Miller, John	cousin	12	TN	TN	TN	
3	Hardin, Robert Jr.	head	39	TN	TN	TN	farmer
	Hardin, Jennie	wife	36	TN	TN	TN	
	Hardin, Nell	daughter	16	TN	TN	TN	house work
4	Mabe, Bob	head	32	TN	TN	TN	coal miner
	Mabe, Sona	wife	30	TN	TN	TN	
5	Blevins, Clell	head	68	TN	TN	TN	farmer
	Blevins, Bruce	son	41	TN	TN	TN	farmer
	Blevins, Clark	son	24	TN	TN	TN	farmer
	Blevins, John	son	21	TN	TN	TN	farmer
	Blevins, Walter	son	19	TN	TN	TN	farmer
6	Alford, Pola	head	57	TN	TN	TN	farmer
	Alford, Matie	wife	65	TN	TN	TN	
7	Pierce, Allen	head	33	TN	TN	TN	farmer
	Pierce, Victoria	wife	33	TN	TN	TN	
	Pierce, Willis	son	9	TN	TN	TN	
	Pierce, Hugh	son	6	TN	TN	TN	
	Pierce, Elizabeth	daughter	4	TN	TN	TN	
	Pierce, Pearl	daughter	2	TN	TN	TN	
8	Hardin, Nancy	head	33	TN	TN	TN	restaurant cook
	Grindstaff, Frank	renter	30	TN	TN	TN	laborer
	Grindstaff, Jennie	r wife	26	TN	TN	TN	
	Grindstaff, Robert	r son	7	TN	TN	TN	
	Grindstaff, Evelyn	r daughter	2	TN	TN	TN	
	Grindstaff, Alleen	r daughter	1	TN	TN	TN	
9	Hardin, Bob Sr.	head	61	TN	TN	TN	farmer
	Hardin, Celia	wife	60	TN	TN	TN	
	Oliver, Amanda	daughter	24	TN	TN	TN	
	Oliver, Austin	son in law	40	TN	TN	TN	coal miner
	Oliver, Serena	gr dau	7	TN	TN	TN	
10	Grindstaff, Ham	head	31	TN	TN	TN	laborer
	Grindstaff, Nancy	wife	36	TN	TN	TN	
	Grindstaff, Ethel	step dau	16	TN	TN	TN	house work
	Grindstaff, Helen	step dau	14	TN	TN	TN	hosiery mill laborer
	Grindstaff, Arthur	son	7	TN	TN	TN	
	Grindstaff, Bertha	daughter	5	TN	TN	TN	
	Grindstaff, Amanda	daughter	3	TN	TN	TN	
	Grindstaff, Pearl	daughter	1	TN	TN	TN	
11	Peters, Emily	head	53	TN	TN	TN	farmer
	Peters, Chelsea	daughter	15	TN	TN	TN	hosiery mill
12	Lewis. Willie	head	22	TN	TN	TN	taxi driver
	Lewis, Carrie	wife	21	TN	TN	TN	

Family #	Name	Relation	Age	I	F	M	Occupation
13	Grindstaff, Noah	head	45	TN	TN	TN	farmer
	Grindstaff, Golda	wife	29	TN	TN	TN	
	Grindstaff, Billy	son	5	TN	TN	TN	
	Grindstaff, Hazel	daughter	4	TN	TN	TN	
14	Grindstaff, Jim	head	69	TN	TN	TN	farmer
	Grindstaff, Elizabeth	wife	66	TN	TN	TN	
	Grindstaff, Blanch	daughter	28	TN	TN	TN	silk mill spinner
	Grindstaff, Hampton	gr son	10	TN	TN	TN	
	Grindstaff, Clifford	gr son	8	TN	TN	TN	
	Grindstaff, Inorma	gr dau	6	TN	TN	TN	
15	Markland, Allen	head	59	TN	TN	TN	farmer
	Markland, Eliza	wife	49	TN	TN	TN	
	Taylor, Myrtle	daughter	28	TN	TN	TN	
	Taylor, Pat	son in law	33	TN	TN	TN	farmer
	Taylor, Irene	gr dau	8	TN	TN	TN	
16	Cable, Jim	head	38	TN	TN	TN	farmer
	Cable, Rita	wife	28	TN	TN	TN	
	Cable, Clifford	son	13	TN	TN	TN	
	Cable, Anna	daughter	11	TN	TN	TN	
	Cable, Annice	son	9	TN	TN	TN	
	Cable, Leola	daughter	7	TN	TN	TN	
	Cable, Minerva	daughter	5	TN	TN	TN	
17	Grindstaff, Dan	head	40	TN	TN	TN	farmer
	Grindstaff, Alice	wife	38	TN	TN	TN	
	Grindstaff, Beulah	daughter	18	TN	TN	TN	silk mill spinner
	Grindstaff, Leola	daughter	17	TN	TN	TN	silk mill spinner
	Grindstaff, Maggie	daughter	14	TN	TN	TN	
	Grindstaff, Carl	son	7	TN	TN	TN	
	Grindstaff, Crawford	son	5	TN	TN	TN	
	Grindstaff, C. L.	son	2	TN	TN	TN	
18	Collins, George	head	21	TN	TN	TN	farmer
	Collins, Alice	wife	22	TN	TN	TN	
19	Grindstaff, Dave	head	80	TN	TN	TN	farmer
	Grindstaff, Jane	wife	78	TN	TN	TN	
	Grindstaff, Odell	gr son	23	TN	TN	TN	taxi driver
20	Grindstaff, Jake	head	55	TN	TN	TN	farmer
	Grindstaff, Carrie	wife	52	TN	TN	TN	
	Grindstaff, Dewey	son	23	TN	TN	TN	farmer
	Grindstaff, Chelsie	daughter	19	TN	TN	TN	hosiery mill laborer
	Grindstaff, Helen	daughter	16	TN	TN	TN	hosiery mill laborer
21	White, Alex	head	62	TN	TN	TN	farmer
	White, Julia	wife	56	TN	TN	TN	
	White, Luther	son	21	TN	TN	TN	farmer
22	Culbert, Robert	head	56	TN	TN	TN	farmer
	Culbert, Mary	wife	44	TN	TN	TN	
	Culbert, Rolen	son	24	TN	TN	TN	farmer
	Culbert, Eva	daughter	20	TN	TN	TN	silk mill spinner
	Culbert, J. M.	son	11	TN	TN	TN	
	Culbert, Kemp	son	4	TN	TN	TN	
	Culbert, Stanley	son	2	TN	TN	TN	

Family #	Name	Relation	Age	I	F	M	Occupation
23	Richardson, Willie	head	29	TN	TN	TN	garage mechanic
	Richardson, Verna	wife	23	TN	TN	TN	
	Richardson, Carl	son	6	TN	TN	TN	
	Richardson, Mary Bell	daughter	4	TN	TN	TN	
	Richardson, Ruby	daughter	1	TN	TN	TN	
24	Taylor, Allen	head	45	TN	TN	TN	farmer
	Taylor, Zellie	wife	43	TN	TN	TN	
	Taylor, Neva	daughter	23	TN	TN	TN	hosiery mill laborer
	Taylor, Martha	daughter	17	TN	TN	TN	hosiery mill laborer
	Taylor, Tessie	daughter	11	TN	TN	TN	
25	Taylor, John	head	45	TN	TN	TN	farmer
	Taylor, Pearl	daughter	17	TN	TN	TN	
	Peters, Anderson	son in law	20	TN	TN	TN	farm laborer
	Peters, Lefty	gr son	1	TN	TN	TN	
	Peters, Blanch	daughter	16	TN	TN	TN	spinner rayon mill
	Taylor, Herbert	son	13	TN	TN	TN	
	Taylor, May	daughter	12	TN	TN	TN	
	Taylor, Ruby	daughter	10	TN	TN	TN	
	Taylor, Virginia	daughter	4	TN	TN	TN	
26	Lowe, Harmon	head	62	TN	TN	TN	farmer
	Lowe, Maggie	wife	59	TN	TN	TN	
	Lowe, Sarah	daughter	30	TN	TN	TN	chair factory laborer
	Lowe, Vester	son	28	TN	TN	TN	coal mine laborer
	Lowe, Webster	son	24	TN	TN	TN	coal mine laborer
	Lowe, Cecil	gr son	18	TN	TN	TN	chair factory laborer
	Lowe, Basil	gr son	16	TN	TN	TN	chair factory laborer
	Lowe, Ruth	gr dau	12	TN	TN	TN	
	Lowe, Maggie	gr dau	4	TN	TN	TN	
27	Taylor, Ed	head	42	TN	TN	TN	farmer
	Taylor, Ester	wife	39	TN	TN	TN	
	Taylor, Paxton	son	23	TN	TN	TN	taxi driver
	Taylor, Guy	son	21	TN	TN	TN	spinner rayon mill
	Taylor, Virgie	daughter	19	TN	TN	TN	housework
	Taylor, Eliza	daughter	17	TN	TN	TN	
	Taylor, Elwood	son	14	TN	TN	TN	
	Taylor, Frankie	daughter	2	TN	TN	TN	
28	Norris, Richard	head	42	TN	TN	TN	farmer
	Norris, Virgie	wife	40	TN	TN	TN	
	Norris, Dewey	son	16	TN	TN	TN	
	Norris, Versia	daughter	14	TN	TN	TN	
	Norris, Farrell	son	13	TN	TN	TN	
	Norris, Furman	son	10	TN	TN	TN	
	Norris, Edsel	son	9	TN	TN	TN	
	Norris, Alta	daughter	6	TN	TN	TN	
	Norris, Sultana	daughter	2	TN	TN	TN	
29	Taylor, Martha	head	41	TN	TN	TN	general store merchant
	Taylor, Earl	son	25	TN	TN	TN	chair factory laborer
	Taylor, Ernest	son	18	TN	TN	TN	chair factory laborer
	Taylor, Cora	daughter	16	TN	TN	TN	chair factory laborer

Family #	Name	Relation	Age	I	F	M	Occupation
30	Taylor, Shay	head	26	TN	TN	TN	farmer
	Taylor, Mary	wife	21	TN	TN	TN	
	Taylor, Glenn	son	1	TN	TN	TN	
	Peters, John Jr.	bro in law	23	TN	TN	TN	farmer
	Peters, Bessie	wife of bil	21	TN	TN	TN	
	Peters, Junior	son of bil	0	TN	TN	TN	
31	Moreland, Millard	head	37	TN	TN	TN	farmer
	Moreland, Bertha	wife	34	TN	TN	TN	
	Moreland, Myrtle	daughter	9	TN	TN	TN	
	Moreland, Robert	son	6	TN	TN	TN	
	Moreland, Junior	son	3	TN	TN	TN	
32	Taylor, Eliza	head	60	TN	TN	TN	homemaker
	Taylor, Jess	son	38	TN	TN	TN	farmer
	Taylor, Huston	son	31	TN	TN	TN	electrician
	Taylor, Mary	daughter	23	TN	TN	TN	housework
	Taylor, Arthur	son	20	TN	TN	TN	farmer
	Taylor, Hiram	son	36	TN	TN	TN	farmer
	Taylor, Myrtle	dau in law	32	TN	TN	TN	
33	Markland, Frank	head	60	TN	TN	TN	farmer
	Markland, John	son	22	TN	TN	TN	farmer
	Markland, Alice	daughter	19	TN	TN	TN	housework
	Markland, Minnie	daughter	32	TN	TN	TN	rayon mill spinner
	Markland, Lizzie	gr dau	12	TN	TN	TN	
	Markland, J. N.	gr son	6	TN	TN	TN	
34	Taylor, Lee	head	52	TN	TN	TN	rayon mill laborer
	Taylor, Ida	wife	25	TN	TN	TN	rayon mill spinner
	Taylor, Martha	daughter	24	TN	TN	TN	
	Taylor, Clara	daughter	14	TN	TN	TN	silk mill laborer
	Davis, Paul	step son	4	TN	TN	TN	
35	Taylor, Jim	head	58	TN	TN	TN	farmer
	Taylor, Maggie	wife	53	TN	TN	TN	
	Taylor, Dana	son	20	TN	TN	TN	farm laborer
	Taylor, Isaac	son	17	TN	TN	TN	silk mill laborer
	Taylor, Roby	son	13	TN	TN	TN	farm laborer
	Taylor, Floyd	gr son	4	TN	TN	TN	
36	Grindstaff, John	head	41	TN	TN	TN	farmer
	Grindstaff, Maggie	wife	36	TN	TN	TN	
	Grindstaff, Paul	son	16	TN	TN	TN	
	Grindstaff, Ray	son	13	TN	TN	TN	
	Grindstaff, Coralee	daughter	8	TN	TN	TN	
	Grindstaff, J. W.	son	7	TN	TN	TN	
	Grindstaff, Katherine	daughter	3	TN	TN	TN	
	Grindstaff, Caroline	daughter	3	TN	TN	TN	
37	Hughes, Roy	head	40	VA	VA	VA	farmer
	Hughes, Maggie	wife	46	TN	TN	TN	
	Hughes, Everett	son	16	TN	VA	TN	
	Hughes, J. B.	son	15	TN	VA	TN	
	Hughes, Marcellis	son	11	TN	VA	TN	

Family #	Name	Relation	Age	I	F	M	Occupation
38	White, Will	head	44	TN	TN	TN	
	White, Flora	wife	39	TN	TN	TN	
	White, Bessie	daughter	15	TN	TN	TN	
	White, Terry	son	13	TN	TN	TN	
	White, Burson	son	10	TN	TN	TN	
	White, Annice	daughter	8	TN	TN	TN	
	White, T. A.	son	5	TN	TN	TN	
	White, Charles	son	2	TN	TN	TN	
39	Davis, Sanford	head	37	TN	TN	TN	farmer/merchant
	Davis, Bernice	wife	22	TN	TN	TN	
	Davis, Edward	son	4	TN	TN	TN	
40	Culbert, Bill	head	52	TN	TN	TN	farmer
	Culbert, Dora	wife	40	TN	TN	TN	
	Culbert, J. N.	son	14	TN	TN	TN	
	Culbert, Beatrice	daughter	12	TN	TN	TN	
	Culbert, N. D.	son	9	TN	TN	TN	
	Culbert, Amanda Jane	daughter	6	TN	TN	TN	
	Culbert, Pansy	daughter	5	TN	TN	TN	
	Culbert, Salina	daughter	3	TN	TN	TN	
41	Bradley, Sam	head	53	TN	TN	TN	farmer
	Bradley, Nancy	wife	51	TN	TN	TN	
42	Grindstaff, Allen	head	37	TN	TN	TN	silk mill laborer
	Grindstaff, Lula	wife	27	TN	TN	TN	
	Grindstaff, Fletcher	son	6	TN	TN	TN	
43	Peters, Vernon	head	20	TN	TN	TN	silk mill laborer
	Peters, Bulah	wife	20	TN	TN	TN	
	Peters, Joanna	daughter	1	TN	TN	TN	
44	Taylor, Everett	head	43	TN	TN	TN	farmer
	Taylor, Bertie	daughter	17	TN	TN	TN	homemaker
	Taylor, Burnice	daughter	16	TN	TN	TN	hosiery mill laborer
	Taylor, Cameron	son	12	TN	TN	TN	
	Taylor, Abraham	son	10	TN	TN	TN	
	Taylor, Jacob	son	10	TN	TN	TN	
	Taylor, Isaac	son	10	TN	TN	TN	
	Taylor, Junior	son	7	TN	TN	TN	
	Taylor, Jay	son	3	TN	TN	TN	
45	Taylor, Salina	head	65	TN	TN	TN	farmer
	Taylor, Alfred	son	20	TN	TN	TN	farmer
	Taylor, Tina	daughter	22	TN	TN	TN	
	Taylor, Lydia	sis in law	22	TN	TN	TN	farmer
	Taylor, John	son	28	TN	TN	TN	farmer
	Taylor, Sallie	dau in law	24	TN	TN	TN	
	Taylor, J. M.	son	5	TN	TN	TN	
	Taylor, Cameron	gr son	2	TN	TN	TN	
46	Campbell, Will	head	40	TN	TN	TN	farmer
	Campbell, Maggie	wife	36	TN	TN	TN	
	Campbell, Denver	son	14	TN	TN	TN	
	Campbell, Orville	son	12	TN	TN	TN	
	Campbell, R. E.	son	6	TN	TN	TN	
	Campbell, Florence	daughter	3	TN	TN	TN	

Family #	Name	Relation	Age	I	F	M	Occupation
47	Taylor, Pheba	head	63	TN	TN	TN	farmer
	Taylor, Clarence	son	23	TN	TN	TN	silk mill laborer
	Taylor, Vergie	daughter	20	TN	TN	TN	
48	Taylor, George	head	46	TN	TN	TN	farmer
	Taylor, Matilda	wife	30	TN	TN	TN	
	Taylor, Grady	son	15	TN	TN	TN	
	Taylor, Gilbert	son	12	TN	TN	TN	
	Taylor, Amanda	daughter	10	TN	TN	TN	
	Taylor, Annalee	daughter	8	TN	TN	TN	
	Taylor, Luther	son	6	TN	TN	TN	
	Taylor, Emory	son	4	TN	TN	TN	
	Taylor, Vada	daughter	2	TN	TN	TN	
49	Taylor, Henry	head	42	TN	TN	TN	farmer
	Taylor, Sarah	wife	37	TN	TN	TN	
	Taylor, Harley	son	18	TN	TN	TN	rayon mill spinner
	Taylor, Merley	son	16	TN	TN	TN	
	Taylor, Ruby	daughter	14	TN	TN	TN	
	Taylor, Robert	son	8	TN	TN	TN	
50	Cole, Joe	head	50	TN	TN	TN	farmer
	Cole, Margaret	wife	47	TN	TN	TN	
	Cole, Arley	son	17	TN	TN	TN	
	Cole, Orville	son	15	TN	TN	TN	
	Cole, Robert	son	7	TN	TN	TN	
	Cole, Lula	daughter	5	TN	TN	TN	
	Campbell, Guy	laborer	19	TN	TN	TN	laborer
51	Peters, Will	head	35	TN	TN	TN	farmer
	Peters, Bertha	wife	29	TN	TN	TN	
	Peters, June	daughter	14	TN	TN	TN	
	Peters, Hubert	son	12	TN	TN	TN	
52	Rains, Eliza	head	67	TN	TN	TN	
	Rains, Eliza	daughter	28	TN	TN	TN	hosiery mill laborer
	Rains, Charles	son	22	TN	TN	TN	railroad depot agent
53	Pierce, Annie	head	41	TN	TN	TN	farmer
	Pierce, Nina	daughter	13	TN	TN	TN	
	Pierce, Robert	son	10	TN	TN	TN	
	Rains, Austin	boarder	34	TN	TN	TN	silk mill laborer
54	Lewis, Stant	head	49	TN	TN	TN	rayon mill supply clerk
	Lewis, Mae	wife	38	TN	TN	TN	
	Lewis, Mary	mother	76	TN	TN	TN	
54A	Lewis, Walter	head	47	TN	TN	TN	
	Lewis, Nancy	wife	36	TN	TN	TN	
55	Pardue, Jim	head	57	TN	TN	TN	carpenter
	Pardue, Dicey	wife	52	TN	TN	TN	
	Pardue, Beryl	daughter	16	TN	TN	TN	
55A	Peters, Dan	head	61	TN	TN	TN	farmer
	Peters, Della	wife	46	TN	TN	TN	
	Peters, Evelyn	daughter	13	TN	TN	TN	
56	Robinson, Nicholas	head	72	TN	TN	TN	physician
	Robinson, Sallie	wife	57	TN	TN	TN	

Family #	Name	Relation	Age	I	F	M	Occupation
57	Renfro, Wade	head	51	TN	TN	TN	farmer
	Renfro, Bessie	wife	46	TN	TN	TN	
	Renfro, Earl	son	25	TN	TN	TN	grocery store clerk
	Renfro, Anna	daughter	22	TN	TN	TN	rayon mill spinner
	Renfro, Jennie	daughter	18	TN	TN	TN	housework
	Renfro, Hampton	son	14	TN	TN	TN	
	Renfro, Aleen	daughter	12	TN	TN	TN	
	Renfro, Carl	son	8	TN	TN	TN	
	Renfro, Latta	son	23	TN	TN	TN	farm laborer
	Renfro, Juanita	dau in law	21	TN	TN	TN	
	Renfro, Bittie	gr dau	1	TN	TN	TN	
58	Shankle, Frank	head	53	TN	TN	TN	railroad foreman
	Shankle, Margaret	wife	52	TN	TN	TN	
	Shankle, Lois	daughter	22	TN	TN	TN	rayon mill spinner
	Shankle, Glenn	son	19	TN	TN	TN	rayon mill laborer
	Shankle, Hershal	son	16	TN	TN	TN	
	Shankle, Thelma	daughter	14	TN	TN	TN	
	Shankle, Howard	son	13	TN	TN	TN	
59	Grindstaff, Roy	head	37	TN	TN	TN	auto mechanic
	Grindstaff, Annie	wife	38	TN	TN	TN	
	Grindstaff, Beryl	daughter	17	TN	TN	TN	rayon mill spinner
	Grindstaff, Lena	daughter	13	TN	TN	TN	
	Taylor, Bernice	daughter	18	TN	TN	TN	housework
	Taylor, Lesley	son in law	29	TN	TN	TN	bus driver
	Pierce, Eunice	daughter	16	TN	TN	TN	
	Pierce, Christine	gr dau	0	TN	TN	TN	
	Pierce, Clarence	son in law	18	TN	TN	TN	rfd mail carrier
60	Cole, Bill	head	46	TN	TN	TN	farmer
	Cole, Mary	wife	40	TN	TN	TN	
	Cole, Mona	daughter	18	TN	TN	TN	
	Cole, Ina	daughter	17	TN	TN	TN	
	Cole, Reuben	son	14	TN	TN	TN	
	Cole, Helen	daughter	9	TN	TN	TN	
	Davis, Jennie	aunt	50	TN	TN	TN	housework
	Pierce, Euvada	daughter	23	TN	TN	TN	
	Pierce, Reuben	son in law	24	TN	TN	TN	
	Pierce, Melvin	gr son	0	TN	TN	TN	
61	Hardin, M. R.	head	61	TN	TN	TN	postmaster
	Hardin, Lucy	wife	62	TN	TN	TN	
	Sutherland, Mary	daughter	23	TN	TN	TN	housework
	Hardin, Ervin	son	22	TN	TN	TN	railroad laborer
	Hardin, Homer	son	19	TN	TN	TN	rayon mill laborer
	Hardin, Bessie	daughter	17	TN	TN	TN	housework
	Hardin, Lela	daughter	15	TN	TN	TN	
	Hardin, Ina	daughter	13	TN	TN	TN	
62	Forbes, Marion	head	42	TN	TN	TN	railroad laborer
	Forbes, Mabel	wife	35	TN	TN	TN	
	Forbes, Earl	son	17	TN	TN	TN	farm laborer
	Forbes, Hazel	daughter	15	TN	TN	TN	hosiery mill laborer
	Forbes, Flora	daughter	14	TN	TN	TN	

Family #	Name	Relation	Age	I	F	M	Occupation
63	Shankle, Everett	head	32	TN	TN	TN	railroad laborer
	Shankle, Ethel	wife	31	TN	TN	TN	
	Shankle, Otis	son	12	TN	TN	TN	
	Shankle, Grace	daughter	10	TN	TN	TN	
	Shankle, Frank	son	8	TN	TN	TN	
	Shankle, Cordia	daughter	5	TN	TN	TN	
	Shankle, Willie	son	2	TN	TN	TN	
	Shankle, Carmelita	daughter	0	TN	TN	TN	
63A	Hyder, Hubert	head	26	TN	TN	TN	farmer
	Hyder, Maud	wife	24	TN	TN	TN	
	Hyder, Opal	daughter	7	TN	TN	TN	
	Hyder, Verna	daughter	5	TN	TN	TN	
	Hyder, Leona	daughter	3	TN	TN	TN	
65	Peters, Henry	head	34	TN	TN	TN	coal miner
	Peters, Jennie	wife	31	TN	TN	TN	
	Peters, Wesley	son	9	TN	TN	TN	
66	Hyder, Estel	head	20	TN	TN	TN	rayon mill laborer
	Hyder, Geneva	wife	18	TN	TN	TN	
67	Renfro, Willie	head	71	TN	TN	TN	farm laborer
	Renfro, Ettie	daughter	33	TN	TN	TN	home maker
68	Elliott, Bill	head	39	TN	TN	TN	farmer
	Elliott, Alice	wife	34	TN	TN	TN	
	Elliott, Fay	daughter	14	TN	TN	TN	
	Elliott, Grace	daughter	12	TN	TN	TN	
	Elliott, J. R.	son	10	TN	TN	TN	
	Elliott, Nadine	daughter	8	TN	TN	TN	
	Elliott, Lois	daughter	3	TN	TN	TN	
68	Alford, John	head	52	TN	TN	TN	farmer
(repeated)	Alford, George	son	28	TN	TN	TN	farm laborer
	Alford, Sallie	daughter	21	TN	TN	TN	home maker
	Alford, Blonnie	daughter	19	TN	TN	TN	hosiery mill laborer
	Alford, Matilda	daughter	17	TN	TN	TN	hosiery mill laborer
70	Ritchie, W. L.	head	61	TN	TN	TN	farmer
	Ritchie, Jennie	wife	55	TN	TN	TN	
	Ritchie, Pearl	daughter	28	TN	TN	TN	hosiery mill laborer
	Ritchie, Minerva	daughter	26	TN	TN	TN	housework
	Ritchie, Chester	son	24	TN	TN	TN	farm laborer
	Forbes, Pearl	niece	13	TN	TN	TN	
71	Elliott, P. B.	head	72	TN	TN	TN	farmer
	Elliott, Victoria	wife	68	TN	TN	TN	
	Elliott, Minnie	daughter	25	TN	TN	TN	hosiery mill laborer
	Elliott, Gladys	daughter	21	TN	TN	TN	housework
	Harrell, Lynn	gr son	14	TN	TN	TN	
	Harrell, Lucy	gr dau	9	TN	TN	TN	
	Harrell, Kent	gr son	6	TN	TN	TN	
	Harrell, Roscoe	gr son	3	TN	TN	TN	
72	Peters, Henry	head	26	TN	TN	TN	rayon mill laborer
	Peters, Eliza	wife	28	TN	TN	TN	
	Taylor, Connie	step dau	8	TN	TN	TN	
	Taylor, Roy	step son	7	TN	TN	TN	

Family #	Name	Relation	Age	I	F	M	Occupation
	Peters, Beryl	daughter	1	TN	TN	TN	
	Peters, Webster	brother	29	TN	TN	TN	coal miner
	Peters, Dessie	sis in law	24	TN	TN	TN	
	Peters, Frances	niece	3	TN	TN	TN	
	Peters, Georgia	niece	1	TN	TN	TN	
73	Elliott, Lane	head	30	TN	TN	TN	rayon mill laborer
	Elliott, Bertie	wife	25	TN	TN	TN	
	Elliott, Margie	daughter	7	TN	TN	TN	
	Elliott, Helen	daughter	4	TN	TN	TN	
	Elliott, Ruth	daughter	0	TN	TN	TN	
74	Elliott, Roy	head	43	TN	TN	TN	rayon mill laborer
	Elliott, Rosa	wife	33	TN	TN	TN	
	Elliott, Toy	son	16	TN	TN	TN	housework
	Elliott, Sallie	daughter	12	TN	TN	TN	
	Elliott, F. D.	son	6	TN	TN	TN	
	Elliott, Coreen	daughter	2	TN	TN	TN	
75	Ritchie, Andy	head	40	TN	TN	TN	rayon mill laborer
	Ritchie, Cordie	wife	34	TN	TN	TN	
	Ritchie, Ina	daughter	11	TN	TN	TN	
	Ritchie, Ena	daughter	8	TN	TN	TN	
	Ritchie, Ruth	daughter	4	TN	TN	TN	
	Ritchie, May	daughter	0	TN	TN	TN	
76	Taylor, Ernest	head	32	TN	TN	TN	supply house clerk
	Taylor, Luthena	renter	48	TN	TN	TN	seamstress
	Taylor, Jenell	r daughter	18	TN	TN	TN	
	Taylor, Gustova	r daughter	15	TN	TN	TN	
	Taylor, Lilleth	r daughter	8	TN	TN	TN	
77	Bowers, Everett	head	66	TN	TN	TN	farmer
	Bowers, John	brother	60	TN	TN	TN	farm laborer
78	Ritchie, Josephine	head	74	TN	TN	TN	home maker
79	Ritchie, Allen	head	48	TN	TN	TN	farmer
	Ritchie, Ettie	wife	47	TN	TN	TN	
	Ritchie, Anna Lee	daughter	20	TN	TN	TN	housework
	Ritchie, Beulah	daughter	17	TN	TN	TN	
	Ritchie, Ethel	daughter	15	TN	TN	TN	
	Ritchie, Josephine	daughter	10	TN	TN	TN	
80	Alford, Myrtle	head	40	TN	TN	TN	restaurant cook
	Grindstaff, Elbert	renter	33	TN	TN	TN	laborer
	Grindstaff, Golda	r wife	26	TN	TN	TN	
	Grindstaff, Rena	r dau	13	TN	TN	TN	
	Grindstaff, Wanda	r dau	7	TN	TN	TN	
	Grindstaff, Norma	r dau	5	TN	TN	TN	
81	Ellis, Wiley	head	49	TN	TN	TN	farmer
	Ellis, Betty	wife	45	TN	TN	TN	
	Ellis, Paul	son	19	TN	TN	TN	laborer
	Ellis, Luther	son	15	TN	TN	TN	
82	Lowe, Steven	head	43	TN	TN	TN	farm laborer
	Lowe, Bell	wife	22	TN	TN	TN	
	Lowe, Clarence	son	21	TN	TN	TN	laborer
	Lowe, Carl	son	14	TN	TN	TN	

Family #	Name	Relation	Age	I	F	M	Occupation
	Lowe, Landon	son	8	TN	TN	TN	
	Lowe, Myrtle	daughter	3	TN	TN	TN	
	Lowe, Mary	daughter	0	TN	TN	TN	
	Lowe, Molly	mother	69	TN	TN	TN	
83	Ritchie, Stuart	head	55	TN	TN	TN	land surveyor
	Ritchie, Eliza	wife	50	TN	TN	TN	
	Ritchie, Willie	son	20	TN	TN	TN	radio work
	Ritchie, Bonnie	daughter	17	TN	TN	TN	
	Ritchie, Lottie	daughter	14	TN	TN	TN	
84	Hall, Sam	head	26	TN	TN	TN	bus driver
	Hall, Elma	wife	26	TN	TN	TN	
	Hall, Roy	son	3	TN	TN	TN	
	Hall, Helen	daughter	1	TN	TN	TN	
85	Ritchie, John	head	32	TN	TN	TN	rayon plant foreman
	Ritchie, Hattie	wife	27	TN	TN	TN	
	Ritchie, Marylee	daughter	1	TN	TN	TN	
	Ritchie, Rebecca	mother	72	TN	TN	TN	
	Pierce, Eliza	sister	38	TN	TN	TN	housework
	Pierce, Elwood	nephew	8	TN	TN	TN	
	Pierce, Tom	nephew	5	TN	TN	TN	
86	Egli, Tilda	head	50	TN	TN	TN	home maker
	Egli, Clara	daughter	16	TN	TN	TN	
	Egli, Hallie	daughter	13	TN	TN	TN	
	Egli, Howard	son	21	TN	TN	TN	rayon mill laborer
	Egli, Roberta	dau in law	19	TN	TN	TN	
87	Peters, Teter	head	65	TN	TN	TN	farmer
	Peters, Martha	wife	63	TN	TN	TN	
	Taylor, Joe	son in law	30	TN	TN	TN	public school teacher
	Taylor, Grace	gr dau	8	TN	TN	TN	
88	Peters, Will Jr.	head	35	TN	TN	TN	general store clerk
	Peters, Lola	wife	33	TN	TN	TN	
	Peters, Earl	son	16	TN	TN	TN	
	Peters, Vadie	daughter	13	TN	TN	TN	
	Peters, Worley	son	11	TN	TN	TN	
	Peters, T. R.	son	0	TN	TN	TN	
89	Fletcher, Lawson	head	68	TN	TN	TN	rayon mill laborer
	Fletcher, Vicey	wife	64	TN	TN	TN	
	Fletcher, Dewey	son	26	TN	TN	TN	auto mechanic
	Lewis, Elwood	gr son	19	TN	TN	TN	auto mechanic
90	Shankle, Clyde	head	24	TN	TN	TN	railroad laborer
	Shankle, Florence	wife	22	TN	TN	TN	
	Shankle, Ralph	son	2	TN	TN	TN	
	Shankle, Donald	son	0	TN	TN	TN	
91	Proffitt, John	head	32	TN	TN	TN	farmer
	Proffitt, Julia	wife	29	TN	TN	TN	
	Proffitt, Lorraine	daughter	8	TN	TN	TN	
	Proffitt, Izilla	daughter	6	TN	TN	TN	
	Proffitt, Hildred	daughter	2	TN	TN	TN	
92	Buckles, Bill Jr.	head	50	TN	TN	TN	farmer
	Buckles, Lula	wife	45	TN	TN	TN	

Family #	Name	Relation	Age	I	F	M	Occupation
	Buckles, Pauline	daughter	25	TN	TN	TN	rayon mill laborer
	Buckles, Andrew	son	22	TN	TN	TN	rayon mill laborer
	Buckles, Ward	son	19	TN	TN	TN	rayon mill laborer
	Buckles, Lena	daughter	15	TN	TN	TN	
	Buckles, Kate	daughter	13	TN	TN	TN	
	Buckles, Lawrence	son	10	TN	TN	TN	
	Buckles, Evelyn	daughter	3	TN	TN	TN	
93	Colbaugh, Nancy	head	34	TN	TN	TN	farmer/homemaker
	Colbaugh, Martha	daughter	13	TN	TN	TN	
	Colbaugh, Dewey	son	12	TN	TN	TN	
	Colbaugh, Magdalene	daughter	8	TN	TN	TN	
	Colbaugh, Eulafay	daughter	6	TN	TN	TN	
	Colbaugh, Emma	daughter	2	TN	TN	TN	
94	Pierce, Willie	head	69	TN	TN	TN	laborer
	Pierce, Emily	wife	58	TN	TN	TN	
95	Peters, Bob	head	40	TN	TN	TN	farm laborer
	Peters, Maggie	wife	38	TN	TN	TN	
	Peters, Bonnie	daughter	18	TN	TN	TN	
	Peters, Coy	son	17	TN	TN	TN	home work
	Peters, Lillie	daughter	14	TN	TN	TN	
	Peters, Arthur	son	11	TN	TN	TN	
	Peters, Martha	daughter	6	TN	TN	TN	
	Peters, Wesley	son	4	TN	TN	TN	
	Peters, Bertha	daughter	2	TN	TN	TN	
96	Garland, Dan	head	35	TN	TN	TN	farmer
	Garland, Effie	wife	34	TN	TN	TN	
	Garland, Haskel	son	13	TN	TN	TN	
	Garland, Laverne	daughter	11	TN	TN	TN	
97	Pierce, Albert	head	66	TN	TN	TN	farmer
	Pierce, Mary	wife	56	TN	TN	TN	
	Coleman, Flora	daughter	28	TN	TN	TN	
	Coleman, Edward	son in law	36	EG	EG	EG	auto mechanic
	Coleman, Edgar	gr son	7	TN	EG	TN	
	Coleman, Thomas	gr son	4	TN	EG	TN	
	Coleman, Alleen	gr dau	2	TN	EG	TN	
98	Oliver, Maryann	head	73	TN	TN	TN	farmer/homemaker
	Oliver, Cleary	daughter	35	TN	TN	TN	housework
99	Cole, Caney	head	51	TN	TN	TN	farmer
	Cole, Rosa	wife	46	TN	TN	TN	
	Rambo, Martha	daughter	22	TN	TN	TN	housework
	Rambo, C.W.	gr son	1	TN	TN	TN	
	Oliver, Mona	daughter	19	TN	TN	TN	rayon mill spinner
	Oliver, Willis	son	18	TN	TN	TN	rayon mill laborer
	Oliver, Reuben	son	12	TN	TN	TN	
	Oliver, Sanford	son	6	TN	TN	TN	
100	Taylor, Dewey	head	28	TN	TN	TN	farmer
	Taylor, Stella	wife	25	TN	TN	TN	
	Taylor, Warren	son	9	TN	TN	TN	
	Taylor, Winsel	son	6	TN	TN	TN	
	Taylor, Sanford	son	5	TN	TN	TN	

Family #	Name	Relation	Age	I	F	M	Occupation
101	Taylor, Jess Jr.	head	69	TN	TN	TN	farmer
	Taylor, Elizabeth	wife	53	TN	TN	TN	
102	Taylor, Amanda	head	50	TN	TN	TN	farmer/homemaker
	Taylor, Lee	son	23	TN	TN	TN	farm laborer
	Taylor, Tyler	son	20	TN	TN	TN	farm laborer
	Taylor, Everett	son	17	TN	TN	TN	farm laborer
	Taylor, Zilla	daughter	13	TN	TN	TN	
103	Ritchie, C.N.	head	75	TN	NC	TN	farmer
	Ritchie, Tishie	wife	75	TN	TN	TN	
	Rasor, Lottie	daughter	52	TN	TN	TN	housework
	Rasor, Snyder	gr son	30	TN	TN	TN	bus driver
104	Ritchie, Wiley Jr.	head	53	TN	TN	TN	farmer
	Vandeventer, Luther	renter	25	TN	TN	TN	rayon mill spinner
	Vandeventer, Victoria	r wife	25	TN	TN	TN	
	Vandeventer, Maurine	r daughter	2	TN	TN	TN	
	Vandeventer, Eugene	r son	1	TN	TN	TN	
105	Taylor, Murray	head	32	TN	TN	TN	farmer
	Taylor, Mary	wife	32	TN	TN	TN	
	Taylor, Ethel	daughter	14	TN	TN	TN	
	Taylor, Selmer	son	10	TN	TN	TN	
	Taylor, Lula	daughter	8	TN	TN	TN	
	Taylor, Carl	son	6	TN	TN	TN	
	Taylor, Margaret	daughter	4	TN	TN	TN	
	Hall, Spencer	bro in law	24	TN	TN	TN	farm laborer
106	Nidiffer, Newton	head	54	TN	TN	TN	farmer
	Nidiffer, Rosa	wife	52	TN	TN	TN	
	Nidiffer, Murrel	daughter	20	TN	TN	TN	public school teacher
	Nidiffer, Utah	daughter	16	TN	TN	TN	rayon mill spinner
	Nidiffer, Nell	daughter	11	TN	TN	TN	
	Nidiffer, Emogene	gr dau	5	TN	TN	TN	
107	Williams, Huston	head	46	TN	TN	TN	farmer
	Williams, Nora	wife	33	TN	TN	TN	
	Williams, Clifton	son	12	TN	TN	TN	
	Williams, Katie	daughter	9	TN	TN	TN	
	Williams, Mary Lee	daughter	4	TN	TN	TN	
	Williams, Lee	father	72	TN	TN	TN	farmer
108	William, George	head	37	TN	TN	TN	rayon mill laborer
	Williams, Alice	wife	30	TN	TN	TN	
	Williams, Vaughn	son	14	TN	TN	TN	
109	Buckles, Lockett	head	22	TN	TN	TN	farm laborer
	Buckles, Maggie	wife	21	TN	TN	TN	
	Buckles, Christine	daughter	2	TN	TN	TN	
110	Taylor, Caleb	head	50	TN	TN	TN	farm laborer
111	Nidiffer, Bob	head	72	TN	TN	TN	farmer
	Nidiffer, Lizzie	wife	65	TN	TN	TN	
	Nidiffer, Walter	son	25	TN	TN	TN	farm laborer
	Nidiffer, Cassie	dau in law	23	TN	TN	TN	housework
	Nidiffer, Wesley	gr son	6	TN	TN	TN	
	Nidiffer, Walter Jr.	gr son	2	TN	TN	TN	
112	Nidiffer, Alfred	head	33	TN	TN	TN	farmer

Family #	Name	Relation	Age	I	F	M	Occupation
	Nidiffer, Subird	wife	31	TN	TN	TN	
	Nidiffer, Juanita	daughter	15	TN	TN	TN	
	Nidiffer, Ray	son	11	TN	TN	TN	
	Nidiffer, Effie	daughter	8	TN	TN	TN	
113	Weaver, John	head	37	TN	TN	TN	laborer
	Weaver, Eliza	wife	40	TN	TN	TN	
	Weaver, Nora	daughter	15	TN	TN	TN	
	Weaver, Halley	daughter	14	TN	TN	TN	
	Weaver, Herman	son	12	TN	TN	TN	
	Weaver, Homer	son	12	TN	TN	TN	
114	Berry, David	head	43	TN	TN	TN	land surveyor
	Berry, Trula	wife	30	TN	TN	TN	
	Berry, Ross	son	19	TN	TN	TN	
	Berry, Madge	daughter	16	TN	TN	TN	disabled
	Berry, Blanch	daughter	14	TN	TN	TN	
	Berry, Hugh	son	12	TN	TN	TN	
	Berry, Pearl	daughter	7	TN	TN	TN	
	Berry, Merl	daughter	6	TN	TN	TN	
	Berry, Minnie Kate	daughter	4	TN	TN	TN	
	Berry, Irene	daughter	2	TN	TN	TN	
115	Lewis, Molly	head	39	TN	TN	TN	homemaker
	Lewis, Clarence	son	24	TN	TN	TN	bus driver
	Lewis, Annie	daughter	18	TN	TN	TN	rayon mill laborer
116	Taylor, Eliza	head	32	TN	TN	TN	rayon mill laborer
	Taylor, Agnes	daughter	11	TN	TN	TN	
	Taylor, Rufus	son	4	TN	TN	TN	
117	Branch, Will	head	26	TN	TN	TN	railroad laborer
	Branch, Viola	wife	22	TN	TN	TN	
	Branch, Loretta	daughter	3	TN	TN	TN	
	Branch, Martin	son	2	TN	TN	TN	
	Branch, Jeanette	daughter	0	TN	TN	TN	
	Taylor, Brook	cousin	12	TN	TN	TN	
118	Bradley, Rufus	head	89	GA	GA	GA	
	Bradley, Josie	wife	50	TN	TN	TN	
119	Hardin, John	head	58	TN	TN	TN	railroad laborer
	Hardin, Hettie	wife	48	TN	TN	TN	
	Hardin, Guy	son	20	TN	TN	TN	laborer
	Hardin, Hobart	son	17	TN	TN	TN	laborer
	Hardin, Gilbert	son	12	TN	TN	TN	
120	Garland, Isaac	head	68	TN	TN	TN	(died April 2)
	Garland, Orpha	wife	67	TN	TN	TN	
	Garland, Dave	son	33	TN	TN	TN	coal miner
	Garland, Sindia	dau in law	26	TN	NC	TN	
	Garland, Laverna	gr dau	3	TN	TN	TN	
121	Colbaugh, Henry	head	41	TN	TN	TN	farmer
	Colbaugh, Creasy	wife	40	TN	TN	TN	
	Colbaugh, Luther	son	15	TN	TN	TN	
	Colbaugh, Arthur	son	12	TN	TN	TN	
	Colbaugh, Relcie	son	9	TN	TN	TN	
	Colbaugh, Margaret	daughter	3	TN	TN	TN	

Family #	Name	Relation	Age	I	F	M	Occupation
	Colbaugh, Herbert	son	1	TN	TN	TN	
122	Peters, Andy	head	33	TN	TN	TN	rayon mill laborer
	Peters, Lillie	wife	30	TN	TN	TN	
	Peters, Annalee	daughter	9	TN	TN	TN	
	Forbes, Jenilee	servant	18	TN	TN	TN	non paid servant
123	Garland, John	head	55	TN	TN	TN	farmer
	Garland, Cora	wife	53	TN	TN	TN	
	Garland, James	son	30	TN	TN	TN	laborer
	Garland, Liddy	son	21	TN	TN	TN	laborer
	Garland, Lola	daughter	19	TN	TN	TN	housework
	Garland, Hazel	daughter	16	TN	TN	TN	
	Garland, Paul	son	13	TN	TN	TN	
	Clark, Bonnie	daughter	24	TN	TN	TN	housework
	Clark, Junior	gr son	0	TN	TN	TN	
124	Peters, Buster	head	26	TN	TN	TN	farm laborer
	Peters, Pearl	wife	22	TN	TN	TN	
	Forbes, John	boarder	23	TN	TN	TN	farm laborer
125	Shoun, Powell	head	48	TN	TN	TN	farmer
	Shoun, Sallie	wife	44	TN	TN	TN	
	Shoun, Martha	daughter	19	TN	TN	TN	housework
	Shoun, Edith	daughter	9	TN	TN	TN	
	Shoun, Fred	farther	66	TN	TN	TN	farm laborer
126	Garland, Will	head	39	TN	TN	TN	railroad foreman
	Garland, Ada	wife	38	TN	TN	TN	
	Garland, Charlie	son	17	TN	TN	TN	
	Garland, Sibila	daughter	15	TN	TN	TN	
	Garland, Thea	daughter	13	TN	TN	TN	
	Garland, Kathleen	daughter	11	TN	TN	TN	
	Garland, T. N.	son	10	TN	TN	TN	
	Garland, Yvonne	daughter	5	TN	TN	TN	
	Garland, Odell	son	1	TN	TN	TN	
127	Huskins, Dana	head	23	TN	TN	NC	laborer
	Huskins, Alice	wife	23	TN	TN	TN	
128	Peters, John Sr.	head	59	TN	TN	TN	farmer
	Peters, Pheba	wife	53	TN	TN	TN	
	Peters, Rube	son	32	TN	TN	TN	farm laborer
	Peters, Maggie	gr dau	13	TN	TN	TN	
129	Wilson, Mike	head	36	TN	TN	TN	coal miner
	Wilson, Sarah	wife	37	TN	TN	TN	
	Wilson, Earl	son	10	TN	TN	TN	
	Wilson, Stanley	son	8	TN	TN	TN	
	Wilson, Stacy	son	4	TN	TN	TN	
	Wilson, James	son	1	TN	TN	TN	
130	Colbaugh, John	head	58	TN	TN	TN	laborer
	Colbaugh, Maggie	wife	56	TN	TN	TN	
131	Peters, Alfred Sr.	head	60	TN	TN	TN	farmer
	Peters, Dan	brother	40	TN	TN	TN	farm laborer
	Peters, Fronie	sis in law	36	TN	TN	TN	
	Peters, Carl	nephew	18	TN	TN	TN	
	Peters, Beryl	niece	15	TN	TN	TN	

Family #	Name	Relation	Age	I	F	M	Occupation
	Peters, Glen	son	11	TN	TN	TN	
	Peters, Alleen	daughter	6	TN	TN	TN	
	Peters, Irene	daughter	3	TN	TN	TN	
	Peters, R. C.	son	0	TN	TN	TN	
132	Lowe, John	head	30	TN	TN	TN	laborer
	Lowe, Mary	wife	29	TN	TN	TN	
	Lowe, Florence	daughter	7	TN	TN	TN	
	Lowe, Beatrice	daughter	3	TN	TN	TN	
	Lowe, William	son	0	TN	TN	TN	
133	Peters, Mike	head	69	TN	TN	TN	farmer
	Peters, Lucy	wife	65	TN	TN	TN	
	Peters, Hooper	son	19	TN	TN	TN	laborer
134	Peters, Jim Sr.	head	43	TN	TN	TN	coal miner
	Peters, Nannie	wife	38	TN	TN	TN	
	Peters, Johnnie	son	14	TN	TN	TN	
	Peters, Lela	daughter	12	TN	TN	TN	
	Peters, Sanford	son	9	TN	TN	TN	
	Peters, Stanley	son	6	TN	TN	TN	
	Peters, Bessie	daughter	3	VA	TN	TN	
135	Peters, John	head	43	TN	TN	TN	farmer
	Peters, Vena	wife	39	TN	TN	TN	
	Peters, Elma	daughter	22	TN	TN	TN	
	Peters, Gilbert	son	21	TN	TN	TN	
	Peters, James	son	19	TN	TN	TN	
	Peters, Leola	daughter	17	TN	TN	TN	
	Peters, Ruth	daughter	15	TN	TN	TN	
	Peters, Lena	daughter	12	TN	TN	TN	
	Peters, Eugene	son	5	TN	TN	TN	
	Peters, Audie	son	3	TN	TN	TN	
	Peters, Emma	daughter	1	TN	TN	TN	
	Shuffield, Hildred	gr dau	2	TN	TN	TN	
	Wilson, Amy	servant	54	TN	TN	TN	servant
136	Peters, Isaac	head	31	TN	TN	TN	farmer
	Peters, Lilly	wife	39	TN	TN	TN	
	Peters, Daisy	daughter	12	TN	TN	TN	
	Smith, Gladys	step dau	17	TN	TN	TN	housework
137	Wilson, Sal	head	41	TN	TN	TN	farmer
	Wilson, Sarah	wife	31	VA	TN	TN	
	Wilson, Mike	son	11	VA	TN	VA	
	Wilson, Lonnie	son	9	TN	TN	VA	
	Wilson, Robinson	son	7	TN	TN	VA	
	Wilson, Ina	daughter	6	TN	TN	VA	
	Wilson, Vern	son	4	TN	TN	VA	
	Wilson, Conley	son	3	TN	TN	VA	
	Wilson, Edward	son	1	TN	TN	VA	
138	White, Charles	head	32	TN	TN	TN	coal miner
	White, Blanch	wife	29	TN	TN	TN	
	White, Arlie	son	8	VA	TN	TN	
	White, Stewart	son	5	VA	TN	TN	
	White, Wilijean	daughter	2	TN	TN	TN	

Family #	Name	Relation	Age	I	F	M	Occupation
138	Shuffield, Martha	head	68	TN	TN	TN	homemaker
repeated	Shuffield, Stanley	son	28	TN	TN	TN	farmer
	Shuffield, Clara	daughter	20	TN	TN	TN	hosiery mill laborer
	Shuffield, Landon	son	18	TN	TN	TN	farm laborer
	Watson, Ben	son in law	34	AL	AL	AL	vocal music teacher
	Watson, Eula	daughter	24	TN	TN	TN	
	Watson, Edith	gr dau	3	TN	AL	TN	
139	Peters, Wiley	head	54	TN	TN	TN	farmer
	Peters, Docia	wife	53	TN	TN	TN	
	Peters, Cora	daughter	18	TN	TN	TN	housework
	Taylor, Ada	orphan	7	TN	TN	TN	
139	Peters, Rube	head	48	TN	TN	TN	farmer
repeated	Peters, George	brother	46	TN	TN	TN	laborer
	Taylor, Henry	renter	29	TN	TN	TN	laborer
	Taylor, Cassie	r wife	27	TN	TN	TN	
140	Colbaugh, Dan	head	61	TN	TN	TN	farmer
	Colbaugh, Maggie	wife	58	TN	TN	TN	
	Colbaugh, George	son	18	TN	TN	TN	farm laborer
	Colbaugh, Bessie	daughter	14	TN	TN	TN	
141	Nidiffer, J. C.	head	78	TN	TN	TN	retired farmer
	NIdiffer, Annie	wife	80	TN	TN	TN	
	Bradley, Jessie	daughter	43	TN	TN	TN	homemaker
	Bradley, Norma	gr dau	21	TN	TN	TN	rayon mill laborer
	Bradley, Walter	gr son	16	TN	TN	TN	
	Bradley, Eugene	gr son	9	TN	TN	TN	
142	Peters, Bill	head	41	TN	TN	TN	farmer
	Peters, Zella	wife	40	TN	TN	TN	
	Peters, Paul	son	19	TN	TN	TN	farm laborer
	Peters, Conley	son	15	TN	TN	TN	
	Peters, Howard	son	12	TN	TN	TN	
	Peters, Wayne	son	9	TN	TN	TN	
	McClain, Tom	boarder	19	PA	PA	PA	laborer
143	Oliver, Wilford	head	34	TN	TN	TN	laborer
	Oliver, Bessie	wife	32	TN	TN	TN	
	Oliver, Pearl	daughter	9	TN	TN	TN	
	Oliver, Nannie	daughter	7	TN	TN	TN	
	Oliver, Brooks	son	0	TN	TN	TN	
144	Lowe, Noah,	head	52	TN	TN	TN	farmer
	Lowe, Lettie	wife	47	TN	TN	TN	
	Lowe, Stacy	son	25	TN	TN	TN	coal miner
	Lowe, Earl	son	19	TN	TN	TN	taxi driver
	Lowe, Gladys	daughter	12	TN	TN	TN	
	Lowe, Rosa	daughter	9	TN	TN	TN	
	Lowe, Alline	daughter	6	TN	TN	TN	
145	Lewis, Nicholas	head	42	TN	TN	TN	laborer
	Lewis, Tishie	wife	39	TN	TN	TN	
	Lewis, Walter	son	21	TN	TN	TN	laborer
	Lewis, Willie	son	18	TN	TN	TN	
	Lewis, Rose	daughter	16	TN	TN	TN	
	Lewis, Bernice	daughter	10	TN	TN	TN	

Family #	Name	Relation	Age	I	F	M	Occupation
	Lewis, Robinson	daughter	8	TN	TN	TN	
	Lewis, Maggie	daughter	4	TN	TN	TN	
	Lewis, N. R.	son	2	TN	TN	TN	
146	Peters, Alfred Jr.	head	31	TN	TN	TN	coal miner
	Peters, May	wife	29	TN	TN	TN	
	Peters, Edith	daughter	9	TN	TN	TN	
	Peters, Euvada	daughter	5	TN	TN	TN	
	Peters, Margie	daughter	2	TN	TN	TN	
147	Echols, John	head	55	TN	TN	TN	farmer
	Echols, Rosa	wife	49	TN	TN	TN	
	Echols, Hallie	daughter	18	TN	TN	TN	housework
	Echols, Clarence	son	14	TN	TN	TN	
	Echols, J. B. Jr.	son	10	TN	TN	TN	
	Nidiffer, Grace	gr dau	4	TN	TN	TN	
148	Ferguson, Robert	head	60	TN	TN	TN	physician
	Pierce, Bill	renter	72	TN	TN	TN	farmer
	Pierce, Millie	r wife	62	TN	TN	TN	
	Pierce, Alfred	r son	29	TN	TN	TN	farm laborer
	Pierce, Ellen	r daughter	22	TN	TN	TN	housework
149	Grindstaff, Dan	head	49	TN	TN	TN	farmer
	Grindstaff, Jennie	wife	34	TN	TN	TN	
	Grindstaff, James	son	15	TN	TN	TN	
	Grindstaff, Ruth	daughter	12	TN	TN	TN	
	Grindstaff, Robert	son	10	TN	TN	TN	
	Grindstaff, Hubert	son	7	TN	TN	TN	
150	Buckles, T. J.	head	59	TN	TN	TN	grocery store merchant
	Buckles, Ruthie	wife	59	TN	TN	TN	
	Buckles, Nicholas	son	26	TN	TN	TN	rayon mill laborer
	Buckles, Arthur	son	23	TN	TN	TN	rayon mill laborer
	Buckles, Maggie	daughter	20	TN	TN	TN	housework
151	Morley, Bernie	head	44	TN	TN	TN	farmer
	Morley, Cassie	wife	43	TN	TN	TN	
	Morley, Ivan	son	11	TN	TN	TN	
152	Williams, James	head	67	TN	TN	TN	laborer
	Williams, Alice	wife	59	TN	TN	TN	
	Williams, Alfred	son	38	TN	TN	TN	laborer
	Williams, Bell	daughter	25	TN	TN	TN	housework
153	Pierce, Clark	head	41	TN	TN	TN	farmer
	Pierce, Catherine	wife	39	TN	TN	TN	
	Pierce, Eldridge	son	17	TN	TN	TN	taxi driver
	Pierce, Ida	daughter	13	TN	TN	TN	
154	Vandeventer, Cameron	head	54	TN	TN	TN	farmer
	Vandeventer, Molly	wife	62	TN	TN	TN	
	Vandeventer, Nora	daughter	18	TN	TN	TN	housework
155	Vandeventer, Lionel	head	30	TN	TN	TN	farmer
	Vandeventer, May	wife	21	TN	TN	TN	
	Vandeventer, Arlinton	son	1	TN	TN	TN	
156	William, Pleasant	head	52	TN	TN	TN	farmer
	Williams, Callie	wife	50	TN	TN	TN	
	Williams, Clark	son	17	TN	TN	TN	farm laborer

Family #	Name	Relation	Age	I	F	M	Occupation
	Williams, Rod	gr son	3	TN	TN	TN	
157	Pierce, Joseph	head	33	TN	TN	TN	laborer
	Pierce, Creola	wife	26	TN	TN	TN	
	Pierce, Vera	daughter	11	TN	TN	TN	
	Pierce, EArl	son	8	TN	TN	TN	
	Pierce, Raymond	son	6	TN	TN	TN	
	Pierce, Ivory	daughter	4	TN	TN	TN	
	Pierce, J. H. Jr.	son	1	TN	TN	TN	
158	Buckles, Johnnie	head	23	TN	TN	TN	rayon mill spinner
	Buckles, Pearl	wife	20	TN	TN	TN	
	Buckles, John Jr.	son	1	TN	TN	TN	
159	Berry, Will	head	32	TN	TN	TN	carpenter
	Berry, Bernie	wife	29	TN	TN	TN	
	Berry, Arthur	son	11	TN	TN	TN	
	Berry, Iva	daughter	9	TN	TN	TN	
	Berry, Kenneth	son	7	TN	TN	TN	
	Berry, J. B.	son	5	TN	TN	TN	
	Berry, Letha	daughter	3	TN	TN	TN	
	Berry, Florine	daughter	1	TN	TN	TN	
160	Williams, Armsted	head	53	TN	TN	TN	laborer
	Williams, Sadie	wife	45	TN	TN	TN	
	Williams, Jones	son	18	TN	TN	TN	
	Williams, Herman	son	16	TN	TN	TN	
	Williams, Roy	son	14	TN	TN	TN	
	Williams, Gladys	daughter	12	TN	TN	TN	
	Williams, Raymond	son	10	TN	TN	TN	
	Williams, Ruth	daughter	8	TN	TN	TN	
161	Buckles, Elijah	head	18	TN	TN	TN	laborer
	Buckles, Blonnie	wife	18	TN	TN	TN	
	Buckles, James	son	0	TN	TN	TN	
162	Buckles, Joe	head	45	TN	TN	TN	farmer
	Buckles, Dora	daughter	21	TN	TN	TN	housework
	Buckles, Mamie	daughter	18	TN	TN	TN	rayon mill spinner
	Buckles, Myra	daughter	15	TN	TN	TN	
	Buckles, Loyd	son	11	TN	TN	TN	
	Buckles, Connie	daughter	7	TN	TN	TN	
163	Buckles, Homer	head	21	TN	TN	TN	farmer
	Buckles, Bernis	sister	19	TN	TN	TN	housework
	Buckles, Ernest	brother	15	TN	TN	TN	
164	Elliott, Robert	head	41	TN	TN	TN	rayon mill laborer
	Elliott, Mattie	wife	30	TN	TN	TN	
	Elliott, Raymond	son	12	TN	TN	TN	
	Elliott, Victoria	daughter	8	TN	TN	TN	
	Elliott, King	son	4	TN	TN	TN	
	Elliott, Thelma	daughter	2	TN	TN	TN	
165	Berry, Murray	head	74	TN	TN	TN	farmer
	Berry, Mary	wife	68	TN	TN	TN	
166	Berry, Alfred	head	38	TN	TN	TN	farmer
	Berry, Lottie	wife	30	TN	TN	TN	
	Berry, Roy	son	11	TN	TN	TN	

Family #	Name	Relation	Age	I	F	M	Occupation
	Berry, Dortha	daughter	8	TN	TN	TN	
	Berry, Murray Jr.	son	6	TN	TN	TN	
	Berry, Beulah	daughter	4	TN	TN	TN	
	Berry, Forna	son	1	TN	TN	TN	
167	Lewis, Murray	head	26	TN	TN	TN	rayon mill laborer
	Lewis, Tessie	wife	20	TN	TN	TN	
	Lewis, Pauline	daughter	2	TN	TN	TN	
	Lewis, Ruth	daughter	1	TN	TN	TN	
168	Shoffer, Andy	head	37	CN	CN	CN	carpenter
	Shoffer, Virgie	wife	31	TN	TN	VA	
	Shoffer, Bertha	daughter	7	NJ	CN	TN	
	Shoffer, Earl	son	5	TN	CN	TN	
	Shoffer, Estil	son	3	TN	CN	TN	
169	Lewis, Charles	head	55	TN	TN	TN	farmer
	Lewis, Ruth	wife	50	TN	TN	TN	
	Lewis, Willie	son	28	TN	TN	TN	laborer
	Lewis, Nellie	daughter	22	TN	TN	TN	housework
	Lewis, Howard	son	19	TN	TN	TN	laborer
	Lewis, Mary	daughter	16	TN	TN	TN	housework
	Lewis, Hamp	son	13	TN	TN	TN	
	Lewis, Dora	daughter	10	TN	TN	TN	
	Pierce, Ella	daughter	22	TN	TN	TN	
	Pierce, Dan	son in law	30	TN	TN	TN	laborer
170	Williams, Sam	head	66	TN	TN	TN	farmer
	Williams, Caroline	wife	58	TN	TN	TN	
	Williams, Lizzie	daughter	35	TN	TN	TN	housework
	Williams, Arthur	son	24	TN	TN	TN	farm laborer
	Williams, Earl	son	22	TN	TN	TN	farm laborer
	Williams, Hugh	son	20	TN	TN	TN	rayon mill laborer
	Williams, Robert	son	18	TN	TN	TN	rayon mill laborer
	Williams, Eston	son	16	TN	TN	TN	farm laborer
171	Nave, Annie	head	75	VA	TN	TN	homemaker
	Nave, F. D.	son	37	TN	TN	VA	rural mail carrier
	Nave, Mabel	dau in law	25	NC	NC	NC	
172	White, George	head	37	TN	TN	TN	rayon mill foreman
	White, Lucy	wife	29	TN	TN	TN	
	White, Garrett	son	7	TN	TN	TN	
	White, Carl	son	6	TN	TN	TN	
	White, Robert	son	4	TN	TN	TN	
	White, Helen	daughter	2	TN	TN	TN	
	White, Rondle	son	0	TN	TN	TN	
173	Collins, Spurgeon	head	29	TN	TN	TN	carpenter
	Collins, Bessie	wife	29	TN	TN	TN	
	Collins, Floyd	son	4	TN	TN	TN	
	Collins, Dewey	son	2	TN	TN	TN	
174	Ritchie, William	head	58	TN	TN	TN	farmer
	Ritchie, Anna May	daughter	21	TN	TN	TN	housework
	Ritchie, Amy	daughter	14	TN	TN	TN	
175	Buckles, Dave	head	46	TN	TN	TN	farmer
	Buckles, Nannie	wife	26	TN	TN	TN	

Family #	Name	Relation	Age	I	F	M	Occupation
	Buckles, Worley	son	11	TN	TN	TN	
176	Williams, W. W.	head	34	TN	TN	TN	laborer
	Williams, Mattie	wife	41	TN	TN	TN	
	Williams, Roby	son	13	TN	TN	TN	
	Williams, Grace	daughter	11	TN	TN	TN	
	Williams, Golda	daughter	9	TN	TN	TN	
	Williams, Rosa	daughter	7	TN	TN	TN	
	Williams, Grady	son	4	TN	TN	TN	
	Williams, Jasper	son	2	TN	TN	TN	
177	Buckles, William	head	54	TN	TN	TN	farmer
	Buckles, Jane	wife	40	TN	TN	TN	
	Buckles, Basil	son	19	TN	TN	TN	rayon mill laborer
	Buckles, Seymore	son	16	TN	TN	TN	farm laborer
	Buckles, Lockett	son	14	TN	TN	TN	
	Buckles, Crumley	son	10	TN	TN	TN	
178	Williams, S. W.	head	43	TN	TN	TN	carpenter
	Williams, Lorina	wife	40	TN	TN	TN	
	Williams, Edith	daughter	19	TN	TN	TN	rayon mill laborer
	Williams, Fonce	son	11	TN	TN	TN	
	Williams, Pauline	daughter	5	TN	TN	TN	
179	Williams, Charles	head	30	TN	TN	TN	rayon plant laborer
	Williams, Henry	father	69	TN	TN	TN	farmer
	Williams, Nannie	mother	55	TN	TN	TN	
	Williams, John	brother	24	TN	TN	TN	laborer
	Williams, Flossie	sister	20	TN	TN	TN	hosiery mill laborer
	Williams, Cordie	sister	18	TN	TN	TN	hosiery mill laborer
	Williams, Cela	sister	16	TN	TN	TN	hosiery mill laborer
180	Vandeventer, Joseph	head	86	TN	TN	TN	land surveyor
	Vandeventer, Kate	daughter	52	TN	TN	TN	homemaker
	Vandeventer, Fulmer	gr son	17	TN	TN	TN	rayon plant laborer
	Vandeventer, Howard	gr son	12	TN	TN	TN	
	Vandeventer, Pearl	gr dau	9	TN	TN	TN	
181	Buckles, Celia	head	76	TN	TN	TN	homemaker
	Danner, Effie	gr dau	18	TN	TN	TN	housework
	Danner, Ralph	gr gr son	0	TN	TN	TN	
	Danner, Carmack	grsoninlaw	21	TN	TN	TN	farmer
182	Pierce, Samuel	head	71	TN	TN	TN	farmer
	Pierce, Emma	wife	68	TN	TN	TN	
	Pierce, Alfred	son	29	TN	TN	TN	rayon mill laborer
	Pierce, Myrtle	daughter	25	TN	TN	TN	housework
183	Pierce, Houston	head	36	TN	TN	TN	farm laborer
	Pierce, Bertha	wife	25	TN	TN	TN	
184	Hill, Floyd	head	35	TN	TN	TN	farmer
	Hill, Bessie	wife	27	TN	TN	TN	
	Hill, Fred	son	12	TN	TN	TN	
	Hill, Louise	daughter	8	TN	TN	TN	
	Hill, Clifford	son	3	TN	TN	TN	
	Hill, William	son	2	TN	TN	TN	
185	Berry, Ben	head	57	TN	TN	TN	farmer
	Berry, Arzilla	wife	54	TN	TN	TN	

Family #	Name	Relation	Age	I	F	M	Occupation
	Berry, Lizzie	daughter	24	TN	TN	TN	rayon mill laborer
186	Vandeventer, Edward	head	37	TN	TN	TN	farmer
	Vandeventer, Emma	wife	50	TN	TN	TN	
187	Elliott, James	head	40	TN	TN	TN	farmer
	Elliott, Mahala	wife	35	TN	TN	TN	
	Elliott, Thelma	daughter	18	TN	TN	TN	
	Elliott, Clinton	son	16	TN	TN	TN	
	Elliott, Maggie	daughter	11	TN	TN	TN	
	Elliott, Vaneta	daughter	9	TN	TN	TN	
	Elliott, Granville	son	7	TN	TN	TN	
	Elliott, Howard	son	3	TN	TN	TN	
	Elliott, Charlotte	daughter	0	TN	TN	TN	
188	Buckles, Frank	head	51	TN	TN	TN	farmer
	Buckles, Emma	wife	29	TN	TN	TN	
	Buckles, Clarence	son	10	TN	TN	TN	
	Buckles, Eugene	son	9	TN	TN	TN	
	Buckles, Edith	daughter	5	TN	TN	TN	
	Buckles, Margaret	daughter	3	TN	TN	TN	
	Buckles, H. J.	son	1	TN	TN	TN	
	Buckles, Clay	son	14	TN	TN	TN	
189	Williams, R. J.	head	73	TN	TN	TN	farmer
190	Berry, Margaret	head	83	TN	TN	TN	homemaker
191	Berry, Josie	head	32	TN	TN	TN	homemaker
	Berry, Huston	son	14	TN	TN	TN	
	Berry, Hunter	son	13	TN	TN	TN	
	Berry, Celia	daughter	12	TN	TN	TN	
	Berry, Betty	daughter	7	TN	TN	TN	
192	Pierce, Joe Jr.	head	30	TN	TN	TN	rayon mill laborer
	Pierce, Bertha	wife	28	TN	TN	TN	
	Pierce, Ernest	son	6	TN	TN	TN	
193	Buckles, David	head	58	TN	TN	TN	farmer
	Buckles, Lillie	wife	55	TN	TN	TN	
	Buckles, Maud	daughter	32	TN	TN	TN	housework
194	Buckles, D. S.	head	46	TN	TN	TN	farmer
	Buckles, Molly	wife	48	TN	TN	TN	
	Buckles, Luther	son	19	TN	TN	TN	farm laborer
	Buckles, Pearl	dau in law	20	TN	TN	TN	
	Buckles, Juanita	gr dau	3	TN	TN	TN	
	Buckles, Corvana	gr dau	1	TN	TN	TN	
	Buckles, Ina	daughter	16	TN	TN	TN	housework
	Bowers, Stevenson	son in law	21	TN	TN	TN	farm laborer
	Bowers, D. H.	gr son	0	TN	TN	TN	
	Buckles, Roy	son	11	TN	TN	TN	
	Buckles, Sarah	daughter	9	TN	TN	TN	
195	Bowers, Bee	head	55	TN	TN	TN	farmer
	Bowers, Rosa	wife	32	TN	TN	TN	
	Bowers, Jadie	son	16	TN	TN	TN	
	Bowers, Amanda	daughter	14	TN	TN	TN	
	Bowers, R. B.	son	11	TN	TN	TN	
	Bowers, Pansy	daughter	8	TN	TN	TN	

Family #	Name	Relation	Age	I	F	M	Occupation
	Bowers, Coolidge	son	5	TN	TN	TN	
	Bowers, Elizabeth	daughter	2	TN	TN	TN	
196	Nave, Walter	head	24	TN	TN	TN	laborer
	Nave, Myrtle	wife	18	TN	TN	TN	
	Nave, Ruth	daughter	1	TN	TN	TN	
197	Bowers, Daniel	head	62	TN	TN	TN	farmer
	Bowers, Carrie	wife	53	TN	TN	TN	
	Bowers, Earl	son	23	TN	TN	TN	laborer
	Bowers, Rube	son	15	TN	TN	TN	
198	Jordon, Sherman	head	61	TN	TN	TN	farmer
	Jordon, Ollie	wife	60	TN	TN	TN	
	Jordon, Conley	son	34	TN	TN	TN	farm laborer
	Jordon, Cassie	dau in law	32	TN	TN	TN	housework
199	Stout, Smith	head	64	TN	TN	TN	farmer
	Stout, Alice	wife	63	TN	TN	TN	
200	Oliver, James	head	50	TN	TN	TN	farm laborer
	Oliver, Nancy	wife	48	TN	TN	TN	
	Oliver, Nora	daughter	18	TN	TN	TN	housework
	Oliver, Hobart	son	16	TN	TN	TN	laborer
	Oliver, Emma	daughter	13	TN	TN	TN	
	Oliver, Bessie	daughter	12	TN	TN	TN	
	Oliver, Rosa	daughter	10	TN	TN	TN	
	Oliver, Bill	son	8	TN	TN	TN	
	Oliver, Lynna	daughter	6	TN	TN	TN	
	Oliver, Clinton	son	5	TN	TN	TN	
	Oliver, Stacy	son	3	TN	TN	TN	
	Oliver, John	son	2	TN	TN	TN	
201	Fletcher, Clarence	head	29	TN	TN	TN	rayon mill laborer
	Fletcher, Bertha	wife	24	TN	TN	TN	
	Fletcher, Phyllis	daughter	2	TN	TN	TN	
	Fletcher, Nila	daughter	0	TN	TN	TN	
202	Nidiffer, Ray	head	38	TN	TN	TN	farm laborer
	Nidiffer, Amelia	wife	32	TN	TN	TN	
	Nidiffer, Valah	daughter	6	TN	TN	TN	
	Nidiffer, Velda	daughter	4	TN	TN	TN	
	Nidiffer, Margaret	daughter	2	TN	TN	TN	
203	Elliott, George	head	42	TN	TN	TN	auto mechanic
	Elliott, Minerva	wife	35	NC	NC	NC	
	Elliott, Brown	son	18	TN	TN	NC	auto mechanic
	Elliott, Spencer	son	14	TN	TN	NC	
	Elliott, Sam	son	12	TN	TN	NC	
204	Vance, Carl	head	30	NC	NC	NC	laborer
	Vance, Lenore	wife	29	VA	NC	VA	
	Vance, Carl Jr.	son	10	TN	NC	VA	
	Vance, Raymond	son	8	TN	NC	VA	
	Vance, Ralph	son	3	TN	NC	VA	
205	Peters, Charles	head	35	TN	TN	TN	farmer
	Peters, Lottie	wife	34	TN	TN	TN	
	Peters, Anna	daughter	16	TN	TN	TN	
	Peters, Kilroy	son	14	TN	TN	TN	

Family #	Name	Relation	Age	I	F	M	Occupation
	Peters, Estil	son	12	TN	TN	TN	
	Peters, Bessie	daughter	8	TN	TN	TN	
	Peters, Brooks	son	5	TN	TN	TN	
	Peters, Charles Jr.	son	3	TN	TN	TN	
	Peters, Ruth	daughter	1	TN	TN	TN	
206	Harrell, Baxter	head	39	NC	NC	NC	farmer
	Harrell, Bessie	wife	36	TN	NC	NC	
	Harrell, Malone	son	16	NC	NC	TN	
	Harrell, Reed	son	13	NC	NC	TN	
	Harrell, Florence	daughter	11	TN	NC	TN	
	Harrell, Lee	son	9	TN	NC	TN	
207	Harrell, Sam	head	58	NC	NC	NC	farmer
	Harrell, Evaline	wife	57	NC	NC	NC	
	Buckles, Jim	son in law	32	TN	TN	TN	rayon mill laborer
	Buckles, Sallie	daughter	27	NC	NC	NC	
	Buckles, Sam	gr son	10	TN	TN	NC	
	Buckles, Edward	gr son	6	TN	TN	NC	
208	Peters, Will Sr.	head	63	TN	TN	TN	farmer
	Peters, Elizabeth	daughter	23	TN	TN	TN	sickly
	Peters, May	daughter	21	TN	TN	TN	homemaker
	Peters, Hobart	son	19	TN	TN	TN	laborer
	Peters, Catherine	daughter	16	TN	TN	TN	
	Peters, Millie	daughter	12	TN	TN	TN	
209	Buckles, Bill Sr.	head	73	TN	TN	TN	laborer
	Buckles, Millie	wife	57	TN	TN	TN	homemaker
	Blevins, Katie	boarder	63	TN	TN	TN	
210	Peters, Dave	head	47	TN	TN	TN	laborer
	Peters, Dora	wife	43	TN	TN	TN	
	Peters, Virginia Dare	daughter	17	TN	TN	TN	housework
	Peters, Ray	son	9	TN	TN	TN	
	Peters, Pauline	daughter	6	VA	TN	TN	
	Williams, Nannie	niece	12	VA	TN	TN	
	Peters, Wanda	gr dau	1	TN	TN	TN	
211	Williams, Will	head	32	TN	TN	TN	rayon mill laborer
	Williams, Ethel	wife	28	TN	TN	TN	
	Williams, Marie	daughter	7	VA	TN	TN	
	Williams, Will Jr.	son	5	VA	TN	TN	
	Williams, Luchina	daughter	3	VA	TN	TN	
212	Peters, Will	head	48	TN	TN	TN	farmer
	Peters, Rosa	wife	45	TN	TN	TN	
	Peters, Ray	son	25	TN	TN	TN	rayon mill laborer
	Peters, Clarence	son	20	TN	TN	TN	laborer
	Peters, Ella	daughter	16	TN	TN	TN	
	Peters, Herman	son	14	TN	TN	TN	
	Peters, T. N.	son	12	TN	TN	TN	
	Peters, Clyde	son	9	TN	TN	TN	
	Peters, Walter	son	6	TN	TN	TN	
	Peters, Arley	son	3	TN	TN	TN	
	Peters, Forney	son	1	TN	TN	TN	
213	Williams, Jessie	head	29	TN	TN	TN	farm laborer

Family #	Name	Relation	Age	I	F	M	Occupation
	Williams, Maggie	wife	29	TN	TN	TN	
	Williams, Dora	daughter	7	TN	TN	TN	
	Williams, Beatrice	daughter	5	TN	TN	TN	
	Williams, Thelma	daughter	2	TN	TN	TN	
	Williams, Hoover	son	0	TN	TN	TN	
214	Grindstaff, Herman	head	37	TN	TN	TN	farmer
	Grindstaff, Sara Fina	wife	32	TN	TN	TN	
	Grindstaff, Edna	daughter	11	TN	TN	TN	
	Grindstaff, Zola	daughter	7	TN	TN	TN	
	Grindstaff, Edith	daughter	3	TN	TN	TN	
215	Forbes, Sarah	head	59	TN	TN	TN	homemaker/farmer
	Grubb, Joseph	gr son	21	TN	TN	TN	farm laborer
216	Grindstaff, Jacob Sr.	head	65	TN	TN	TN	farmer
	Grtindstaff, Mary	wife	64	TN	TN	TN	
	Grindstaff, Fane	son	22	TN	TN	TN	farm laborer
	Grindstaff, Paul	son	18	TN	TN	TN	farm laborer
	GRindstaff, Woodrow	son	16	TN	TN	TN	farm laborer
217	Taylor, Charles	head	64	TN	TN	TN	farmer
	Taylor, Fannie	wife	56	TN	TN	TN	
	Taylor, Creasy	daughter	26	TN	TN	TN	housework
	Taylor, Pruitt	son	22	TN	TN	TN	rayon mill spinner
	Taylor, Edna	daughter	20	TN	TN	TN	housework
	Taylor, Charles Jr.	son	15	TN	TN	TN	
	Taylor, Rena	daughter	11	TN	TN	TN	
218	Moreland, Everett	head	69	TN	TN	TN	farmer
	Moreland, General	son	40	TN	TN	TN	rayon mill laborer
219	Pierce, Rogan	head	65	TN	TN	TN	farmer
	Pierce, Jane	wife	56	TN	TN	TN	
	Stafford, Annie	daughter	22	TN	TN	TN	rayon mill spinner
	Stafford, Pauline	gr dau	6	VA	TN	TN	
	Stafford, Louise	gr dau	2	VA	TN	TN	
	Pierce, Blonnie	daughter	20	TN	TN	TN	housework
	Pierce, Dorsey	son	18	TN	TN	TN	farm laborer
	Pierce, Robert	son	15	TN	TN	TN	farm laborer
	Pierce, Paul	son	13	TN	TN	TN	
	Pierce, Worley	son	12	TN	TN	TN	
	Pierce, Henry	son	38	TN	TN	TN	farm laborer
	Pierce, Oma	gr dau	12	TN	TN	TN	
	Pierce, Fred	gr son	8	VA	TN	TN	
	Pierce, Clarence	gr son	6	VA	TN	TN	
	Pierce, Viola	gr dau	4	VA	TN	TN	
	Pierce, R. C.	gr son	2	VA	TN	TN	
	Hayes, Okalee	gr dau	4	KY	TN	TN	
220	Hunter, James	head	47	KY	KY	KY	farmer
	Hunter, Julia	wife	29	KY	KY	KY	
	Hunter, Arnell June	daughter	8	KY	KY	KY	
221	Elliott, Jennie	head	73	NC	NC	NC	homemaker
	Elliott, Mark	son	36	TN	NC	NC	disabled
222	Smith, Alex	head	48	TN	TN	TN	farmer
	Smith, Irene	wife	48	NC	NC	NC	

Family #	Name	Relation	Age	I	F	M	Occupation
	Hicks, Gordon	fth in law	79	NC	NC	NC	farm laborer
	Hicks, Adelaide	mth in law	78	TN	TN	TN	
223	Nidiffer, Maggie	head	70	TN	TN	TN	farmer
	Walker, Ellsworth	renter	50	TN	TN	TN	farmer
	Walker, Hattie	r wife	33	TN	TN	TN	
	Walker, Sammie	r son	6	TN	TN	TN	
	Walker, Margaret	r daughter	4	TN	TN	TN	
	Walker, Louise	r daughter	2	OH	TN	TN	
224	Winters, George	head	63	NC	NC	NC	farmer
	Winters, Debbie	wife	54	NC	NC	NC	
	Winters, Bobby	son	29	NC	NC	NC	disabled
	Winters, Howard	son	20	TN	NC	NC	farm laborer
	Winters, Roy	son	17	TN	NC	NC	chair factory laborer
225	Davis, Reuben	head	47	TN	VA	TN	farmer
	Davis, Cora	wife	41	KY	KY	KY	
	Davis, Mamie	daughter	22	VA	TN	KY	housework
	Davis, Lola	daughter	18	TN	TN	KY	housework
	Davis, Ralph	son	17	TN	TN	KY	
	Davis, Egbert	son	15	TN	TN	KY	
	Davis, Maggie	daughter	13	TN	TN	KY	
	Davis, Linda	daughter	11	TN	TN	KY	
	Davis, Lucille	daughter	9	TN	TN	KY	
	Davis, Bernice	daughter	6	TN	TN	KY	
	Davis, Charles	son	4	TN	TN	KY	
	Davis, Ruby	daughter	2	TN	TN	KY	
	Davis, Hildred	daughter	1	TN	TN	KY	
226	Dugger, Elbert	head	57	TN	TN	TN	farmer
	Dugger, Amanda	wife	50	TN	TN	TN	
	Dugger, Bessie	daughter	22	TN	TN	TN	housework
227	Nidiffer, Amanda	head	49	TN	TN	TN	homemaker/farmer
	Nidiffer, Earl	son	24	TN	TN	TN	farm laborer
	Nidiffer, Ernest	son	11	TN	TN	TN	
	Nidiffer, Elizabeth	daughter	8	TN	TN	TN	
228	Pierce, Bill	head	26	TN	TN	TN	farmer
	Pierce, Lena	wife	19	TN	TN	TN	
	Pierce, Lilly	daughter	1	TN	TN	TN	
229	Dugger, Jennie	head	57	TN	TN	TN	homemaker
	Dugger, Floyd	son	21	TN	TN	TN	rayon mill spinner
	Dugger, Orville	son	17	TN	TN	TN	rayon mill spinner
	Dugger, Will	son	30	TN	TN	TN	farm laborer
	Dugger, Flora	dau in law	34	TN	TN	TN	
	Dugger, M.D.	gr son	6	TN	TN	TN	
	Dugger, Verna Ruth	gr dau	2	TN	TN	TN	
230	Nidiffer, Mary	head	66	TN	TN	TN	homemaker
231	Nidiffer, Tom	head	55	TN	TN	TN	farmer
	Nidiffer, Rosa	wife	50	TN	TN	TN	
	White, Sexton	boarder	39	TN	TN	TN	coal miner
232	Taylor, S. B.	head	76	TN	TN	TN	farmer
	Taylor, Hannah	wife	63	TN	TN	TN	
233	Taylor, Allen	head	70	TN	TN	TN	farmer

Family #	Name	Relation	Age	I	F	M	Occupation
	Taylor, Robert	nephew	30	TN	TN	TN	coal miner
	Taylor, Eva	niece inlaw	25	TN	TN	TN	
	Taylor, Christine	gr niece	3	TN	TN	TN	
234	Hyder, Cecil	head	38	TN	TN	TN	farmer
	Hyder, Amanda	wife	40	TN	TN	TN	
	Hyder, Clay	son	15	TN	TN	TN	farm laborer
	Hyder, Burnett	son	13	TN	TN	TN	
	Hyder, Lizzie	daughter	11	TN	TN	TN	
	Hyder, Haskel	son	9	TN	TN	TN	
	Hyder, Evelyn	daughter	7	TN	TN	TN	
	Hyder, Anaerl	daughter	6	TN	TN	TN	
	Hyder, Charles	son	3	TN	TN	TN	
	Hyder, Jack	son	1	TN	TN	TN	
235	Cole, George	head	51	TN	TN	TN	farmer
	Cole, Maggie	wife	50	TN	TN	TN	
236	Hyder, Jonas	head	31	TN	TN	TN	farmer
	Hyder, May	wife	29	TN	TN	TN	
	Hyder, Conway	son	6	TN	TN	TN	
237	Buckles, A. F.	head	43	TN	TN	TN	farmer
	Buckles, Abby	wife	39	TN	TN	TN	
	Buckles, Harry	son	14	TN	TN	TN	
	Buckles, Elton	son	11	TN	TN	TN	
	Buckles, A.F. Jr.	son	5	TN	TN	TN	
	Buckles, Thomas	son	2	TN	TN	TN	
238	Buckles, Mossie	head	37	TN	TN	TN	homemaker
	Buckles, Ross	son	14	TN	TN	TN	
	Buckles, Sherley	son	13	TN	TN	TN	
	Buckles, Rita	daughter	11	TN	TN	TN	
	Buckles, Cora	daughter	8	TN	TN	TN	
	Buckles, Florence	daughter	5	TN	TN	TN	
	Buckles, Clyde	son	2	TN	TN	TN	
239	Fletcher, Andy	head	51	TN	TN	TN	farmer
	Fletcher, Mary	wife	48	TN	TN	TN	
	Fletcher, Dora	daughter	23	TN	TN	TN	rayon mill laborer
	Fletcher, Matson	son	21	TN	TN	TN	rayon mill laborer
	Fletcher, Harmon	son	17	TN	TN	TN	rayon mill laborer
	Fletcher, Wave	daughter	9	TN	TN	TN	
	Fletcher, Ralph	son	6	TN	TN	TN	
240	Oliver, Burgie	head	47	TN	TN	TN	farmer
	Oliver, Ida	wife	45	TN	TN	TN	
	Oliver, Grant	son	21	TN	TN	TN	disabled
	Oliver, Luther	son	20	TN	TN	TN	farm laborer
	Oliver, Martha	daughter	18	TN	TN	TN	housework
	Oliver, Ivalee	daughter	16	TN	TN	TN	
	Oliver, Lizzie	daughter	11	TN	TN	TN	
	Oliver, Shade	son	9	TN	TN	TN	
	Oliver, Orville	son	1	TN	TN	TN	
	Oliver, Wiley	son	1	TN	TN	TN	
241	Nave, John	head	75	TN	TN	TN	farmer
	Nave, Nannie	wife	70	TN	TN	TN	

Family #	Name	Relation	Age	I	F	M	Occupation
	Nave, Lizzie	daughter	39	TN	TN	TN	housework
	Nave, Roy	son	34	TN	TN	TN	farm laborer
	Nave, Judson	son	44	TN	TN	TN	farm laborer
	Nave, Reba	gr dau	8	TN	TN	TN	
	Nave, Harry	gr son	6	TN	TN	TN	
242	Bowers, John	head	25	TN	TN	TN	farm laborer
	Bowers, Nettie	wife	21	TN	TN	TN	
	Bowers, Roxie	daughter	2	TN	TN	TN	
243	Nave, McKinley	head	33	TN	TN	TN	rayon mill bk keeper
	Nave, Laura	wife	30	TN	TN	TN	
	Nave, Luther	son	11	TN	TN	TN	
	Nave, Earl	son	9	TN	TN	TN	
	Nave, Rueben	son	8	TN	TN	TN	
244	Nave, Henry	head	29	TN	TN	TN	farmer
	Nave, Myrtle	wife	30	TN	TN	TN	
	Nave, Maine	son	8	TN	TN	TN	
	Nave, Quinn	son	6	TN	TN	TN	
	Nave, Edith	daughter	3	TN	TN	TN	
	Nave, Edna	daughter	1	TN	TN	TN	
245	Williams, Cameron	head	53	TN	TN	TN	farmer
	Williams, Rena	wife	43	TN	TN	TN	
	Williams, Hubert	son	20	TN	TN	TN	farm laborer
	Williams, Fletcher	son	16	TN	TN	TN	
	Williams, Elmer	son	15	TN	TN	TN	
	Williams, John	son	13	TN	TN	TN	
	Williams, Rueben	son	13	TN	TN	TN	
	Williams, Charles	son	11	TN	TN	TN	
	Williams, Arthur	son	11	TN	TN	TN	
	Williams, Vernon	son	7	TN	TN	TN	
	Williams, Pauline	daughter	5	TN	TN	TN	
	Williams, Lester	son	1	TN	TN	TN	
246	Nidiffer, Henry	head	50	TN	TN	TN	farmer
	Nidiffer, Annie	wife	47	TN	TN	TN	
	Nidiffer, Nancy	daughter	11	TN	TN	TN	
	Nidiffer, Arthur	son	6	TN	TN	TN	
	Nidiffer, Finley	son	2	TN	TN	TN	
247	Pierce, Donley	head	31	TN	TN	TN	farmer
	Pierce, Callie	wife	29	TN	TN	TN	
	Pierce, Roy	son	9	TN	TN	TN	
	Pierce, Christina	daughter	6	TN	TN	TN	
	Pierce, Orville	son	3	TN	TN	TN	
248	Nave, Mark	head	65	TN	TN	TN	farmer

Notes:

Family #	Name/District 12	Relation	Age	I	F	M	Occupation
1	Estep, George	head	29	TN	TN	TN	farmer
	Estep, Bessie	wife	30	TN	TN	TN	
	Estep, Porter	son	8	TN	TN	TN	
	Estep, Grace	daughter	6	TN	TN	TN	
	Estep, N. D.	son	4	TN	TN	TN	
	Estep, Evelyn	daughter	2	TN	TN	TN	
	Estep, Susan	mother	57	TN	TN	TN	
	Garland, Clarence	servant	22	TN	TN	TN	farm laborer
2	Estep, Charles	head	36	TN	TN	TN	farmer
	Estep, Retta	wife	19	TN	TN	TN	
	Estep, Jackie	son	0	TN	TN	TN	
3	Taylor, Henry	head	34	TN	TN	TN	farmer
	Taylor, Rosa	wife	34	TN	TN	TN	
	Taylor, Onnie	son	16	TN	TN	TN	
	Taylor, Mattie	daughter	13	TN	TN	TN	
	Taylor, Edward	son	7	TN	TN	TN	
	Nidiffer, W. L.	fth in law	72	TN	TN	TN	flour mill miller
4	Grindstaff, David	head	51	TN	TN	TN	farmer
	Grindstaff, Lulu	wife	36	TN	TN	TN	
	Grindstaff, Robert	son	22	TN	TN	TN	public school teacher
	Grindstaff, Beatrice	daughter	11	TN	TN	TN	
5	Richardson, Jessie	head	52	TN	TN	TN	farmer
	Richardson, Clemmie	wife	61	TN	TN	TN	
6	Estep, R.D.	head	29	TN	TN	TN	rayon mill spinner
	Estep, Bonnie	wife	22	TN	TN	TN	
	Estep, Emile	daughter	7	TN	TN	TN	
	Estep, Cara	daughter	5	TN	TN	TN	
	Estep, Ivory	daughter	3	TN	TN	TN	
7	Wilson, Daniel	head	56	TN	TN	TN	farmer
	Wilson, Maggie	wife	57	TN	TN	TN	
8	Hodge, Abe	head	48	TN	TN	TN	silk mill laborer
	Hodge, Josie	daughter	28	TN	TN	TN	
	Hodge, Hazel	daughter	15	TN	TN	TN	
	Hodge, Blonnie	daughter	13	TN	TN	TN	
	Hodge, Nellie	daughter	10	TN	TN	TN	
	Hodge, Sunday	son	5	TN	TN	TN	
9	Estep, Johnson	head	22	TN	TN	TN	rayon mill spinner
	Estep, Ora	wife	21	TN	TN	TN	
	Estep, Leonard	son	4	TN	TN	TN	
	Estep, Mae	daughter	2	TN	TN	TN	
10	Estep, Joe	head	52	TN	TN	TN	farmer
	Estep, Rex	son	19	TN	TN	TN	
	Estep, Willie	son	17	TN	TN	TN	silk mill laborer
	Estep, Tank	son	14	TN	TN	TN	
	Estep, Melvin	son	11	TN	TN	TN	
11	Grindstaff, Earl	head	21	TN	TN	TN	farm laborer
	Grindstaff, Zora	wife	22	TN	TN	TN	
	Grindstaff, Ruby	daughter	2	TN	TN	TN	
12	Hurley, Tennessee	head	56	TN	TN	TN	farmer
	Hurley, Sarah	wife	50	TN	TN	TN	
	Hurley, Robert	son	25	TN	TN	TN	rayon mill spinner

Family #	Name	Relation	Age	I	F	M	Occupation
	Hurley, Alvin	son	19	TN	TN	TN	
	Hurley, Chester	son	15	TN	TN	TN	
13	Garland, Ira	head	23	TN	TN	TN	farm laborer
	Garland, Letha	wife	30	TN	TN	TN	
	Garland, Edward	son	4	TN	TN	TN	
	Garland, Claude	son	2	TN	TN	TN	
14	Livingston, George	head	52	TN	TN	TN	farm laborer
	Livingston, Susan	wife	45	TN	TN	TN	
	Livingston, Bernice	daughter	22	TN	TN	TN	
	Livingston, Clara	daughter	20	TN	TN	TN	
	Livingston, Alf	son	13	TN	TN	TN	
	Livingston, Ervin	son	10	TN	TN	TN	
	Livingston, Luther	son	6	TN	TN	TN	
	Livingston, Caroline	daughter	4	TN	TN	TN	
15	Livingston, Dewey	head	32	TN	TN	TN	farmer
	Livingston, Nellie	wife	40	TN	TN	TN	
	Livingston, George	son	8	TN	TN	TN	
	Livingston, Grace	daughter	3	TN	TN	TN	
16	Taylor, Jessie	head	31	TN	TN	TN	farmer
	Taylor, Allie	wife	33	TN	TN	TN	
	Livingston, Vernice	step dau	12	TN	TN	TN	
17	Campbell, D. R.	head	65	TN	TN	TN	farmer
	Campbell, Sarah	wife	54	TN	TN	TN	
18	Grindstaff, William	head	69	TN	TN	TN	farm laborer
	Grindstaff, Sarah	wife	52	TN	TN	TN	
	Grindstaff, Dewey	son	30	TN	TN	TN	
	Grindstaff, Mary	daughter	26	TN	TN	TN	
	Grindstaff, James	son	14	TN	TN	TN	
19	Heatherly, Mack	head	23	TN	TN	TN	
	Heatherly, Missouri	wife	19	TN	TN	TN	
	Heatherly, Margaret	daughter	0	TN	TN	TN	
	Grindstaff, Carina	step dau	2	TN	TN	TN	
20	Taylor, John	head	45	TN	TN	TN	farmer
	Taylor, Nancy	wife	40	TN	TN	TN	
	Taylor, Euell	son	18	TN	TN	TN	rayon mill spinner
	Taylor, Carl	son	15	TN	TN	TN	student in school
	Taylor, Hendrix	son	12	TN	TN	TN	
21	Richardson, Judge	head	53	TN	TN	TN	farmer
	Richardson, Bessie	wife	40	TN	TN	TN	
22	Estep, Lizzie	head	57	TN	TN	TN	farmer
	Estep, Walter	son	27	TN	TN	TN	
	Estep, Dora	daughter	14	TN	TN	TN	
23	Taylor, Mandy	head	65	TN	TN	TN	farmer
24	Taylor, Loss	head	75	TN	TN	TN	farmer
	Taylor, Sarah	wife	70	TN	TN	TN	
	Taylor, Lillie	daughter	26	TN	TN	TN	
25	Hodge, James	head	22	TN	TN	TN	rayon mill spinner
	Hodge, Clyde	wife	22	VA	VA	VA	
26	Holder, John	head	46	TN	TN	TN	farm laborer
	Holder, Sarah	wife	40	TN	TN	TN	

Family #	Name	Relation	Age	I	F	M	Occupation
27	Carrier, Alvin	head	53	TN	TN	TN	farm laborer
	Carrier, Nellie	wife	57	TN	TN	TN	
	Carrier, Eva	daughter	23	TN	TN	TN	
	Carrier, Benfield	son	18	TN	TN	TN	farm laborer
28	Campbell, Jack	head	46	TN	TN	TN	farm laborer
	Campbell, Sarah	wife	40	TN	TN	TN	
	Campbell, Belle	daughter	23	TN	TN	TN	
	Campbell, Joe	son	21	TN	TN	TN	farm laborer
	Campbell, Robinson	son	13	TN	TN	TN	
	Campbell, William	son	11	TN	TN	TN	
	Campbell, Cora	daughter	9	TN	TN	TN	
	Campbell, Lula	daughter	7	TN	TN	TN	
	Campbell, Leta	daughter	5	TN	TN	TN	
	Campbell, Rasor	son	3	TN	TN	TN	
	Campbell, Argus	son	1	TN	TN	TN	
29	Garland, M. B.	head	24	TN	TN	TN	farm laborer
	Garland, Ida	wife	24	TN	TN	TN	
	Garland, Elwood	son	3	TN	TN	TN	
	Garland, Pearl	daughter	1	TN	TN	TN	
30	Shoun, Jacob	head	52	TN	TN	TN	farmer
	Shoun, Belle	wife	51	TN	TN	TN	
	Shoun, Cora	daughter	14	TN	TN	TN	
31	Stout, John	head	24	TN	TN	TN	rayon mill spinner
	Stout, Lela	wife	19	TN	TN	TN	
	Stout, Paul	son	0	TN	TN	TN	
32	Asher, Walter	head	27	TN	TN	TN	farm laborer
	Asher, Emma	wife	22	TN	TN	TN	
	Asher, Gladys	daughter	1	TN	TN	TN	
	Asher, Hence	brother	30	TN	TN	TN	
33	Asher, William	head	62	TN	TN	TN	farmer
	Asher, Martha	wife	48	TN	TN	TN	
	Asher, Cornie	son	21	TN	TN	TN	public school teacher
	Asher, Henry	son	17	TN	TN	TN	
	Asher, Floyd	son	14	TN	TN	TN	
34	Estep, Andy	head	55	TN	TN	TN	farmer
	Estep, Tishie	wife	39	TN	TN	TN	
	Estep, Edith	daughter	16	TN	TN	TN	
35	Hurley, John	head	32	TN	TN	TN	farm laborer
	Hurley, Annie	wife	25	TN	TN	TN	
	Hurley, Laura	daughter	11	TN	TN	TN	
	Hurley, Alf	son	7	TN	TN	TN	
	Hurley, Locket	daughter	3	TN	TN	TN	
	Hurley, Charles	son	0	TN	TN	TN	
36	Myers, John	head	80	TN	TN	TN	farmer
	Myers, Mary	wife	71	TN	TN	TN	
	Estep, Mack	gr son	16	TN	TN	TN	
37	Garland, John	head	56	TN	TN	TN	farm laborer
	Garland, Lizzie	wife	47	TN	TN	TN	
	Garland, Bessie	daughter	15	TN	TN	TN	
	Garland, James	son	7	TN	TN	TN	

Family #	Name	Relation	Age	I	F	M	Occupation
38	Richardson, H. T.	head	70	TN	TN	TN	farmer
39	Richardson, Marget	head	50	TN	TN	TN	
	Richardson, Charlie	son	13	TN	TN	TN	
	Richardson, James	son	8	TN	TN	TN	
40	Richardson, Albert	head	38	TN	TN	TN	farmer
	Richardson, Sallie	wife	38	TN	TN	TN	
	Richardson, Carl	son	9	TN	TN	TN	
	Richardson, Ora	daughter	7	TN	TN	TN	
	Richardson, Nismia	daughter	3	TN	TN	TN	
	Richardson, William	son	1	TN	TN	TN	
41	Holder, Doshie	head	37	TN	TN	TN	
	Holder, Stanley	son	19	TN	TN	TN	silk mill inspector
42	Estep, John	head	49	TN	TN	TN	farmer
	Estep, Celia	wife	43	TN	TN	TN	
	Estep, Donley	son	20	TN	TN	TN	farm laborer
	Estep, Finley	son	17	TN	TN	TN	
	Estep, Ora	daughter	11	TN	TN	TN	
43	Davis, Floyd	head	46	NC	NC	TN	farm laborer
	Davis, Lottie	wife	49	TN	TN	TN	
	Davis, Robert	son	18	WV	NC	TN	
	Davis, Ellis	son	14	TN	NC	TN	silk mill laborer
	Davis, Bessie	daughter	7	TN	NC	TN	
44	Estep, David	head	52	TN	TN	TN	silk mill sweeper
	Estep, Eliza	wife	40	TN	TN	TN	
	Estep, William	son	22	TN	TN	TN	
	Estep, Earl	son	20	TN	TN	TN	silk mill laborer
	Estep, Albert	son	18	TN	TN	TN	
	Estep, Pansy	daughter	14	TN	TN	TN	
	Estep, Iva	daughter	11	TN	TN	TN	
	Estep, Mae	daughter	7	TN	TN	TN	
	Estep, Sammie	daughter	5	TN	TN	TN	
	Estep, Allen	son	2	TN	TN	TN	
45	Hall, T. J.	head	68	TN	TN	TN	
	Hall, Sarah	wife	38	NC	NC	NC	
	Hall, Ivalee	daughter	15	TN	TN	NC	silk mill laborer
	Hall, Jeff	son	11	TN	TN	NC	
	Hall, Green	son	7	TN	TN	NC	
	Hall, Grant	son	4	TN	TN	NC	
	Hall, Sarah	mth in law	61	NC	NC	NC	
46	Estep, Godfrey	head	32	TN	TN	TN	silk mill spinner
	Estep, Lora	wife	30	TN	TN	TN	
	Estep, Selma	daughter	10	TN	TN	TN	
	Estep, Shade	son	6	TN	TN	TN	
	Estep, Helen	daughter	3	TN	TN	TN	
	Estep, Burton	son	3	TN	TN	TN	
47	Estep, Sherman	head	34	TN	TN	TN	farm laborer
	Estep, Pearl	wife	31	TN	TN	TN	
	Estep, Ella	daughter	12	TN	TN	TN	
	Estep, Eula	daughter	10	TN	TN	TN	
	Estep, Walter	son	7	TN	TN	TN	

Family #	Name	Relation	Age	I	F	M	Occupation
	Estep, John	son	5	TN	TN	TN	
	Estep, Ethel	daughter	2	TN	TN	TN	
	Estep, Vena	daughter	0	TN	TN	TN	
	Estep, Evaline	mother	70	TN	TN	TN	
48	Stout, Cannie	head	30	TN	TN	TN	farm laborer
	Stout, Essie	wife	33	NC	NC	NC	
	Stout, Genette	daughter	11	TN	TN	NC	
	Stout, Carl	son	9	TN	TN	NC	
	Stout, Ossilee	son	7	TN	TN	NC	
	Stout, L. Z.	son	5	TN	TN	NC	
	Stout, J. L.	son	2	TN	TN	NC	
49	Richardson, Tom	head	55	TN	TN	TN	farmer
	Richardson, Annie	daughter	16	TN	TN	TN	
	Richardson, Hugh	son	13	TN	TN	TN	
50	Holder, Nick	head	36	TN	TN	TN	farm laborer
	Holder, Dora	wife	36	TN	TN	TN	
	Holder, Sylvania	daughter	16	TN	TN	TN	
	Holder, Duard	son	14	TN	TN	TN	
	Holder, Oma	daughter	11	TN	TN	TN	
	Holder, Rueben	son	7	TN	TN	TN	
	Holder, Jennie	daughter	5	TN	TN	TN	
	Holder, Hoover	son	2	TN	TN	TN	
51	Shoun, Dudley	head	45	TN	TN	TN	silk mill laborer
	Shoun, Bell	wife	37	TN	TN	NC	
	Shoun, Hazel	daughter	18	TN	TN	TN	silk mill laborer
	Shoun, Jessie	son	17	TN	TN	TN	silk mill laborer
	Shoun, Ira	son	15	TN	TN	TN	
	Shoun, Carl	son	13	TN	TN	TN	
	Shoun, William	son	8	TN	TN	TN	
	Shoun, Ray	son	6	TN	TN	TN	
	Shoun, Velma	daughter	2	TN	TN	TN	
52	Shoun, T. N.	head	55	TN	TN	TN	farmer
53	Ward, Dave	head	37	TN	TN	TN	farmer
	Ward, Bell	wife	38	TN	TN	TN	
54	Stout, Dave	head	48	TN	TN	TN	farmer
	Stout, Susan	wife	52	TN	TN	TN	
	Stout, Jessie	son	14	TN	TN	TN	
	Stout, Mattie	daughter	11	TN	TN	TN	
	Stout, P. W.	boarder	71	TN	TN	TN	
55	Ward, Mary	head	54	TN	TN	TN	
	Ward, Hattie	daughter	23	TN	TN	TN	
	Ward, Donnie	son	20	TN	TN	TN	
56	Garland, M. D.	head	53	TN	TN	TN	
	Garland, Vada	wife	37	TN	TN	TN	
	Garland, Hattie	daughter	13	TN	TN	TN	
	Garland, Mamie	daughter	11	TN	TN	TN	
	Garland, Mae	daughter	9	TN	TN	TN	
	Garland, Luther	son	7	TN	TN	TN	
	Garland, Frank	son	5	TN	TN	TN	
	Garland, Charlie	son	2	TN	TN	TN	

Family #	Name	Relation	Age	I	F	M	Occupation
57	Garland, Raleigh	head	27	TN	TN	TN	
	Garland, Luthenia	wife	25	TN	TN	TN	
	Garland, Helen	daughter	4	TN	TN	TN	
	Garland, Loretta	daughter	1	TN	TN	TN	
58	Stout, Moses	head	25	TN	TN	TN	silk mill laborer
	Stout, Celia	wife	30	TN	TN	TN	
	Stout, Paul	son	4	TN	TN	TN	
	Stout, L. D.	son	2	TN	TN	TN	
59	Ward, Jim	head	25	TN	TN	TN	
	Ward, Armetha	wife	23	TN	TN	TN	
60	Stout, Robert	head	24	TN	TN	TN	silk mill laborer
	Stout, Martha	wife	20	TN	TN	TN	
	Lane, James	orphan	11	TN	TN	TN	
61	Taylor, James	head	38	TN	TN	TN	
	Taylor, Pearl	wife	33	TN	TN	TN	
	Taylor, Caldwell	son	14	TN	TN	TN	
	Taylor, Sallie	daughter	10	TN	TN	TN	
	Taylor, Landon	son	7	TN	TN	TN	
	Taylor, Evelyn	daughter	5	TN	TN	TN	
	Taylor, Alma	daughter	2	TN	TN	TN	
62	Blevins, Charlie	head	45	TN	TN	TN	farm laborer
	Blevins, Hattie	wife	27	TN	TN	TN	
	Blevins, Roxy	daughter	7	TN	TN	TN	
	Blevins, Henry	son	3	TN	TN	TN	
63	Blevins, Dave	head	48	TN	TN	TN	
	Blevins, Mary	wife	47	TN	TN	TN	
	Blevins, Katherine	daughter	23	TN	TN	TN	
	Blevins, Earl	son	21	TN	TN	TN	silk mill laborer
	Blevins, Tank	son	16	TN	TN	TN	
	Blevins, Teddy	son	13	TN	TN	TN	
	Blevins, Laura	daughter	3	TN	TN	TN	
64	Campbell, Robert	head	48	TN	TN	TN	silk mill laborer
	Campbell, Lizzie	wife	40	TN	TN	TN	
	Campbell, Stella	daughter	20	TN	TN	TN	
	Campbell, Charlie	son	18	TN	TN	TN	silk mill laborer
	Campbell, James	son	15	TN	TN	TN	
	Campbell, Luther	son	11	TN	TN	TN	
	Campbell, Laura	daughter	8	TN	TN	TN	
	Campbell, Bettie	daughter	4	TN	TN	TN	
65	Hurley, Alvista	head	59	TN	TN	TN	
66	Dugger, John	head	22	TN	TN	TN	silk mill laborer
	Dugger, Dora	wife	23	TN	TN	TN	
	Dugger, Flora	daughter	9	TN	TN	TN	
	Dugger, Evidene	daughter	4	TN	TN	TN	
67	Blevins, Carter	head	67	TN	TN	TN	
	Blevins, Hannah	wife	68	TN	TN	TN	
68	Blevins, Tennessee	head	28	TN	TN	TN	
	Blevins, Gertrude	wife	23	TN	TN	TN	
	Blevins, Bessie	daughter	2	TN	TN	TN	
69	Blevins, John	head	23	TN	TN	TN	

Family #	Name	Relation	Age	I	F	M	Occupation
	Blevins, Vena	wife	20	TN	NC	NC	
	Blevins, Bonnie	daughter	2	TN	TN	TN	
	Blevins, Martha	daughter	0	TN	TN	TN	
70	Blevins, Dillard	head	47	TN	TN	TN	
	Blevins, Clemmie	wife	42	TN	TN	TN	
	Blevins, Hobart	son	9	TN	TN	TN	
	Blevins, Clyde	son	7	TN	TN	TN	
	Blevins, Annie	daughter	1	TN	TN	TN	
71	Crow, William	head	58	TN	TN	TN	
	Crow, Betty	wife	48	TN	TN	TN	
72	Pritchard, John	head	50	TN	NC	TN	
	Pritchard, Bessie	wife	30	TN	TN	TN	
	Pritchard, Bell	daughter	17	TN	TN	TN	
	Pritchard, Omar	son	5	TN	TN	TN	
	Pritchard, Rosie	daughter	3	TN	TN	TN	
	Pritchard, Myrtle	daughter	1	TN	TN	TN	
	Pritchard, Martha	daughter	0	TN	TN	TN	
73	Garland, Dave	head	56	TN	TN	TN	
	Garland, Hiley	wife	53	TN	TN	TN	
	Garland, George	son	28	TN	TN	TN	
	Garland, Alice	daughter	26	TN	TN	TN	
	Garland, Stella	daughter	19	TN	TN	TN	
	Garland, Lloyd	gr son	3	TN	TN	TN	
	Garland, Nancy	mth in law	90	TN	TN	TN	
74	Richardson, Allen	head	37	TN	TN	TN	
	Richardson, Lena	wife	24	KY	KY	KY	
	Richardson, Jessie	son	6	KY	TN	KY	
75	Heatherly, Jessie	head	56	TN	TN	TN	
	Heatherly, Lilly	wife	45	TN	TN	TN	
	Heatherly, Charles	son	19	TN	TN	TN	
	Heatherly, Luther	son	16	TN	TN	TN	
	Heatherly, Godfrey	son	12	TN	TN	TN	
	Heatherly, Asa	son	10	TN	TN	TN	
	Heatherly, Nina	daughter	7	TN	TN	TN	
	Crow, Maggie	mth in law	71	TN	TN	TN	
76	Bowers, Charlie	head	35	TN	TN	TN	
	Bowers, Gracie	wife	26	TN	TN	TN	
	Bowers, Eugene	son	7	TN	TN	TN	
	Bowers, Pauline	daughter	5	TN	TN	TN	
77	Stout, Joe	head	69	TN	TN	TN	
	Stout, Sarah	wife	71	TN	TN	TN	
	Stout, Leland	gr son	12	TN	TN	TN	
	Stout, Lonzo	gr son	12	TN	TN	TN	
	Stout, Henry	gr son	23	KY	TN	TN	farm laborer
78	Wilson, E. L.	head	68	TN	TN	TN	
	Wilson, Jane	wife	68	TN	VA	TN	
79	Hurley, Bob	head	54	TN	TN	TN	farm laborer
	Hurley, Sarah	wife	42	TN	TN	TN	
	Hurley, Arvel	son	21	TN	TN	TN	
	Hurley, June	daughter	15	TN	TN	TN	

Family #	Name	Relation	Age	I	F	M	Occupation
80	Blevins, Nancy	head	65	TN	TN	TN	farmer
	Blevins, Looney	son	42	TN	TN	TN	
	Blevins, Josie	daughter	37	TN	TN	TN	
	Blevins, John	son	26	TN	TN	TN	
	Blevins, Jane	daughter	23	TN	TN	TN	
	Blevins, Belle	gr dau	6	TN	TN	TN	
	Blevins, Stanley	gr son	1	TN	TN	TN	
81	Richardson, Losan	head	52	TN	TN	TN	
	Richardson, Sallie	wife	52	TN	TN	TN	
	Richardson, Eliga	son	21	TN	TN	TN	
82	Lowe, James	head	57	TN	TN	TN	farmer
	Lowe, Bessie	wife	37	TN	TN	TN	
83	Asher, Roy	head	30	TN	TN	TN	farm laborer
	Asher, Alaska	wife	30	TN	TN	TN	
	Asher, Flossie	daughter	15	TN	TN	TN	silk mill laborer
	Asher, Luther	son	12	TN	TN	TN	
	Asher, Frances	daughter	10	TN	TN	TN	
	Asher, Howard	son	8	TN	TN	TN	
	Asher, Juanita	daughter	6	TN	TN	TN	
	Asher, Lola	daughter	3	TN	TN	TN	
	Asher, Dallas	daughter	0	TN	TN	TN	
84	Blevins, Will	head	35	TN	TN	TN	
	Blevins, Lottie	wife	25	TN	TN	TN	
	Blevins, Bessie	daughter	3	TN	TN	TN	
	Blevins, Clyde	son	1	TN	TN	TN	
85	Blevins, James	head	33	TN	TN	TN	
	Blevins, Bertha	wife	28	TN	TN	TN	
	Blevins, Burley	daughter	9	TN	TN	TN	
	Blevins, N. D.	son	7	TN	TN	TN	
	Blevins, Ida	daughter	6	TN	TN	TN	
	Blevins, Paul	son	3	TN	TN	TN	
	Blevins, Orval	son	0	TN	TN	TN	
	Blevins, Ike	brother	22	TN	TN	TN	
86	Stout, Gridley	head	30	TN	TN	TN	
	Stout, Tillie	wife	26	TN	TN	TN	
	Stout, Anderson	son	9	TN	TN	TN	
	Stout, Roscoe	son	4	TN	TN	TN	
	Stout, Sidney	son	1	TN	TN	TN	
87	Taylor, Hannah	head	59	TN	TN	TN	farmer
	Taylor, Clifford	son	22	TN	TN	TN	rural mail carrier
88	Cole, Stinson	head	50	TN	TN	TN	
	Cole, Eugenia	wife	46	TN	TN	NC	
	Cole, Maud	daughter	25	TN	TN	TN	
	Cole, Edna	daughter	23	TN	TN	TN	silk mill laborer
	Cole, Harry	son	19	TN	TN	TN	
	Cole, Custer	son	16	TN	TN	TN	
	Cole, Luther	son	14	TN	TN	TN	
	Cole, Jasper	son	10	TN	TN	TN	
	Cole, Glenn	son	5	TN	TN	TN	
89	Campbell, M. M.	head	42	TN	TN	TN	farm laborer

Family #	Name	Relation	Age	I	F	M	Occupation
	Campbell, Leona	wife	36	TN	TN	TN	
	Campbell, Harry	son	15	TN	TN	TN	
	Campbell, Clyde	son	11	TN	TN	TN	
	Campbell, Hobart	son	9	TN	TN	TN	
90	Cole, Albert	head	38	TN	TN	TN	farmer
	Cole, Mandy	wife	32	TN	TN	TN	
	Cole, Spurgeon	son	11	TN	TN	TN	
	Cole, Conley	son	9	TN	TN	TN	
	Cole, Myrtle	daughter	7	TN	TN	TN	
	Cole, Juanita	daughter	5	TN	TN	TN	
	Cole, N. G. W.	son	1	TN	TN	TN	
	Campbell, Amelia	aunt	50	TN	TN	TN	
91	Cole, Ulysses	head	62	TN	TN	TN	farmer
	Cole, Rebecca	wife	59	TN	TN	TN	
	Cole, Ida	daughter	36	TN	TN	TN	
	Cole, Laura	daughter	27	TN	TN	TN	
	Cole, Lou	gr dau	2	TN	TN	TN	
92	Cole, Jessie	head	34	TN	TN	TN	farm laborer
	Cole, Lola	wife	20	TN	TN	TN	
93	Dinsmore, Enoch	head	49	TN	TN	TN	farmer
	Dinsmore, M. C.	daughter	21	TN	TN	TN	
	Dinsmore, Stanley	son	16	TN	TN	TN	
	Dinsmore, Sophia	daughter	12	TN	TN	TN	
94	Estep, S. R.	head	66	TN	TN	TN	farmer
	Estep, Criss	wife	43	TN	TN	IL	
	Estep, Allen	son	40	TN	TN	TN	
	Estep, Nelda	gr dau	7	TN	TN	TN	
95	Cole, Jessie	head	30	TN	TN	TN	farm laborer
	Cole, Pearl	wife	23	TN	TN	TN	
96	Cole, Andrew	head	78	TN	TN	TN	
	Cole, Creasy	wife	73	TN	TN	TN	
97	Myers, James	head	47	TN	TN	TN	farmer
	Myers, Media	wife	45	TN	TN	TN	
	Myers, Maggie	daughter	22	TN	TN	TN	
	Myers, Paul	son	17	TN	TN	TN	
	Myers, Mary	daughter	15	TN	TN	TN	
	Myers, Mable	daughter	10	TN	TN	TN	
	Myers, Ella	daughter	7	TN	TN	TN	
98	Holder, David	head	46	TN	TN	TN	silk mill laborer
	Holder, Laura	wife	41	TN	TN	TN	
	Holder, Burl	son	16	TN	TN	TN	silk mill laborer
	Holder, Sidney	son	10	TN	TN	TN	
	Holder, Selmer	son	8	TN	TN	TN	
	Holder, John	son	5	TN	TN	TN	
	Holder, Levi	son	3	TN	TN	TN	
99	Estep, Grace	head	43	TN	TN	TN	
	Estep, Brown	son	15	TN	TN	TN	
	Estep, Ernest	son	12	TN	TN	TN	
	Estep, Roxy	daughter	5	TN	TN	TN	
100	Garland, Campbell	head	19	TN	TN	TN	silk mill laborer

Family #	Name	Relation	Age	I	F	M	Occupation
	Garland, Pearl	wife	16	TN	TN	TN	
	Garland, Ramona	daughter	0	TN	TN	TN	
101	Estep, Robert	head	50	TN	TN	TN	
	Estep, Minnie	wife	49	TN	TN	TN	
	Estep, Luther	son	18	TN	TN	TN	silk mill laborer
	Estep, Emma	daughter	17	TN	TN	TN	
	Estep, Florence	daughter	14	TN	TN	TN	
	Estep, Mattie	daughter	13	TN	TN	TN	
	Estep, Maggie	daughter	8	TN	TN	TN	
102	Estep, Donley	head	23	TN	TN	TN	silk mill laborer
	Estep, Ella	wife	20	TN	TN	TN	
103	Cole, Clyde	head	28	TN	TN	TN	
	Cole, Katherine	wife	22	TN	TN	TN	
	Cole, Claude	son	2	TN	TN	TN	
104	Garland, Martha	head	56	TN	TN	TN	
105	Peters, Clate	head	25	TN	TN	TN	
	Peters, Mandy	wife	25	TN	TN	TN	
106	Taylor, John	head	38	TN	TN	TN	
	Taylor, Zilda	wife	31	NC	NC	NC	
	Taylor, Clarence	son	15	TN	TN	NC	
	Taylor, William	son	13	TN	TN	NC	
	Taylor, Harriett	daughter	11	TN	TN	NC	
	Taylor, Alf	son	6	TN	TN	NC	
	Taylor, Helen	daughter	4	TN	TN	NC	
	Taylor, John	son	2	TN	TN	NC	
	Swift, Jessie	boarder	23	TN	NC	NC	silk mill laborer
107	Myers, Arvel	head	23	TN	TN	TN	silk mill laborer
	Myers, Georgia	wife	18	TN	TN	TN	
	Myers, Olive	daughter	0	TN	TN	TN	
108	Cole, Will	head	54	TN	TN	TN	farmer
	Cole, Nancy	wife	51	TN	TN	TN	
	Cole, Leta	daughter	19	TN	TN	TN	
	Cole, Charlie	son	17	TN	TN	TN	
109	Taylor, Will	head	60	TN	TN	TN	farmer
110	Taylor, Allen	head	43	TN	TN	TN	
	Taylor, Maggie	wife	30	TN	TN	TN	
	Taylor, Luther	son	10	TN	TN	TN	
	Taylor, Arville	son	8	TN	TN	TN	
	Taylor, Alice	daughter	5	TN	TN	TN	
	Taylor, Leonard	son	2	TN	TN	TN	
111	Taylor, David	head	56	TN	TN	TN	farmer
	Taylor, Addie	wife	49	TN	TN	TN	
	Taylor, Eva	daughter	19	TN	TN	TN	
	Taylor, Donley	son	16	TN	TN	TN	
	Taylor, Annie	daughter	14	TN	TN	TN	
	Taylor, Nola	daughter	9	TN	TN	TN	
	Taylor, Selmer	son	6	TN	TN	TN	
	Taylor, Eula	gr dau	4	TN	TN	WV	
112	Taylor, Henry	head	37	TN	TN	TN	farmer
	Taylor, Doshia	wife	32	TN	NC	TN	

Family #	Name	Relation	Age	I	F	M	Occupation
	Taylor, Arthur	son	15	TN	TN	TN	
	Taylor, Burl	daughter	13	TN	TN	TN	
	Taylor, J. N.	son	11	TN	TN	TN	
	Taylor, Sexton	son	8	TN	TN	TN	
	Taylor, Delmas	son	6	TN	TN	TN	
	Taylor, Mary	daughter	3	TN	TN	TN	
113	Lewis, Nick	head	49	TN	TN	TN	farmer
	Lewis, Mary	wife	40	TN	TN	TN	
	Lewis, Charlie	son	19	TN	TN	TN	
	Lewis, Blanch	daughter	17	TN	TN	TN	
	Lewis, Mamie	daughter	14	TN	TN	TN	
	Lewis, Etta	daughter	11	TN	TN	TN	
	Lewis, Reuben	son	9	TN	TN	TN	
	Lewis, Paul	son	5	TN	TN	TN	
	Richardson, Jessie	stepdau	16	WV	TN	TN	silk mill laborer
	Richardson, Virginia	step dau	9	WV	TN	TN	
	Richardson, Quinton	step son	7	TN	TN	TN	
	Lewis, Nancy	step mother	80	TN	TN	TN	
114	Hurley, James	head	50	TN	TN	TN	farmer
	Hurley, Bessie	wife	43	TN	TN	TN	
	Hurley, Pearlie	daughter	16	TN	TN	TN	
	Hurley, Rudy	son	11	TN	TN	TN	
	Hurley, Rosy	daughter	9	TN	TN	TN	
	Hurley, Virgie	daughter	5	TN	TN	TN	
	Hurley, Glenn	son	3	TN	TN	TN	
	Hurley, Addie	daughter	0	TN	TN	TN	
115	Grindstaff, I.H.	head	47	TN	TN	TN	farmer
	Grindstaff, Letha	wife	43	TN	TN	TN	
	Grindstaff, Myrtle	daughter	17	TN	TN	TN	
	Grindstaff, Edith	daughter	10	TN	TN	TN	
116	Richardson, Frank	head	24	TN	TN	TN	
	Richardson, Pearl	wife	27	NC	NC	NC	
	Richardson, Arvil	son	8	TN	TN	NC	
	Richardson, Lela	daughter	5	TN	TN	NC	
	Richardson, Ray	son	2	TN	TN	NC	
117	Richardson, Hobart	head	26	TN	TN	TN	
	Richardson, Maud	wife	22	TN	TN	TN	
	Richardson, Woodrow	son	2	TN	TN	TN	
	Richardson, Mary	mother	47	TN	NC	TN	
	Arnold, Raymond	boarder	23	TN	TN	TN	
	Arnold, Ena	b wife	22	TN	TN	TN	
	Arnold, Rona	b daughter	0	TN	TN	TN	
118	Taylor, Walter	head	26	TN	TN	TN	
	Taylor, Dora	wife	24	TN	TN	TN	
	Taylor, P. L.	boarder	67	TN	TN	TN	
119	Estep, Sarah	head	58	TN	TN	TN	
	Taylor, Roy	son	27	TN	TN	TN	
	Taylor, Eva	dau in law	21	TN	TN	TN	
	Taylor, Mary	daughter	0	TN	TN	TN	
120	Elliott, William	head	49	TN	TN	TN	

Family #	Name	Relation	Age	I	F	M	Occupation
	Elliott, Ida	wife	48	TN	TN	TN	
	Elliott, Ada	daughter	18	TN	TN	TN	
121	Stone, Robert	head	38	TN	TN	TN	farmer
	Stone, Cora	wife	37	TN	TN	TN	
	Stone, Dana	son	14	TN	TN	TN	
	Stone, Mae	daughter	11	TN	TN	TN	
	Stone, Fay	daughter	4	TN	TN	TN	
	Stone, Edna	daughter	1	TN	TN	TN	
122	Estes, John	head	32	NC	NC	NC	
	Estes, Martha	wife	24	TN	TN	TN	
	Estep, William	gr son	4	TN	TN	TN	
123	Cole, Matilda	head	59	TN	TN	NC	
	Cole, William	son	27	TN	TN	TN	
	Cole, Flossie	daughter	24	TN	TN	TN	
	Cole, Arley	gr son	2	TN	TN	TN	
124	Cole, Robert	head	30	TN	TN	TN	
	Cole, Ishmael	son	7	TN	TN	TN	
	Cole, Daisy	daughter	5	TN	TN	TN	
	Cole, George	son	3	TN	TN	TN	
125	Arney, Godfrey	head	50	TN	TN	TN	
	Arney, D. L.	wife	47	TN	TN	TN	
	Arney, Barney	son	23	TN	TN	TN	
	Arney, Teddy	son	18	TN	TN	TN	
	Estep, Charlie	boarder	16	TN	TN	TN	
126	Arney, Brownlow	head	28	TN	TN	TN	
	Arney, Sarah	wife	49	TN	TN	TN	
	Estep, Golda	step dau	22	TN	TN	TN	
	Estep, A. J.	st gr son	3	TN	TN	TN	
	Estep, R. P.	st gr son	2	TN	TN	TN	
127	Wilson, David	head	69	TN	TN	TN	
	Wilson, Tilda	wife	53	TN	TN	TN	
	Garland, David	boarder	42	TN	TN	TN	
128	Lewis, Prince	head	25	TN	TN	TN	
	Lewis, Mary	wife	17	TN	TN	TN	
	Lewis, Archie	son	0	TN	TN	TN	
129	Taylor, Worley	head	22	TN	TN	TN	farm laborer
	Taylor, Nancy	wife	20	TN	TN	TN	
130	Estep, George	head	36	TN	TN	TN	farm laborer
	Estep, Pearl	wife	31	TN	TN	TN	
	Estep, Arthur	son	14	TN	TN	TN	
	Estep, Marilee	daughter	11	TN	TN	TN	
	Estep, Wilma	daughter	9	TN	TN	TN	
	Estep, Maxie	daughter	6	TN	TN	TN	
	Estep, Blonnie	daughter	4	TN	TN	TN	
	Estep, Mae	daughter	2	TN	TN	TN	
	Estep, June	daughter	0	TN	TN	TN	
131	Heatherly, Mollie	head	46	TN	TN	TN	
	Heatherly, Georgia	daughter	14	TN	TN	TN	
	Heatherly, MItchell	son	9	TN	TN	TN	
132	Garland, M. P.	head	49	TN	TN	TN	silk mill laborer

Family #	Name	Relation	Age	I	F	M	Occupation
	Garland, Lizzie	wife	44	TN	TN	TN	
	Garland, Laura	daughter	18	TN	TN	TN	
	Garland, Ella	daughter	16	TN	TN	TN	
	Garland, Maud	daughter	14	TN	TN	TN	
	Garland, Chelsea	daughter	11	TN	TN	TN	
	Garland, Lena	daughter	9	TN	TN	TN	
	Garland, Clarence	son	4	TN	TN	TN	
133	Arnold, Alpha	head	35	VA	VA	WV	
	Arnold, Jessie	son	9	VA	TN	VA	
	Arnold, Milton	son	7	TN	TN	VA	
	Arnold, Harold	son	5	TN	TN	VA	
	Arnold, Richard	son	3	TN	TN	VA	
	Arnold, Ralph	son	1	TN	TN	VA	
134	Richardson, Dudley	head	20	TN	TN	TN	
	Richardson, Lottie	wife	20	TN	TN	TN	
135	Richardson, Julia	head	55	TN	TN	TN	
	Richardson, Margaret	daughter	18	TN	TN	TN	
	Richardson, Sidney	son	16	TN	TN	TN	
	Richardson, Nealy	daughter	13	TN	TN	TN	silk mill laborer
136	Arnold, Clayton Jr.	head	24	TN	TN	TN	forest service clerk
	Arnold, Eula	wife	24	TN	TN	TN	
	Arnold, Leonard	son	1	TN	TN	TN	
137	Smith, Robert	head	29	TN	TN	TN	railroad laborer
	Smith, Myrtle	wife	24	TN	TN	TN	
	Smith, Clifford	son	4	TN	TN	TN	
	Smith, Lloyd	son	2	TN	TN	TN	
	Smith, Samuel	son	0	TN	TN	TN	
	Cole, Katherine	boarder	17	TN	TN	TN	silk mill laborer
138	Campbell, Lee	head	67	TN	TN	TN	
139	Campbell, Jessie	head	49	TN	TN	TN	
	Campbell, Lottie	wife	31	TN	TN	TN	
	Campbell, Gifford	son	18	TN	TN	TN	
140	Shoun, Stacy	head	36	TN	TN	TN	
	Shoun, Matilda	wife	37	TN	TN	TN	
	Shoun, Hubert	son	14	TN	TN	TN	
	Shoun, Pauline	daughter	12	TN	TN	TN	
	Shoun, Leona	daughter	10	TN	TN	TN	
	Shoun, Anita	daughter	7	TN	TN	TN	
141	Shoun, Blanch	head	42	TN	TN	TN	
	Shoun, Adrian	son	14	TN	TN	TN	
142	Taylor, Sam	head	66	TN	TN	TN	silk mill laborer
	Taylor, Martha	wife	60	TN	TN	TN	
	White, Virgie	boarder	20	TN	TN	TN	
	White, Lois	b daughter	2	TN	TN	TN	
	Taylor, Daniel	boarder	37	TN	TN	TN	
	Taylor, Hubert	gr son	20	TN	TN	TN	silk mill laborer
143	Hurley, Adkins	head	60	TN	TN	TN	farm laborer
	Hurley, Sarah	wife	66	TN	TN	TN	
144	Speer, Edward	head	58	TN	TN	TN	farmer
	Speer, Daisy	wife	58	TN	TN	TN	

Family #	Name	Relation	Age	I	F	M	Occupation
	Speer, Mae	daughter	32	TN	TN	TN	
	Speer, Gladys	daughter	27	TN	TN	TN	
	Speer, Charlie	son	23	TN	TN	TN	public school teacher
	Speer, Fay	daughter	17	TN	TN	TN	
145	Grindstaff, George	head	58	TN	TN	TN	farmer
	Grindstaff, Nancy	wife	56	NC	NC	NC	
	Grindstaff, M.H.	son	23	TN	TN	NC	
	Grindstaff, Nora	daughter	16	TN	TN	NC	
	Grindstaff, Andrew	son	13	TN	TN	NC	
146	Odell, John	head	56	VA	WV	VA	farmer
	Odell, Mae	wife	40	TN	TN	TN	
	Odell, Malone	son	19	WV	VA	TN	
147	Taylor, Jessie	head	30	TN	TN	TN	farm laborer
	Taylor, Maggie	wife	29	TN	TN	TN	
	Taylor, Gilbert	son	10	TN	TN	TN	
	Taylor, James	son	6	TN	TN	TN	
	Taylor, Bessie	daughter	3	TN	TN	TN	
	Taylor, Edith	daughter	2	TN	TN	TN	
148	Hurley, John	head	46	TN	TN	TN	
	Hurley, Katherine	wife	30	TN	TN	TN	
	Hurley, Wilma	daughter	14	TN	TN	TN	
	Hurley, Harvey	son	8	TN	TN	TN	
149	Taylor, Joe	head	35	TN	TN	TN	
	Taylor, Grace	wife	31	TN	TN	TN	
	Taylor, Paul	son	11	TN	TN	TN	
	Taylor, Reuben	son	8	TN	TN	TN	
	Taylor, Mae	daughter	3	TN	TN	TN	
	Taylor, Maggie	daughter	0	TN	TN	TN	
150	Cress, Clarence	head	24	TN	TN	TN	farm laborer
	Cress, Clara	wife	25	TN	TN	TN	
	Cress, Clifford	son	1	TN	TN	TN	
151	Ensor, John	head	31	TN	TN	TN	farm laborer
	Ensor, Mary	wife	32	TN	TN	TN	
	Ensor, Elbert	son	14	TN	TN	TN	
	Ensor, Velma	son	9	TN	TN	TN	
	Ensor, Ida	daughter	7	TN	TN	TN	
	Ensor, Robert	son	5	TN	TN	TN	
	Ensor, Marilee	daughter	2	TN	TN	TN	
	Ensor, Ella	daughter	0	TN	TN	TN	
152	Cress, James	head	57	TN	TN	NC	
	Cress, Edith	wife	58	TN	TN	TN	
	Cress, Susie	daughter	24	TN	TN	TN	
	Cress, Anna	gr dau	2	TN	TN	TN	
153	Richardson, Houston	head	37	TN	TN	TN	
	Richardson, Lilly	wife	33	TN	TN	TN	
	Richardson, Robert	son	11	TN	TN	TN	
	Richardson, Arthur	son	7	TN	TN	TN	
	Richardson, Howard	son	6	TN	TN	TN	
154	White, James	head	50	TN	TN	TN	farm laborer
	White, Mae	wife	46	TN	TN	TN	

Family #	Name	Relation	Age	I	F	M	Occupation
	White, Dudley	son	23	TN	TN	TN	
	White, Flora	daughter	14	TN	TN	TN	
	White, James	son	12	TN	TN	TN	
	White, Laura	daughter	10	TN	TN	TN	
	White, Ralph	son	7	TN	TN	TN	
	White, Frances	daughter	4	TN	TN	TN	
155	Coffee, Sam	head	45	NC	NC	NC	farm laborer
	Coffee, Martha	wife	32	TN	TN	TN	
	Coffee, Cora	daughter	14	TN	NC	TN	
	Coffee, Ora	daughter	12	TN	NC	TN	
	Coffee, Stella	daughter	6	TN	NC	TN	
	Coffee, Hazel	daughter	3	TN	NC	TN	
	Coffee, Adam	son	1	TN	NC	TN	
156	Grindstaff, Clayton	head	32	TN	TN	TN	farm laborer
	Grindstaff, Dora	wife	32	TN	TN	TN	
	Grindstaff, Robert	son	9	TN	TN	TN	
	Grindstaff, Mae	daughter	8	TN	TN	TN	
	Grindstaff, Lucille	daughter	6	TN	TN	TN	
	Grindstaff, James	son	3	TN	TN	TN	
	Grindstaff, Hildred	daughter	2	TN	TN	TN	
	Grindstaff, Dayton	son	0	TN	TN	TN	
157	Phipps, Mandy	head	56	TN	TN	TN	
	Phipps, Mollie	daughter	23	TN	TN	TN	
	Phipps, Jane	daughter	19	TN	TN	TN	
	Phipps, John	gr son	1	TN	TN	TN	
	Phipps, Logan	brother	44	TN	TN	TN	
158	Grindstaff, Alice	head	24	TN	TN	TN	
	Grindstaff, Eldon	son	6	TN	TN	TN	
	Grindstaff, Alma	daughter	2	TN	TN	TN	
	Grindstaff, Mary	daughter	0	TN	TN	TN	
159	Oliver, James	head	28	TN	TN	TN	farm laborer
	Oliver, Loretta	wife	24	TN	TN	TN	
	Oliver, Eva	daughter	7	TN	TN	TN	
	Oliver, Raymond	son	5	TN	TN	TN	
	Oliver, James Jr.	son	2	TN	TN	TN	
	Oliver, Ruth	daughter	0	TN	TN	TN	
160	Grindstaff, James	head	40	TN	TN	TN	
	Grindstaff, Mary	wife	42	NC	NC	NC	
	Grindstaff, Floyd	son	19	TN	TN	NC	farm laborer
	Grindstaff, Evelyn	daughter	16	TN	TN	NC	
	Grindstaff, Effie	daughter	14	TN	TN	NC	
	Grindstaff, Zola	daughter	12	TN	TN	NC	
	Grindstaff, Vester	son	7	TN	TN	NC	
161	Grindstaff, M. B.	head	69	TN	TN	TN	farmer
162	Grindstaff, William	head	48	TN	TN	TN	farmer
	Grindstaff, Alice	wife	34	TN	TN	TN	
	Grindstaff, Walter	son	25	TN	TN	TN	farm laborer
	Grindstaff, Nettie	daughter	14	TN	TN	TN	
	Grindstaff, Cora	daughter	11	TN	TN	TN	
	Grindstaff, Sylvia	daughter	8	TN	TN	TN	
	Grindstaff, Parker	son	4	TN	TN	TN	
	Grindstaff, Herbert	son	1	TN	TN	TN	

Family #	Name	Relation	Age	I	F	M	Occupation
	Grindstaff, Nancy	step mth	77	TN	TN	TN	
163	Campbell, John	head	57	TN	TN	TN	farmer
	Campbell, Jane	wife	50	WV	WV	WV	
	Campbell, Rosie	daughter	18	VA	TN	WV	
	Campbell, Flora	daughter	16	TN	TN	WV	
	Campbell, Vivian	daughter	14	TN	TN	WV	
	Campbell, Bertha	daughter	10	TN	TN	WV	
	Campbell, Willie	gr son	1	TN	TN	TN	
164	Hankle, Rettie	head	65	TN	TN	TN	farmer
165	Lewis, Lewis	head	54	TN	TN	TN	silk mill laborer
	Lewis, Nancy	wife	52	TN	TN	TN	
	Lyons, Grace	boarder	22	TN	TN	TN	
166	Grindstaff, Doctor	head	58	TN	TN	TN	farmer
	Grindstaff, Nancy	wife	59	TN	TN	TN	
	Grindstaff, John	son	27	TN	TN	TN	silk mill laborer
	Grindstaff, Andy	son	19	TN	TN	TN	silk mill laborer
	Grindstaff, Ralph	gr son	8	TN	TN	TN	
	Grindstaff, Elva	gr dau	7	TN	TN	TN	
	Grindstaff, Arthur	gr son	6	TN	TN	TN	
167	Rains, Nancy	head	32	TN	TN	TN	
	Rains, Beulah	daughter	12	TN	TN	TN	
	Rains, Mary	daughter	10	TN	TN	TN	
	Rains, Maud	daughter	7	TN	TN	TN	
	Rains, Pearl	daughter	4	TN	TN	TN	
168	Grindstaff, William	head	38	TN	TN	TN	farm laborer
	Grindstaff, Mae	wife	25	TN	TN	TN	
	Grindstaff, Hubert	son	1	TN	TN	TN	
	Taylor, J. R.	uncle	78	TN	TN	TN	
169	Myers, Stanley	head	20	TN	TN	TN	
	Myers, Beulah	wife	21	TN	TN	TN	
	Myers, George	son	0	TN	TN	TN	
170	Lewis, Clara	head	26	TN	TN	TN	
	Lewis, Arvel	son	7	TN	TN	TN	
	Lewis, Yvonne	daughter	5	TN	TN	TN	
	Lewis, Stergil	son	0	TN	TN	TN	
171	Pierce, James	head	55	TN	TN	TN	carpenter
	Pierce, Sally	wife	54	TN	TN	TN	
	Pierce, Dossie	daughter	30	TN	TN	TN	
	Pierce, Ella	daughter	25	TN	TN	TN	
	Pierce, Julia	daughter	21	TN	TN	TN	
	Pierce, Bertha	daughter	18	TN	TN	TN	
	Pierce, Clyde	son	13	TN	TN	TN	
	Pierce, Hazen	gr son	8	TN	TN	TN	
172	Nidiffer, Harrison	head	67	TN	TN	TN	farmer
	Nidiffer, Mary	wife	76	TN	TN	TN	
	Hurley, Stanley	boarder	22	TN	TN	TN	farm laborer

Notes:

Family #	Name	Relation	Age	I	F	M	Occupation
173	Davis, Weldon	head	21	TN	VA	VA	farm laborer
	Davis, Hazel	wife	18	TN	TN	TN	
	Davis, Bertha	daughter	1	TN	TN	TN	
174	Pierce, Elva	head	37	TN	TN	TN	farmer
	Pierce, Margie	daughter	7	TN	TN	TN	
	Pierce, Burchel	son	2	TN	TN	TN	
175	Gwin, Martha	head	59	TN	NC	NC	
	Gwin, Charlie	son	18	TN	TN	TN	farm laborer
	Gwin, Ella	daughter	15	TN	TN	TN	
	Gwin, Mary	daughter	13	TN	TN	TN	
	Gwin, Mildred	daughter	11	TN	TN	TN	
	Gwin, Martha	daughter	8	TN	TN	TN	
176	Taylor, John	head	58	TN	TN	TN	farmer
	Taylor, Susan	wife	40	TN	TN	TN	
	Taylor, Robert	son	21	TN	TN	TN	farm laborer
177	Lipps, William	head	54	TN	TN	TN	farmer
	Lipps, Kitty	wife	47	TN	TN	TN	
	Lipps, Walter	son	22	TN	TN	TN	farm laborer
	Lipps, Mary	daughter	15	TN	TN	TN	
178	Lipps, Dewey	head	29	TN	TN	TN	farm laborer
	Lipps, Mildy	wife	24	TN	TN	TN	
	Lipps, Frances	daughter	1	TN	TN	TN	
179	Lipps, Callie	head	68	TN	TN	TN	
180	Lipps, James	head	40	TN	TN	TN	farm laborer
	Lipps, Ellen	wife	41	TN	TN	TN	
	Lipps, Minnie	daughter	16	TN	TN	TN	
	Lipps, Gertrude	daughter	10	TN	TN	TN	
	Lipps, Robert	son	8	TN	TN	TN	
	Lipps, James	son	6	TN	TN	TN	
	Lipps, Ray	son	4	TN	TN	TN	
	Lipps, Pearl	daughter	2	TN	TN	TN	
181	Lipps, Ike	head	50	TN	TN	TN	farm laborer
	Lipps, Della	wife	43	TN	TN	TN	
	Lipps, Verna	daughter	23	TN	TN	TN	
	Lipps, Webster	son	21	TN	TN	TN	farm laborer
	Lipps, Ola	daughter	16	TN	TN	TN	
	Lipps, Anna	daughter	13	TN	TN	TN	
	Lipps, Susan	daughter	9	TN	TN	TN	
	Lipps, Hubert	son	7	TN	TN	TN	
	Lipps, Lora	daughter	4	TN	TN	TN	
182	Deal, Mae	head	28	TN	TN	TN	
	Deal, James	son	9	TN	TN	TN	
	Deal, Margaret	daughter	7	TN	TN	TN	
	Deal, C. R.	son	5	TN	TN	TN	
	Deal, Randle	son	3	TN	TN	TN	
	Deal, Delphine	daughter	1	TN	TN	TN	
	Lowe, Elva	mother	57	TN	TN	TN	
183	Grindstaff, Joe	head	39	TN	TN	TN	farmer
	Grindstaff, Mattie	wife	39	TN	TN	TN	
	Grindstaff, Retha	daughter	18	TN	TN	TN	

Family #	Name	Relation	Age	I	F	M	Occupation
184	Taylor, General	head	46	TN	TN	TN	farm laborer
	Taylor, Golda	wife	30	TN	TN	TN	
	Taylor, Ruth	daughter	18	TN	TN	TN	
	Taylor, Lillie	daughter	13	TN	TN	TN	
	Taylor, General Jr.	son	10	TN	TN	TN	
	Taylor, Ceafus	son	8	TN	TN	TN	
	Taylor, Mary	daughter	6	TN	TN	TN	
	Taylor, Coy	son	4	TN	TN	TN	
	Taylor, Starlin	son	0	TN	TN	TN	
185	Oliver, William	head	51	TN	TN	TN	farmer
	Oliver, Elizabeth	wife	45	TN	TN	TN	
	Oliver, Etta	daughter	18	TN	TN	TN	
	Oliver, George	son	8	TN	TN	TN	
	Lewis, Evelyn	mth in law	75	TN	TN	TN	
186	Deal, James	head	34	TN	MD	TN	carter co court clerk
	Deal, Lizzie	wife	34	TN	TN	TN	
	Deal, Nora	daughter	14	TN	TN	TN	
	Deal, Herman	son	12	TN	TN	TN	
	Deal, Herbert	son	10	TN	TN	TN	
187	Lipps, Charlie	head	19	TN	TN	TN	farm laborer
	Lipps, Mary	wife	19	TN	TN	TN	
188	Phipps, Will	head	25	TN	TN	TN	farm laborer
	Phipps, Ethel	wife	25	TN	TN	TN	
189	Grindstaff, George	head	63	TN	TN	TN	farmer
	Grindstaff, Ella	wife	62	TN	TN	TN	
	Grindstaff, Bethel	daughter	37	TN	TN	TN	
	Grindstaff, George Jr.	son	30	TN	TN	TN	farm laborer
	Grindstaff, Allen	son	24	TN	TN	TN	farm laborer
	Grindstaff, John	son	22	TN	TN	TN	farm laborer
	Grindstaff, Fred	son	17	TN	TN	TN	farm laborer
190	Taylor, Jake	head	50	TN	TN	TN	blacksmith
	Taylor, Flaudie	wife	42	TN	TN	TN	
191	Arnold, Claude	head	46	TN	TN	TN	farmer
	Arnold, Eliza	wife	43	TN	TN	TN	
	Arnold, Morton	son	19	TN	TN	TN	
	Arnold, Guy	son	16	TN	TN	TN	
	Arnold, Bessie	daughter	12	TN	TN	TN	
	Arnold, Kelly	daughter	10	TN	TN	TN	
	Arnold, Allie	daughter	7	TN	TN	TN	
	Arnold, Robert	son	3	TN	TN	TN	
	Arnold, Doran	son	2	TN	TN	TN	
192	Arnold, Carl	head	22	TN	TN	TN	farm laborer
	Arnold, Emma	wife	20	TN	TN	TN	
	Arnold, Howard	son	3	TN	TN	TN	
	Arnold, J. N.	son	0	TN	TN	TN	
193	Ensor, George	head	51	TN	TN	TN	farmer
	Ensor, Amanda	wife	44	TN	TN	TN	
	Ensor, Dana	daughter	9	TN	TN	TN	
	Ensor, Helen	daughter	5	TN	TN	TN	
194	Hankle, Alice	head	57	TN	TN	TN	

Family #	Name	Relation	Age	I	F	M	Occupation
194	Taylor, Clyde	head	24	TN	TN	TN	farm laborer
	Taylor, Faye	wife	23	TN	TN	TN	
	Taylor, Georgia	daughter	5	TN	TN	TN	
	Taylor, Vivian	daughter	3	TN	TN	TN	
	Taylor, Ruby	daughter	1	TN	TN	TN	
195	Smith, Charlie	head	50	TN	TN	TN	farm laborer
	Smith, Elma	wife	39	TN	TN	TN	
	Smith, Wayne	son	8	TN	TN	TN	
196	White, Clyde	head	25	TN	TN	TN	farm laborer
	White, Chelsea	wife	19	TN	TN	TN	
	White, Barbra	daughter	1	TN	TN	TN	
197	Grindstaff, R.C.	head	44	TN	TN	TN	silk mill laborer
	Grindstaff, Pearl	wife	43	TN	TN	TN	
	Grindstaff, Edward	son	16	TN	TN	TN	
	Grindstaff, Stanley	son	13	TN	TN	TN	
	Grindstaff, Nora	daughter	10	TN	TN	TN	
198	Markland, Willie	head	25	TN	TN	TN	farmer
	Markland, Martha	wife	25	TN	TN	TN	
	Markland, Caldwell	son	1	TN	TN	TN	
	Markland, Wilburn	father	52	TN	TN	TN	
	Caldwell, Lundy	brother	13	TN	TN	TN	
199	Peters, Henry	head	65	TN	TN	TN	farmer
	Peters, Mary	wife	54	TN	TN	TN	
	Peters, Alvin	son	29	TN	TN	TN	farm laborer
	Peters, Stacy	son	22	TN	TN	TN	farm laborer
	Peters, Ruth	daughter	18	TN	TN	TN	
	Peters, Naomi	daughter	11	TN	TN	TN	
200	Smith, Neal	head	22	TN	TN	TN	railroad laborer
	Smith, Cassie	wife	19	TN	TN	TN	
	Smith, Ross	son	0	TN	TN	TN	
201	Grindstaff, Elbert	head	34	TN	TN	TN	farm laborer
	Grindstaff, Finnie	wife	27	TN	TN	TN	
	Grindstaff, Ruth	daughter	11	TN	TN	TN	
	Grindstaff, Warren	son	8	TN	TN	TN	
	Grindstaff, Maud	daughter	6	TN	TN	TN	
	Grindstaff, Crawford	son	3	TN	TN	TN	
	Grindstaff, Blanch	daughter	1	TN	TN	TN	
	Grindstaff, Hazel	daughter	0	TN	TN	TN	
202	Taylor, Elmo	head	25	TN	TN	TN	farm laborer
	Taylor, Amanda	wife	23	TN	TN	TN	
	Taylor, Everett	son	6	TN	TN	TN	
	Taylor, Evon	daughter	4	TN	TN	TN	
	Taylor, Charlie	son	1	TN	TN	TN	
203	Lewis, William	head	52	TN	TN	TN	farm laborer
	Lewis, Ida	wife	26	TN	TN	TN	
	Lewis, Eva	daughter	17	TN	TN	TN	
204	Estep, Murray	head	56	TN	TN	TN	
	Estep, Nancy	wife	54	TN	TN	TN	
	Estep, Lonnie	son	23	TN	TN	TN	silk mill laborer
	Garland, William	step son	37	TN	TN	TN	farm laborer

Family #	Name	Relation	Age	I	F	M	Occupation
205	Archer, Allen	head	50	TN	TN	TN	grocery store mrchnt
206	Nidiffer, James	head	459	TN	TN	TN	farmer
	Nidiffer, Eliza	wife	43	TN	TN	TN	
	Nidiffer, Thelma	daughter	20	TN	TN	TN	
	Nidiffer, Mason	son	18	TN	TN	TN	
	Nidiffer, Conley	son	15	TN	TN	TN	
207	Smith, Clyde	head	28	TN	TN	TN	railroad laborer
	Smith, Pansy	wife	24	TN	WV	WV	
	Smith, Ralph	son	3	TN	TN	TN	
	Smith, Hubert	son	0	TN	TN	TN	
208	Campbell, Belle	head	55	TN	TN	TN	
209	Davis, William	head	55	WV	WV	WV	farmer
	Davis, Lena	wife	50	WV	WV	WV	
	Davis, Robert	son	18	TN	WV	WV	farm laborer
	Davis, Jasper	son	15	TN	WV	WV	
	Davis, Elbert	son	11	TN	WV	WV	
	Davis, Iva	daughter	8	TN	WV	WV	
210	Richardson, Clyde	head	25	TN	TN	TN	silk mill laborer
	Richardson, Bertha	wife	27	TN	TN	TN	
	Richardson, Jasper	son	0	TN	TN	TN	
211	Stout, Noah	head	56	TN	TN	TN	
	Stout, Martha	wife	52	TN	TN	TN	
	Stout, Clarence	son	16	TN	TN	TN	silk mill laborer
	Stout, Hillary	son	15	TN	TN	TN	silk mill laborer
	Stout, Paul	son	13	TN	TN	TN	
212	Ensor, Charlie	head	48	TN	TN	TN	farmer
213	Taylor, Bill	head	48	TN	TN	TN	farmer
214	Garland, William	head	62	TN	TN	TN	farmer
	Garland, Maud	wife	39	TN	TN	TN	
	Garland, Mae	daughter	10	TN	TN	TN	
	Garland, Laura	daughter	7	TN	TN	TN	
	Brookshire, Conley	boarder	23	TN	TN	TN	silk mill laborer
	Brookshire, Juanita	b wife	23	TN	TN	TN	
215	Richardson, William	head	50	TN	TN	TN	farmer
	Richardson, Emma	wife	46	TN	TN	TN	
	Richardson, Maxwell	son	10	TN	TN	TN	
216	Richardson, Clarence	head	24	TN	TN	TN	silk mill laborer
	Richardson, Vena	wife	22	TN	TN	TN	
217	Estep, Wiley	head	50	TN	TN	TN	silk mill laborer
	Estep, Clara	wife	42	TN	TN	TN	
	Estep, Armor	son	19	TN	TN	TN	silk mill laborer
	Estep, Hazel	daughter	16	TN	TN	TN	
	Estep, Roger	son	13	TN	TN	TN	
	Estep, Daniel	son	8	TN	TN	TN	
	Estep, Myrtle	daughter	5	TN	TN	TN	
	Estep, Margaret	daughter	1	TN	TN	TN	
218	Arnold, Joseph	head	36	TN	TN	TN	log mill sawyer
	Arnold, Nora	wife	40	TN	TN	TN	
	Arnold, Ruth	daughter	7	TN	TN	TN	
	Arnold, Mary	daughter	5	TN	TN	TN	

Family #	Name/District 16	Relation	Age	I	F	M	Occupation
1	Greer, George	head	65	OH	PA	NY	farmer
	Greer, Leastra	wife	41	TN	NC	TN	
2	Ellis, Joe	head	52	TN	TN	NC	farmer
	Ellis, Caroline	wife	49	TN	TN	NC	
	Ellis, Brady	son	20	TN	TN	TN	
	Ellis, Ruth	daughter	18	TN	TN	TN	
3	Hart, John	head	65	TN	TN	TN	farmer
	Hart, Ida	wife	49	TN	TN	TN	
4	Marlowe, William	head	43	NC	NC	NC	farmer
	Marlowe, Lula	wife	37	TN	TN	TN	
5	Brewer, James	head	72	NC	NC	NC	farmer
	Brewer, Finley	son	21	NC	NC	NC	farm laborer
	Brewer, William	son	14	TN	NC	NC	
6	Shell, Leonard	head	27	TN	TN	NC	farm laborer
	Shell, Bessie	wife	17	TN	TN	TN	
7	McKinney, Lawson	head	48	NC	NC	NC	farmer
	McKinney, Elvira	wife	46	NC	NC	NC	
	McKinney, Marion	son	19	TN	NC	NC	farm laborer
	McKinney, Ray	son	13	TN	NC	NC	
	McKinney, Binum	son	10	TN	NC	NC	
	McKinney, Jack	son	7	TN	NC	NC	
8	Edney, John	head	53	NC	NC	NC	farmer
	Edney, Birdie	wife	46	TN	TN	TN	
	Edney, Roosevelt	son	22	TN	NC	TN	farm laborer
	Edney, Clyde	son	16	TN	NC	TN	farm laborer
	Edney, Ivalee	daughter	12	TN	NC	TN	
	Edney, Ora	daughter	9	TN	NC	TN	
	Edney, Wanita	daughter	4	TN	NC	TN	
9	Shell, Henry	head	57	TN	TN	TN	frmer
	Shell, Etta	wife	49	TN	TN	TN	
	Shell, Estel	daughter	20	TN	TN	TN	
	Shell, Nellie	daughter	18	TN	TN	TN	
	Shell, Frank	son	16	TN	TN	TN	farm laborer
	Shell, Warren	son	9	TN	TN	TN	
10	Shell, Harvey	head	31	TN	TN	TN	farmer
	Shell, Madie	wife	26	NC	NC	NC	
	Shell, Brooks	son	8	TN	TN	NC	
	Shell, Rex	son	6	TN	TN	NC	
	Shell, Bernard	son	4	TN	TN	NC	
11	Wood, Fit	head	38	TN	NC	NC	farmer
	Wood, Ollie	wife	34	TN	TN	TN	
	Wood, Mabel	daughter	14	TN	TN	TN	
	Wood, Bruce	son	11	TN	TN	TN	
	Wood, Hazel	daughter	6	TN	TN	TN	
12	Oaks, Sarah	head	61	TN	TN	TN	farmer
	Oaks, Lester	son	31	TN	TN	TN	farm laborer
	Oaks, Guy	son	22	TN	TN	TN	public school teacher
	Oaks, Ellis	gr son	18	TN	TN	TN	farm laborer
13	Hoss, Garfield	head	48	TN	TN	TN	farmer
	Hoss, Myrtle	wife	43	TN	TN	TN	

Family #	Name	Relation	Age	I	F	M	Occupation
	Hoss, Lillian	daughter	22	TN	TN	TN	public school teacher
	Hoss, Ruth	daughter	20	TN	TN	TN	public school teachr
	Hoss, Paul	son	18	TN	TN	TN	farm laborer
	Hoss, May	daughter	15	TN	TN	TN	
	Hoss, Carl	son	13	TN	TN	TN	
	Hoss, Edith	daughter	10	TN	TN	TN	
	Hoss, Margaret	daughter	7	TN	TN	TN	
	Hoss, Lula	daughter	5	TN	TN	TN	
	Hoss, Helen	daughter	1	TN	TN	TN	
	Hoss, Ellen	daughter	1	TN	TN	TN	
14	Cordell, Roscoe	head	35	TN	TN	TN	farmer
	Cordell, Lissie	wife	35	TN	NC	TN	
	Cordell, Margie	daughter	12	TN	TN	TN	
	Cordell, Lucille	daughter	6	TN	TN	TN	
	Cordell, Dexter	son	3	TN	TN	TN	
	Hopson, Harrison	fth in law	68	NC	NC	NC	
15	Perry, Thomas	head	53	TN	NC	NC	farmer
	Perry, Lula	wife	48	TN	NC	TN	
	Perry, Loyd	son	21	TN	TN	TN	public school teacher
	Perry, Ortie	daughter	18	TN	TN	TN	
	Perry, Viola	daughter	16	TN	TN	TN	
	Perry, Harold	son	9	TN	TN	TN	
	Perry, Okie	daughter	5	TN	TN	TN	
	Perry, Harrison	brother	38	TN	NC	NC	farm laborer
16	Oaks, John	head	64	TN	TN	TN	farmer
	Oaks, Celia	wife	53	NC	NC	NC	
	Coffey, Warren	gr son	7	TN	NC	TN	
17	Berry, Bert	head	27	NC	NC	NC	steel mill laborer
	Berry, Ethel	wife	28	TN	TN	NC	
	Berry, Jessie	daughter	8	NC	NC	TN	
	Berry, Doris	daughter	5	OH	NC	TN	
	Berry, John	son	0	OH	NC	TN	
18	Perkins, Wilbur	head	33	TN	TN	TN	farmer
	Perkins, Lillie	wife	36	TN	TN	TN	
	Perkins, Lester	son	13	TN	TN	TN	
	Johnson, Thomas	fth in law	72	TN	NC	NC	
19	Perkins, Dora	head	38	TN	TN	TN	farmer
	Perkins, William	son	17	TN	TN	TN	farm laborer
	Perkins, Paris	son	13	TN	TN	TN	
	Perkins, Willard	son	12	TN	TN	TN	
	Perkins, Ruby	daughter	10	TN	TN	TN	
20	Perkins, Sam	head	65	TN	TN	TN	farmer
	Perkins, Mary	wife	62	TN	TN	TN	
	Perkins, Rose	daughter	23	TN	TN	TN	
	Perkins, Roy	son	21	TN	TN	TN	rayon mill spinner
	Perkins, Eva	daughter	17	TN	TN	TN	
21	Holden, David	head	33	TN	NC	TN	general store merchant
	Holden, Ethel	wife	32	NC	TN	NC	
	Holden, Mildred	daughter	9	TN	TN	NC	
	Holden, Hazel	daughter	8	TN	TN	NC	
	Holden, Ford	son	4	TN	TN	NC	

Family #	Name	Relation	Age	I	F	M	Occupation
22	Miller, John	head	56	TN	TN	NC	farmer
	Miller, Julia	wife	53	TN	TN	TN	
	Miller, Elmer	son	26	TN	TN	TN	farm laborer
	Miller, Daisy	daughter	19	TN	TN	TN	
	Miller, Herman	son	17	TN	TN	TN	silk mill spinner
	Miller, Blanch	daughter	14	TN	TN	TN	
	Price, Christine	gr dau	7	TN	VA	TN	
23	Cordell, Kenneth	head	27	TN	TN	TN	lumber mill laborer
	Cordell, Ivalee	wife	22	TN	TN	TN	
	Cordell, Marshall	son	3	TN	TN	TN	
24	Shell, Arthur	head	36	TN	TN	TN	farmer
	Shell, Hattie	wife	32	TN	TN	TN	
	Shell, Edith	daughter	15	TN	TN	TN	
	Shell, Hall	son	11	TN	TN	TN	
	Shell, Hazel	daughter	8	TN	TN	TN	
	Shell, Annalee	daughter	6	TN	TN	TN	
	Shell, Margie	daughter	4	TN	TN	TN	
	Shell, Constance	daughter	2	TN	TN	TN	
25	Miller, Lawrence	head	29	TN	TN	TN	farmer
	Miller, Rosalee	wife	23	TN	NC	TN	
	Miller, Edward	son	5	TN	TN	TN	
	Miller, Helen	daughter	8	TN	TN	TN	
26	Boone, Cecil	head	22	TN	NC	TN	silk mill dryer
	Boone, Dora	wife	21	TN	TN	NC	
	Boone, James	son	2	TN	TN	TN	
	Boone, Mildred	daughter	0	TN	TN	TN	
27	Richardson, Vernie	head	53	NC	NC	NC	farmer
	Richardson, Cephus	son	23	NC	TN	NC	farm laborer
	Richardson, Letha	daughter	19	TN	TN	NC	farm laborer
	Richardson, Jeff	son	17	TN	TN	NC	farm laborer
	Richardson, Ruth	daughter	17	TN	TN	NC	
	Richardson, John	son	12	TN	TN	NC	
	Baker, Lincoln	nephew	8	NC	NC	NC	
	Baker, Dave	bro in law	45	NC	TN	NC	
28	Shell, William	head	33	TN	TN	NC	farmer
	Shell, Bertha	wife	32	TN	NC	TN	
	Shell, James	son	8	TN	TN	TN	
	Shell, Ronald	son	6	TN	TN	TN	
29	Shell, Thomas	head	32	TN	TN	TN	farmer
	Shell, Lagusta	wife	23	NC	TN	TN	
	Shell, Vernon	son	9	TN	TN	NC	
	Shell, Christine	daughter	7	TN	TN	NC	
	Shell, Celestine	daughter	6	TN	TN	NC	
	Shell, Alexi	daughter	4	TN	TN	NC	
	Shell, Carl	son	2	TN	TN	NC	
30	Winters, Ed	head	31	TN	TN	NC	farmer
	Winters, Carrie	wife	30	TN	TN	TN	
	Winters, Frankie	daughter	9	TN	TN	TN	
	Winters, Florence	daughter	7	TN	TN	TN	
	Winters, Beatrice	daughter	5	TN	TN	TN	

Family #	Name	Relation	Age	I	F	M	Occupation
	Winters, William	son	3	TN	TN	TN	
	Winters, Estel	daughter	1	TN	TN	TN	
31	Miller, Virgil	head	26	TN	TN	TN	farmer
	Miller, Beatrice	wife	26	TN	TN	NC	
32	Shell, George	head	50	TN	NC	NC	farmer
	Shell, Maggie	wife	49	NC	NC	NC	
33	Shell, Frank	head	19	TN	TN	NC	silk mill inspector
	Shell, Bonnie	wife	19	TN	TN	TN	
	Shell, Leon	son	0	TN	TN	TN	
34	Johnson, Charles	head	52	NY	NIRE	ENG	farmer
	Johnson, Bessie	wife	44	TN	TN	TN	
35	Holden, Harrison	head	65	NC	NC	NC	farmer
	Holden, Josie	wife	49	TN	TN	NC	
	Holden, Levi	son	27	NC	NC	TN	farm laborer
36	Miller, James	head	47	TN	TN	TN	farmer
	Miller, Vernie	wife	26	NC	NC	NC	
	Miller, Gladys	daughter	3	TN	TN	NC	
	Miller, James Jr.	son	0	TN	TN	NC	
37	Shell, Ernest	head	26	TN	TN	TN	farmer
	Shell, Delcie	wife	20	NC	NC	NC	
38	Winters, Luther	head	46	TN	TN	TN	farmer
	Winters, Rosa	wife	35	TN	TN	TN	
	Winters, Roy	son	19	TN	TN	TN	silk mill spinner
	Winters, Clarence	son	17	TN	TN	TN	farm laborer
	Winters, Grace	daughter	14	TN	TN	TN	
	Winters, Frank	son	11	TN	TN	TN	
	Winters, Creole	daughter	6	TN	TN	TN	
39	Winters, Kate	head	48	NC	NC	NC	farmer
40	Hoss, George	head	37	TN	TN	TN	farmer
	Hoss, Sarah	mother	58	TN	TN	TN	
	Hoss, Mary	sister	22	TN	TN	TN	
	Hoss, Anna	sister	13	TN	TN	TN	
41	Holden, Frank	head	23	TN	NC	TN	rayon mill coner
	Holden, Nell	wife	20	TN	TN	NC	
	Holden, Rosemary	daughter	0	TN	TN	TN	
42	Shell, Ed	head	57	TN	VA	TN	farmer
	Shell, Elva	wife	39	TN	TN	TN	
	Shell, Walter	son	22	TN	TN	TN	rayon mill coner
	Shell, Millard	son	20	TN	TN	TN	farm laborer
	Shell, Astor	son	18	TN	TN	TN	farm laborer
	Shell, Lacey	son	16	TN	TN	TN	
	Shell, Mary	daughter	14	TN	TN	TN	
	Shell, Meador	son	12	TN	TN	TN	
	Shell, Ruby	daughter	10	TN	TN	TN	
	Shell, Paul	son	8	TN	TN	TN	
	Shell, Odell	son	6	TN	TN	TN	
	Shell, Elaine	daughter	3	TN	TN	TN	
	Shell, Eldora	daughter	0	TN	TN	TN	
43	Miller, Gernie	head	21	TN	NC	NC	farmer
	Miller, Nellie	wife	17	TN	TN	TN	

Family #	Name	Relation	Age	I	F	M	Occupation
	Miller, Percy	son	0	TN	TN	TN	
44	Miller, Melvin	head	60	NC	NC	NC	farmer
	Miller, Sarah	wife	55	NC	NC	NC	
	Miller, Maggie	daughter	22	TN	NC	NC	
	Miller, Dallas	son	16	TN	NC	NC	farm laborer
	Miller, Ernest	son	14	NC	NC	NC	
45	Ingram, Nat	head	48	NC	TN	NC	farmer
	Ingram, Althea	wife	51	TN	TN	TN	
	Ingram, Virgil	son	25	TN	TN	TN	farm laborer
	Ingram, Joy	daughter	15	TN	TN	TN	
46	Miller, Lee	head	29	TN	NC	NC	farmer
	Miller, May	wife	23	TN	TN	NC	
	Miller, Arlinne	daughter	2	TN	TN	TN	
	Miller, Larraine	daughter	1	TN	TN	TN	
	Miller, Dorthea	niece	14	TN	TN	TN	
47	Perry, Henry	head	39	TN	TN	TN	farmer
	Perry, Pearl	wife	32	TN	TN	TN	
	Perry, Tracy	son	17	TN	TN	TN	farm laborer
	Perry, Michael	son	15	TN	TN	TN	
	Perry, Ollie	daughter	12	TN	TN	TN	
	Perry, Dallas	son	11	TN	TN	TN	
	Perry, Ruby	daughter	9	TN	TN	TN	
	Perry, Mable	daughter	6	TN	TN	TN	
	Perry, Ordway	son	4	TN	TN	TN	
48	Richardson, Ed	head	37	TN	TN	TN	farmer
	Richardson, Onnie	wife	36	TN	TN	TN	
	Richardson, William	son	8	TN	TN	TN	
	Richardson, Montie	son	5	TN	TN	TN	
	Richardson, Marie	daughter	2	TN	TN	TN	
	Richardson, J. C.	son	0	TN	TN	TN	
49	Shell, Hubert	head	35	NC	TN	TN	farmer
	Shell, Kathie	wife	31	TN	TN	TN	
	Shell, Sherlia	son	12	TN	NC	TN	
	Shell, Oakie	daughter	8	TN	NC	TN	
	Shell, Dealy	daughter	7	TN	NC	TN	
	Shell, Nell	daughter	4	TN	NC	TN	
	Shell, Conley	son	3	TN	NC	TN	
	Shell, Kelly	son	1	TN	NC	TN	
50	Shell, Wiley	head	39	TN	TN	TN	farmer
	Shell, Della	wife	31	TN	TN	TN	
	Shell, Leon	son	11	TN	TN	TN	
	Shell, Archie	son	9	TN	TN	TN	
	Shell, Essie	daughter	7	TN	TN	TN	
	Shell, Hale	son	5	TN	TN	TN	
	Shell, Ina	daughter	3	TN	TN	TN	
	Shell, Nancy	daughter	1	TN	TN	TN	
51	Williams, Columbus	head	35	TN	TN	TN	farmer
	Williams, Amelia	wife	30	TN	TN	NC	
	Williams, John	son	10	TN	TN	TN	
	Davis, Jacob	boarder	78	PA	PA	ME	

Family #	Name	Relation	Age	I	F	M	Occupation
52	Miller, Sam	head	51	NC	NC	TN	farmer
	Miller, Sam Jr.	son	19	TN	NC	TN	silk mill psinner
	Miller, Beatrice	daughter	16	TN	NC	TN	
	Miller, Herman	son	14	TN	NC	TN	
	Miller, Glen	son	9	TN	NC	TN	
	Miller, Wesley	brother	44	NC	NC	TN	general store merchant
	Stephenson, Cindy	sister	60	NC	NC	TN	
53	Gragg, Joseph	head	49	NC	TN	TN	farmer
	Gragg, Martina	wife	56	NC	NC	NC	
	Gragg, Agnes	daughter	8	NC	NC	NC	
54	Ellis, George	head	58	TN	TN	NC	farmer
	Ellis, Louise	wife	59	TN	TN	TN	
	Ellis, Jennie	daughter	28	TN	TN	TN	
	Ellis, Ernest	son	26	TN	TN	TN	public school teacher
	Ellis, Paul	son	24	TN	TN	TN	public school teacher
	Ellis, Frank	gr son	4	TN	TN	TN	
55	Ellis, Lowell	head	21	TN	TN	TN	public school teacher
	Ellis, Laura	wife	20	KY	KY	KY	
	Ellis, Frances	daughter	0	TN	TN	KY	
56	Caraway, Bertha	head	41`	TN	TN	TN	farmer
	Caraway, Blaine	son	17	TN	TN	TN	farm laborer
	Caraway, Audrey	daughter	12	TN	TN	TN	
	Caraway, Lanier	son	8	TN	TN	TN	
57	Perkins, Stella	head	30	TN	TN	NC	
	Perkins, Hazel	daughter	12	TN	TN	TN	
	Perkins, Clifford	son	6	TN	TN	TN	
58	Miller, Wesley	head	39	TN	TN	NC	farmer
	Miller, Maud	wife	36	TN	NC	NC	
	Miller, Tasser	son	16	TN	TN	TN	
	Miller, Howard	son	14	TN	TN	TN	
	Miller, Georgia	daughter	12	TN	TN	TN	
	Miller, Norman	son	10	TN	TN	TN	
	Miller, Conley	son	4	TN	TN	TN	
	Miller, Marie	daughter	0	TN	TN	TN	
	Elliott, Nancy	mth in law	77	NC	NC	NC	
59	Richardson, Robert	head	47	TN	TN	TN	farmer
	Richardson, Irene	wife	39	TN	NC	TN	
	Richardson, Dennis	son	15	TN	TN	TN	
	Richardson, Evelyn	daughter	13	TN	TN	TN	
	Richardson, Quentin	son	11	TN	TN	TN	
	Richardson, Ray	son	9	TN	TN	TN	
	Richardson, Donald	son	7	TN	TN	TN	
	Richardson, Frank	son	4	TN	TN	TN	
	Richardson, Nancy	mother	79	TN	TN	TN	
60	Perkins, Jeff	head	63	TN	TN	NC	farmer
	Perkins, Dolly	wife	64	NC	NC	NC	
	Perkins, Gussie	daughter	19	TN	TN	NC	
	Oaks, Pinkie	daughter	33	TN	TN	NC	
61	Perkins, Clarence	head	24	TN	TN	NC	flooring mill machinist

Family #	Name	Relation	Age	I	F	M	Occupation
	Perkins, Dorothea	wife	23	TN	TN	TN	
62	Vance, Brownlow	head	54	TN	NC	TN	farmer
	Vance, Delia	wife	43	TN	TN	TN	
	Vance, Ray	son	19	TN	TN	TN	
	Vance, Lola	daughter	17	TN	TN	TN	
	Vance, Paul	son	15	TN	TN	TN	
	Vance, Edith	daughter	13	TN	TN	TN	
	Vance, Ruby	daughter	6	TN	TN	TN	
	Vance, Billy	son	3	TN	TN	TN	
	Vance, Jack	son	0	TN	TN	TN	
63	Shell, John	head	40	TN	TN	NC	farmer
	Shell, Zella	wife	22	TN	NC	TN	
	Shell, Charlotte	daughter	14	TN	TN	NC	
	Shell, Grace	daughter	11	TN	TN	NC	
	Shell, Berlin	daughter	8	TN	TN	NC	
	Shell, Joseph	son	6	TN	TN	NC	
64	Cordell, Dallas	head	32	TN	TN	TN	farmer
	Cordell, Ellery	wife	24	NC	NC	NC	
	Cordell, Clifton	son	6	NC	TN	NC	
	Cordell, Bynum	son	3	TN	TN	NC	
	Cordell, Alexis	daughter	0	TN	TN	NC	
65	Cordell, Adolphis	head	61	TN	NC	NC	farmer
	Cordell, Maggie	wife	59	TN	TN	TN	
	Biggs, Arlis	niece	12	VA	NC	TN	
66	Shell, John	head	58	TN	TN	TN	garage mechanic
	Shell, Annie	wife	47	TN	NC	TN	
	Shell, Aden	son	20	TN	TN	TN	silk mill coner
	Shell, Brooks	son	19	TN	TN	TN	
	Shell, Marshall	son	17	TN	TN	TN	farm laborer
	Shell, Carl	son	15	TN	TN	TN	
	Shell, Create	daughter	10	TN	TN	TN	
	Shell, John	son	7	TN	TN	TN	
	Shell, Aaron	brother	41	TN	TN	NC	
	Shell, Rebekah	step mth	86	NC	NC	NC	
67	Shell, William	head	77	TN	TN	TN	truck farmer
	Shell, Belle	wife	48	TN	TN	TN	
68	Boone, Verle	head	22	TN	TN	TN	garage mechanic
	Boone, Willimina	wife	20	TN	TN	TN	
69	Hoss, Ed	head	21	TN	NC	TN	silk mill spinner
	Hoss, Estil	wife	19	TN	TN	TN	
	Hoss, Willie	daughter	0	TN	TN	TN	
70	Cordell, Henry	head	40	TN	TN	TN	farm laborer
	Cordell, Annie	wife	48	TN	TN	NC	
	Brinkley, Erma	step dau	27	TN	NC	TN	
	Simerly, Jane	mth in law	87	NC	NC	NC	
	Holden, Janna	boarder	29	TN	NC	TN	public school teacher
71	Ledford, William	head	56	TN	NC	NC	farmer
	Ledford, Rosa	wife	52	TN	TN	TN	
	Ledford, Jehu	son	20	TN	TN	TN	
	Hatton, Edith	daughter	19	TN	TN	TN	

Family #	Name	Relation	Age	I	F	M	Occupation
72	Potter, Kate	head	40	TN	TN	TN	farmer
	Potter, Maynard	son	20	TN	TN	TN	silk mill spinner
	Potter, May	daughter	15	TN	TN	TN	
	Potter, Max	son	5	TN	TN	TN	
	Potter, Mary	daughter	4	TN	TN	TN	
73	Buck, McKinley	head	25	TN	TN	NC	farmer
	Buck, Carrie	wife	18	NC	NC	NC	
	Buck, Heniretta	daughter	3	NC	TN	NC	
	Buck, Genna	daughter	2	NC	TN	NC	
74	Cordell, Nat	head	59	TN	NC	NC	farmer
	Cordell, Lillie	wife	44	TN	TN	TN	
	Greer, Thomas	cousin	44	GA	NC	NC	farm laborer
75	McCurry, Martin	head	44	NC	NC	NC	farmer
	McCurry, Macie	wife	31	TN	TN	NC	
	McCurry, Walter	son	23	NC	NC	NC	farm laborer
	McCurry, Ira	son	20	NC	NC	NC	farm laborer
	McCurry, Ernest	son	17	NC	NC	NC	farm laborer
	McCurry, Lucy	daughter	14	NC	NC	NC	
	McCurry, Bynum	son	12	NC	NC	NC	
	McCurry, Ray	son	10	TN	NC	NC	
	McCurry, George	son	7	TN	NC	NC	
	McCurry, Bernice	daughter	5	TN	NC	NC	
	McCurry, Chastain	daughter	3	TN	NC	NC	
	McCurry, Claisey	mother	68	NC	NC	NC	
76	McCurry, Bernie	head	26	NC	NC	NC	iron mine laborer
	McCurry, Ella	wife	22	TN	NC	NC	
	McCurry, Eugene	son	0	TN	NC	TN	
77	Wilson, Reno	head	34	TN	TN	NC	electric co lineman
	Wilson, Laura	wife	32	TN	TN	VA	
78	Wilson, Finley	head	56	TN	TN	TN	farmer
	Wilson, Louise	wife	60	NC	NC	NC	
	Wilson, Hazel	gr dau	16	TN	TN	TN	
79	Wilson, Fred	head	29	TN	TN	NC	silk mill laborer
	Wilson, Gertrude	wife	27	TN	NC	TN	
	Wilson, Ralph	son	7	TN	TN	TN	
	Wilson, Helen	daughter	5	TN	TN	TN	
	Wilson, Edward	son	1	TN	TN	TN	
80	Badgett, Eliga	head	74	TN	TN	TN	farmer
81	Oaks, Nero	head	35	TN	TN	NC	farmer
	Oaks, Estel	wife	34	TN	TN	TN	
	Oaks, Ida	daughter	14	TN	TN	TN	
	Oaks, Hazel	daughter	13	TN	TN	TN	
	Oaks, Tully	son	10	TN	TN	TN	
	Oaks, Eloise	daughter	8	TN	TN	TN	
	Oaks, Lois	daughter	6	TN	TN	TN	
	Oaks, Alice	daughter	4	TN	TN	TN	
	Oaks, Paul	son	2	TN	TN	TN	
	Oaks, Leo	son	0	TN	TN	TN	
82	Johnson, Ade	head	54	NC	NC	NC	farmer
	Johnson, Rose	wife	43	TN	TN	TN	

Family #	Name	Relation	Age	I	F	M	Occupation
	Johnson, Jessie	daughter	4	NC	NC	TN	
	Johnson, Florence	daughter	2	TN	NC	TN	
	Johnson, Dewey	son	29	NC	NC	NC	lumber mill laborer
	Johnson, Robert	son	22	TN	NC	NC	farm laborer
	Johnson, Lula	daughter	19	NC	NC	NC	
83	McKinney, Jason	head	44	NC	NC	NC	farmer
	McKinney, Jennie	wife	39	TN	TN	TN	
	McKinney, Davis	son	17	TN	NC	TN	farm laborer
	McKinney, Vesper	son	14	TN	NC	TN	
	McKinney, Nancy	daughter	8	TN	NC	TN	
	McKinney, Caroline	daughter	8	TN	NC	TN	
	McKinney, William	son	6	TN	NC	TN	
84	McClain, Jack	head	40	TN	NC	TN	farmer
	McClain, Annie	wife	30	TN	NC	TN	
	McClain, Albert	son	12	TN	TN	TN	
	McClain, Henry	son	10	TN	TN	TN	
	McClain, Dorothy	daughter	8	TN	TN	TN	
	McClain, Lou	daughter	6	TN	TN	TN	
	McClain, Margie	daughter	4	TN	TN	TN	
	McClain, Blanch	daughter	1	TN	TN	TN	
85	Shell, Creed	head	29	TN	TN	TN	farmer
	Shell, Nola	wife	24	TN	TN	TN	
	Shell, Darrell	son	2	TN	TN	TN	
	Shell, McDonnell	son	1	TN	TN	TN	
86	McClain, Jane	head	69	TN	TN	TN	farmer
	McClain, Frank	son	39	TN	NC	TN	silk mill spinner
	McClain, Mary	dau in law	23	TN	TN	TN	
	McClain, Ella	gr dau	2	TN	TN	TN	
	McClain, Billy	gr son	1	TN	TN	TN	
87	Angel, William	head	58	KY	KY	KY	evangelist
	Angel, Margaret	wife	38	KY	KY	KY	
	Angel, Martha	daughter	15	KY	KY	KY	
	Angel, Charles	son	9	KY	KY	KY	
	Angel, Sylvia	daughter	7	KY	KY	KY	
	Angel, Hazel	daughter	4	KY	KY	KY	
88	Buck, John	head	67	TN	TN	TN	farmer
	Buck, Verna	wife	55	NC	NC	TN	
	Buck, Arch	son	18	TN	TN	NC	silk mill coner
	Buck, Alanie	daughter	21	TN	TN	NC	
	Buck, Herbert	son	16	TN	TN	NC	
	Buck, Fay	daughter	14	TN	TN	NC	
89	Garrison, Sam	head	64	TN	TN	TN	farmer
	Garrison, Etta	wife	48	NC	NC	NC	
	Garrison, Leona	daughter	28	NC	TN	NC	
	Garrison, Carl	son	17	TN	TN	NC	
	Garrison, John	son	15	TN	TN	NC	
	Garrison, Gertrude	daughter	11	TN	TN	NC	
	Garrison, Leonard	son	4	TN	TN	NC	
90	Jones, Noble	head	26	TN	TN	TN	farmer
	Jones, Lois	wife	23	TN	TN	NC	

Family #	Name	Relation	Age	I	F	M	Occupation
	Jones, Jessie	son	2	TN	TN	TN	
	Jones, Mataka	daughter	0	TN	TN	TN	
91	Buck, Bell	head	64	NC	NC	NC	farmer
	Buck, Chester	son	21	TN	TN	NC	rayon mill spinner
	Buck, Mary	gr dau	0	TN	TN	TN	
	Buck, Mary	dau in law	19	TN	TN	KY	
92	Morgan, Charles	head	33	TN	TN	TN	high school teacher
	Morgan, Brucie	wife	32	NC	NC	NC	
	Morgan, Edward	son	9	TN	TN	NC	
	Morgan, Margaret	daughter	7	TN	TN	NC	
	Morgan, Frank	son	6	TN	TN	NC	
	Morgan, Pauline	daughter	3	TN	TN	NC	
93	Buck, Charles	head	43	TN	TN	NC	general store merchant
	Buck, Callie	wife	44	TN	TN	TN	
	Buck, Mabel	daughter	18	TN	TN	TN	
	Buck, Ruby	daughter	14	TN	TN	TN	
	Buck, Myrtle	daughter	9	TN	TN	TN	
94	Dolan, John	head	54	TN	TN	TN	lumber mill log scaler
	Dolan, Nan	wife	52	TN	TN	TN	
	Wiseman, Mack	son in law	30	NC	NC	NC	rayon mill twister
	Wiseman, Edith	step dau	29	TN	TN	TN	
	Wiseman, Loyd	gr son	4	NC	NC	TN	
	Wiseman, Jim	gr son	2	TN	NC	TN	
	Wiseman, Edna	gr dau	0	TN	NC	TN	
95	Hughes, Walter	head	39	NC	TN	TN	coal miner
	Hughes, Mollie	wife	35	NC	NC	NC	
	Hughes, Gernie	son	17	NC	NC	NC	
	Hughes, Charles	son	14	NC	NC	NC	
	Hughes, Emmett	son	12	NC	NC	NC	
	Hughes, Earl	son	10	NC	NC	NC	
	Hughes, Bertie	daughter	3	NC	NC	NC	
	Hughes, Jane	mother	73	NC	NC	NC	
96	Potter, Walter	head	45	TN	TN	TN	farmer
	Potter, Lucy	wife	39	TN	TN	TN	
	Potter, Jim	son	18	TN	TN	TN	
	Potter, Arthur	son	15	TN	TN	TN	
	Potter, Bernie	son	11	TN	TN	TN	
	Potter, Ethel	niece	20	TN	TN	TN	
	Potter, C. B.	nephew	0	TN	TN	TN	
97	Winters, William	head	47	NC	NC	NC	farmer
	Winters, Bessie	wife	42	TN	TN	NC	
	Winters, May	daughter	19	TN	NC	TN	
	Winters, Lance	son	18	TN	NC	TN	farm laborer
	Winters, Onnie	daughter	16	TN	NC	TN	
	Winters, Jessie	son	14	TN	NC	TN	
	Winters, Steve	son	10	TN	NC	TN	
	Winters, Dayton	son	5	TN	NC	TN	
	Winters, Hansel	son	1	TN	NC	TN	
98	Winters, James	head	33	TN	TN	NC	farmer
	Winters, Sallie	wife	29	NC	NC	NC	
	Winters, Ouard	son	9	TN	TN	NC	

Family #	Name	Relation	Age	I	F	M	Occupation
	Winters, Ralph	son	7	TN	TN	NC	
	Winters, Casey	son	5	TN	TN	NC	
	Winters, Emmett	son	2	TN	TN	NC	
	Winters, Denise	daughter	1	TN	TN	NC	
99	Winters, Wheeler	head	48	TN	TN	NC	farm laborer
	Winters, Cora	sister	35	TN	TN	NC	
	Winters, Dora	niece	9	TN	TN	TN	
100	Strickland, Clarence	head	31	NC	TN	TN	farmer
	Strickland, Lucy	wife	28	TN	TN	TN	
	Strickland, Alison	daughter	9	TN	NC	TN	
	Strickland, Helen	daughter	7	TN	NC	TN	
	Strickland, Edward	son	4	TN	NC	TN	
	Strickland, Earl	son	2	TN	NC	TN	
	Strickland, Pat	son	1	TN	NC	TN	
101	Hayes, Floyd	head	25	NC	NC	NC	farmer
	Hayes, Hattie	wife	24	NC	NC	NC	
	Hayes, Buster	son	5	TN	NC	NC	
	Hayes, Harold	son	3	TN	NC	NC	
	Hayes, Margaret	daughter	2	TN	NC	NC	
	Hayes, Daniel	son	0	TN	NC	NC	
102	Winters, Ham	head	58	TN	NC	TN	farmer
	Winters, Rosa	wife	51	NC	NC	NC	
	Winters, Mattie	daughter	25	TN	TN	NC	
	Winters, Dan	son	9	TN	TN	NC	
	Winters, Martha	mother	85	TN	TN	TN	
103	Winters, Bob	head	50	TN	NC	TN	stone quarry foreman
	Winters, Elizabeth	wife	48	TN	NC	TN	
	Winters, Robert	son	15	TN	TN	TN	farm laborer
	Winters, Houston	son	12	TN	TN	TN	
	Winters, Paul	son	10	TN	TN	TN	
	Winters, Inez	daughter	8	TN	TN	TN	
	Winters, Agnes	daughter	6	TN	TN	TN	
	Phillips, Birdie	roomer	32	NC	TN	NC	
	Phillips, Leslie	roomer	2	TN	NC	NC	
104	Winters, William	head	29	TN	TN	TN	farmer
	Winters, Charlotte	wife	25	NC	NC	NC	
	Winters, Jack	son	9	TN	TN	NC	
	Winters, Frank	son	7	TN	TN	NC	
	Winters, Cecil	son	5	TN	TN	NC	
	Winters, Carl	son	3	TN	TN	NC	
105	Johnson, Will	head	36	TN	TN	TN	farmer
	Johnson, Minnie	wife	28	TN	TN	TN	
	Johnson, Prophet	son	8	TN	TN	TN	
	Johnson, Arnold	son	6	TN	TN	TN	
	Johnson, Marigold	daughter	3	TN	TN	TN	
106	Stout, Logan	head	54	NC	TN	NC	farmer
	Stout, Flora	wife	30	TN	NC	NC	
	Stout, Robert	son	11	NC	NC	TN	
	Stout, Rachel	daughter	4	TN	NC	TN	
	Stout, Buck	son	2	TN	NC	TN	

Family #	Name	Relation	Age	I	F	M	Occupation
	Stout, David	father	81	TN	TN	TN	
	Heaton, Robert	roomer	40	TN	TN	TN	black smith shop labor
107	McKinney, Jerry	head	68	NC	NC	NC	farmer
	McKinney, Diana	wife	66	NC	NC	NC	
	McKinney, Fletcher	son	28	TN	NC	NC	farm laborer
	McKinney, Sallie	dau in law	21	NC	NC	NC	
	Hobson, Omer	roomer	20	NC	NC	NC	farm laborer
108	McKinney, Will	head	40	TN	NC	NC	farmer
	McKinney, Stella	wife	39	TN	TN	NC	
	McKinney, Ernest	son	19	TN	TN	TN	farm laborer
	McKinney, Lillie	daughter	15	TN	TN	TN	
	McKinney, Edith	daughter	11	TN	TN	TN	
	McKinney, Creola	daughter	8	TN	TN	TN	
	McKinney, Maxine	daughter	6	TN	TN	TN	
	McKinney, Pinkie	daughter	2	TN	TN	TN	
109	Beam, Elias	head	22	NC	NC	NC	farm laborer
	Beam, Louisa	wife	20	NC	TN	TN	
110	Whitehead, Gordon	head	71	TN	TN	TN	farmer
	Whitehead, Lydia	sisterinlaw	61	TN	TN	TN	
	Whitehead, Andy	nephew	30	TN	TN	TN	farm laborer
	Whitehead, Martha	nieceinlaw	28	TN	TN	TN	
	Whitehead, Ora	niece	19	TN	TN	TN	
111	Shell, Dan	head	62	TN	TN	TN	farmer
	Shell, Missouri	wife	61	NC	NC	NC	
	Shell, Floyd	son	39	TN	TN	NC	farm laborer
	Shell, Burl	son	33	TN	TN	NC	farm laborer
	Shell, Newell	son	22	TN	TN	NC	
	Shell, Mary	daughter	21	TN	TN	NC	
	Shell, Dorothy	daughter	15	TN	TN	NC	
112	McKinney, Garfield	head	25	TN	NC	NC	farm laborer
	McKinney, Georgia	wife	21	TN	TN	TN	
	McKinney, Clarence	son	0	TN	TN	TN	
113	Birchfield, John	head	95	NC	TN	NC	farmer
	Birchfield, Louise	wife	64	NC	NC	NC	
	Birchfield, John Jr.	son	39	NC	NC	NC	farm laborer
	Birchfield, Ida	dau in law	34	TN	TN	NC	
114	Birchfield, Nathan	head	45	TN	NC	NC	farmer
	Birchfield, Minnie	wife	35	TN	TN	TN	
	Birchfield, Glenna	daughter	16	TN	TN	TN	
	Birchfield, Oscar	son	14	TN	TN	TN	
	Birchfield, Maud	daughter	10	TN	TN	TN	
	Birchfield, Blanch	daughter	8	TN	TN	TN	
	Birchfield, Nathan Jr.	son	3	TN	TN	TN	
115	Shell, Dicy	head	63	TN	TN	NC	farmer
	Shell, Hilliard	son	23	TN	TN	TN	public school teacher
	Shell, Dayton	gr son	20	TN	TN	TN	
116	Shell, Howard	head	32	TN	TN	TN	farmer
	Shell, Myrtle	wife	35	TN	TN	TN	
	Shell, Beulah	daughter	11	TN	TN	TN	
	Shell, Gracie	daughter	8	TN	TN	TN	

Family #	Name	Relation	Age	I	F	M	Occupation
117	Shell, Thomas	head	64	TN	TN	TN	farmer
	Shell, Mary	wife	47	TN	NC	NC	
	Shell, Dorothy	daughter	21	TN	TN	TN	
	Shell, Dennis	son	16	TN	TN	TN	silk mill laborer
	Shell, Ruby	daughter	14	TN	TN	TN	
	Shell, Virginia	daughter	11	TN	TN	TN	
	Shell, McDonald	son	6	TN	TN	TN	
118	Greenlee, John	head	32	NC	NC	GA	farmer
119	Buck, Glen	head	35	TN	TN	NC	silk mill spinner
	Buck, Olivia	wife	32	TN	TN	TN	
	Buck, Dora	daughter	12	TN	TN	TN	
	Buck, Howard	son	1	TN	TN	TN	
120	Winters, Corbit	head	34	NC	TN	NC	rayon mill spinner
	Winters, Nina	wife	29	NC	NC	NC	rayon mill Laborer
	Winters, Dorothy	daughter	12	NC	NC	NC	
	Winters, George	son	10	NC	NC	NC	
	Winters, Marie	daughter	8	NC	NC	NC	
	Winters, Delatine	daughter	6	NC	NC	NC	
121	Cook, William	head	60	NC	NC	NC	farmer
	Cook, Eliza	wife	54	NC	NC	NC	
122	Teaster, Charles	head	45	NC	NC	NC	station boiler fireman
	Teaster, Josie	wife	39	TN	NC	NC	
	Teaster, Mary	daughter	19	NC	NC	TN	
	Teastr, Ranzy	son	15	NC	NC	TN	farm laborer
	Teaster, Mildred	daughter	10	NC	NC	TN	
	Teaster, Frances	daughter	5	NC	NC	TN	
	Teaster, Dayton	son	1	NC	NC	TN	
	Teaster, Mary	aunt	87	NC	NC	NC	
123	Wilson, George	head	33	TN	TN	NC	farm laborer
	Wilson, Rosa	wife	29	NC	NC	NC	
	Wilson, Virginia	daughter	6	TN	TN	NC	
	Wilson, Alberta	daughter	4	TN	TN	NC	
	Wilson, Mary Lou	daughter	1	TN	TN	NC	
124	Cordell, Jack	head	49	TN	NC	NC	farmer
	Cordell, Bettie	wife	40	NC	NC	NC	
	Cordell, Vernon	son	23	TN	TN	NC	telephone electrician
	Cordell, Lola	daughter	19	TN	TN	NC	public school teacher
	Cordell, William	son	15	TN	TN	NC	
	Cordell, Beatrice	daughter	14	TN	TN	NC	
	Cordell, Thelma	daughter	12	TN	TN	NC	
	Cordell, Lilly	daughter	10	TN	TN	NC	
125	Vance, Sherman	head	38	TN	TN	NC	farm laborer
	Vance, Ruth	wife	30	NC	NC	NC	
	Vance, Duward	son	9	TN	TN	NC	
	Vance, Sterling	son	7	TN	TN	NC	
	Vance, Sylva	daughter	5	TN	TN	NC	
	Vance, Ray	son	3	TN	TN	NC	
	Vance, Val	son	1	TN	TN	NC	
126	Perry, Sam	head	70	TN	TN	NC	farmer
	Perry, Mollie	wife	34	TN	TN	TN	

Family #	Name	Relation	Age	I	F	M	Occupation
	Perry, Mildred	daughter	5	TN	TN	TN	
	Perry, Frank	son	5	TN	TN	TN	
	Perry, Wanita	daughter	3	TN	TN	TN	
	Perry, Lois	daughter	2	TN	TN	TN	
	Perry, Edith	daughter	1	TN	TN	TN	
	Perry, Elizabeth	mother	90	NC	NC	NC	
127	Ellis, David	head	34	TN	TN	TN	mail carrier
	Ellis, May	wife	24	TN	TN	TN	
	Ellis, Ray	son	7	TN	TN	TN	
	Ellis, Helen	daughter	2	TN	TN	TN	
	Ellis, Martha	daughter	1	TN	TN	TN	
128	Vance, Henry	head	27	TN	TN	TN	public school teacher
	Vance, Bessie	wife	20	NC	TN	NC	
	Vance, Elwanda	daughter	1	TN	TN	NC	
129	Julian, Stanton	head	56	TN	TN	NC	farmer
	Julian, Carrie	wife	44	TN	TN	NC	
	Julian, Florence	daughter	22	TN	TN	TN	
	Julian, Linda	daughter	19	TN	TN	TN	
	Julian, Ella	daughter	18	TN	TN	TN	
	Julian, William	son	14	TN	TN	TN	
	Julian, Herman	son	11	TN	TN	TN	
	McKinney, Lockie	daughter	23	TN	TN	TN	
	McKinney, Vera Lee	gr dau	4	TN	NC	TN	
	McKinney, Lula	gr dau	2	TN	NC	TN	
130	Mayberry, William	head	57	NC	NC	NC	farm laborer
	Mayberry, Minnie	wife	40	NC	NC	TN	
	Mayberry, Deck	son	9	NC	NC	NC	
131	Ashley, Harriett	head	50	NC	NC	NC	farmer
	Ashley, Ben	son	19	NC	NC	NC	farm laborer
	Ashley, Lizzie	daughter	18	NC	NC	NC	
	Ashley, John	son	14	TN	NC	NC	
	Ashley, Raymond	son	9	TN	NC	NC	
	Ashley, Annie	daughter	6	TN	NC	NC	
132	Starnes, Dewey	head	47	NC	NC	TN	farmer
	Starnes, Dora	wife	39	TN	TN	TN	
	Starnes, Missouri	daughter	20	TN	NC	TN	
	Starnes, Nola	daughter	18	TN	NC	TN	
	Starnes, Lee	son	17	TN	NC	TN	
	Starnes, James	son	15	TN	NC	TN	
	Starnes, Geneva	daughter	13	TN	NC	TN	
	Starnes, Lewis	son	10	TN	NC	TN	
	Starnes, Effie	daughter	4	TN	NC	TN	
133	Markland, Frank	head	32	TN	TN	TN	farmer
	Markland, Minnie	wife	33	TN	NC	TN	
134	Markland, Ross	head	29	TN	TN	TN	farmer
	Markland, Pearl	wife	25	TN	TN	TN	
	Markland, Annie	daughter	6	TN	TN	TN	
	Markland, Gernie	son	4	TN	TN	TN	
	Markland, John	son	1	TN	TN	TN	
135	Harrison, Fred	head	24	TN	TN	TN	farmer

Family #	Name	Relation	Age	I	F	M	Occupation
	Harrison, Sadie	wife	24	NC	NC	NC	
	Harrison, Marie	daughter	6	TN	TN	NC	
	Harrison, Ruth	daughter	3	TN	TN	NC	
	Harrison, Maud	daughter	1	TN	TN	NC	
136	Hodge, Rhoda	head	44	TN	NC	TN	farmer
	Hodge, Sam	son	24	TN	TN	TN	rayon mill coner
	Hodge, Mary	dau in law	21	TN	NC	TN	
	Hodge, Mack	son	18	TN	TN	TN	rayon mill coner
	Hodge, Thomas	son	16	TN	TN	TN	
	Hodge, John	son	12	TN	TN	TN	
137	Harrison, John	head	55	TN	US	VA	farmer
	Harrison, Rosa	wife	44	TN	TN	TN	
	Harrison, Grady	son	24	TN	TN	TN	timber cutter
	Harrison, Ernest	son	16	TN	TN	TN	
	Harrison, Orpha	daughter	14	TN	TN	TN	
	Harrison, Henry	son	10	TN	TN	TN	
	Harrison, Annie	daughter	7	TN	TN	TN	
138	Hodge, Pierce	head	20	TN	TN	TN	rayon mill coner
	Hodge, Sallie	wife	18	TN	TN	TN	
	Hodge, Glen	son	1	TN	TN	TN	
139	Harrison, Will	head	36	TN	TN	NC	lumber mill teamster
	Harrison, Mary	wife	37	TN	VA	TN	
	Harrison, Dan	son	14	TN	TN	TN	
	Harrison, Ray	son	11	TN	TN	TN	
	Harrison, Alma	daughter	7	TN	TN	TN	
	Harrison, Elsie	daughter	6	TN	TN	TN	
140	Teague, Louisa	head	41	TN	OH	TN	farmer
	Teague, Lawrence	son	6	TN	PA	TN	
	Potter, David	son	20	TN	TN	TN	farm laborer
	Potter, Sam	son	17	TN	TN	TN	farm laborer
	Potter, Frank	son	14	TN	TN	TN	
	Pippin, Agnes	daughter	21	TN	TN	TN	
	Stout, Rader	roomer	54	TN	TN	TN	
	Rankins, Martin	cousin	75	VA	VA	US	
141	Oaks, Bill	head	47	TN	TN	NC	farmer
	Oaks, Kate	wife	51	KY	NC	NC	
	Oaks, Willie	daughter	13	TN	TN	KY	
	Oaks, May	daughter	8	TN	TN	KY	
	Markland, Ed	servant	21	TN	TN	NC	farm laborer
	Jones, Celia	roomer	85	TN	TN	TN	
142	Whittington, Daily	head	22	TN	NC	TN	farmer
	Whittington, Birdie	wife	23	NC	NC	TN	
	Whittington, Marie	daughter	2	TN	TN	NC	
	Whittington, Ruth	daughter	0	TN	TN	NC	
	Tolley, Lockie	mth in law	43	TN	TN	TN	
143	Oaks, John Jr.	head	54	KY	TN	NC	farmer
144	Oaks, Dellie	head	52	TN	NC	NC	farmer
	Oaks, Norman	son	24	TN	KY	TN	farmer
	Oaks, Tilda	dau in law	22	NC	NC	NC	
145	Potter, Dave	head	54	TN	TN	TN	farmer

Family #	Name	Relation	Age	I	F	M	Ocupation
146	Jones, Ham	head	58	TN	TN	TN	farmer
	Jones, Alice	wife	57	TN	TN	TN	
	Jones, Howard	son	25	TN	TN	TN	farm laborer
	Jones, Hardin	son	19	TN	TN	TN	farm laborer
147	Jones, Robert	head	62	TN	TN	TN	farm
	Jones, Lelia	wife	61	NC	NC	NC	
	Jones, Emory	nephew	16	TN	TN	TN	
148	Dolan, George	head	53	TN	TN	TN	farmer
	Dolan, Alice	wife	47	TN	TN	NC	
	Dolan, Floyd	son	18	TN	TN	TN	farm laborer
149	Johnson, Oscar	head	45	TN	TN	TN	lumber yd inspector
	Johnson, Julia	wife	34	TN	TN	TN	
	Johnson, Dillard	son	18	NC	TN	TN	lumber yd laborer
	Johnson, Jesse	son	15	NC	TN	TN	
	Johnson, Viola	daughter	13	NC	TN	TN	
	Johnson, Kyra	daughter	10	NC	TN	TN	
	Johnson, Georgia	daughter	8	TN	TN	TN	
	Johnson, Beulah	daughter	6	TN	TN	TN	
	Johnson, Ferd	son	3	TN	TN	TN	
	Johnson, Mary	daughter	0	TN	TN	TN	
150	Palmer, Felix	head	44	NC	NC	NC	RR section foreman
	Palmer, Bertha	wife	34	TN	TN	NC	
	Palmer, Bruce	son	14	TN	NC	TN	
	Palmer, James	son	11	TN	NC	TN	
	Palmer, Edell	daughter	8	TN	NC	TN	
	Palmer, Janice	daughter	6	TN	NC	TN	
	Palmer, Florence	daughter	4	TN	NC	TN	
151	Watson, Phil	head	30	TN	US	NC	manganese miner
	Watson, Flora	wife	27	TN	NC	TN	
	Watson, Estal	daughter	2	TN	TN	TN	
152	Watson, Ray	head	46	TN	US	NC	farmer
	Watson, Mary	wife	27	TN	TN	TN	
	Watson, Robert	son	17	TN	TN	TN	farm laborer
	Watson, Ruby	daughter	12	TN	TN	TN	
153	Lowe, Henry	head	48	TN	NC	TN	farmer
	Lowe, Maggie	wife	39	NC	NC	NC	
	Lowe, Estle	son	19	TN	TN	NC	farm laborer
	Lowe, Edith	daughter	16	TN	TN	NC	
	Lowe, Opal	daughter	14	TN	TN	NC	
	Lowe, Dexter	son	10	TN	TN	NC	
	Lowe, George	son	7	TN	TN	NC	
	Lowe, Alberta	daughter	5	TN	TN	NC	
	Lowe, Virgie	daughter	2	TN	TN	NC	
154	Johnson, Alfred	head	49	TN	TN	TN	farmer
	Johnson, Gilda	wife	45	TN	TN	NC	
	Johnson, Walter	son	20	TN	TN	TN	farm laborer
	Johnson, Charles	son	18	TN	TN	TN	farm laborer
	Johnson, Clyde	son	16	TN	TN	TN	farm laborer
	Johnson, Willard	son	13	TN	TN	TN	
	Johnson, Alma	daughter	9	TN	TN	TN	

Family #	Name	Relation	Age	I	F	M	Occupation
	Johnson, Leonard	son	5	TN	TN	TN	
155	Winters, James	head	44	TN	TN	TN	farmer
	Winters, Nellie	wife	34	NC	NC	NC	
	Winters, Hettie	daughter	15	TN	TN	NC	
	Winters, Willard	son	14	TN	TN	NC	
	Winters, McKinley	son	10	TN	TN	NC	
	Winters, Theodore	son	8	TN	TN	NC	
	Winters, Orslery	daughter	3	TN	TN	NC	
	Winters, James Jr.	son	2	TN	TN	NC	
156	Johnson, Ed	head	25	TN	TN	TN	farmer
	Johnson, Etta	wife	24	NC	NC	NC	
	Johnson, Helen	daughter	7	TN	TN	NC	
	Johnson, Sylva	daughter	5	TN	TN	NC	
	Johnson, Ernest	son	3	TN	TN	NC	
	Johnson, John	son	1	TN	TN	NC	
157	Sizemore, Will	head	31	VA	TN	VA	coal miner
	Sizemore, Eva	wife	33	NC	NC	TN	
	Sizemore, Dempsey	son	6	VA	VA	NC	
	Sizemore, Eulis	son	2	VA	VA	NC	
158	Fields, Austin	head	36	TN	TN	NC	farmer
	Fields, Lou	wife	33	VA	VA	VA	
	Fields, Dock	son	4	TN	TN	VA	
	Fields, Carrie	daughter	2	TN	TN	VA	
159	Kite, Bud	head	56	TN	TN	TN	blacksmith
	Kite, Mary	wife	38	TN	TN	NC	
160	Laws, Moses	head	64	NC	NC	NC	farmer
	Laws, Rosa	wife	51	TN	TN	TN	
	Laws, Nellie	daughter	29	NC	NC	TN	
	Laws, James	son	22	TN	NC	TN	farm laborer
	Laws, Paul	son	18	TN	NC	TN	farm laborer
	Laws, Grady	son	12	TN	NC	TN	
	Laws, Edna	daughter	9	TN	NC	TN	
161	Oaks, Marion	head	26	TN	TN	NC	farmer
	Oaks, Flossie	wife	28	NC	NC	NC	
	Oaks, Thomas	son	7	NC	TN	NC	
	Oaks, Casey	son	5	NC	TN	NC	
	Oaks, Cora	daughter	2	TN	TN	NC	
162	Jones, Walter	head	38	TN	TN	TN	farmer
	Jones, Mamie	wife	33	TN	TN	TN	
	Jones, Myrtle	daughter	12	TN	TN	TN	
163	Jones, David	head	60	TN	TN	TN	farmer
	Jones, Dillie	wife	57	TN	TN	TN	
	Jones, Maynard	son	17	TN	TN	TN	
164	McClain, Charles	head	35	TN	NC	TN	farmer
	McClain, Dicie	daughter	15	TN	TN	TN	
	McClain, Lillie	daughter	14	TN	TN	TN	
	McClain, William	son	12	TN	TN	TN	
	McClain, Elmer	son	10	TN	TN	TN	
	McClain, Essie	daughter	9	TN	TN	TN	
	McClain, Paul	son	6	TN	TN	TN	

Family #	Name	Relation	Age	I	F	M	Occupation
165	McClain, George	head	41	TN	NC	TN	farmer
	McClain, Minnie	wife	37	TN	TN	TN	
	McClain, Rural	son	15	TN	TN	TN	
	McClain, K. C.	son	13	TN	TN	TN	
	McClain, John	son	11	TN	TN	TN	
	McClain, Mary	daughter	8	TN	TN	TN	
	McClain, Clyde	son	6	TN	TN	TN	
	McClain, Beulah	daughter	3	TN	TN	TN	
	McClain, George Jr.	son	1	TN	TN	TN	
166	McClain, Newton	head	74	NC	NC	NC	farmer
	McClain, Mary	wife	71	TN	TN	NC	
167	Hoss, Matilda	head	39	TN	TN	TN	
	Hoss, Ruby	daughter	17	TN	TN	TN	
	Hoss, William	son	13	TN	TN	TN	
	Hoss, Nellie	daughter	10	TN	TN	TN	
	Hoss, Hazel	daughter	8	TN	TN	TN	
	Hoss, Blanch	daughter	5	TN	TN	TN	
	Hoss, Freddie	daughter	3	TN	TN	TN	
	Gardner, Bertie	daughter	22	TN	TN	TN	rayon mill coner
	Gardner, Buster	gr son	2	TN	TN	TN	
168	Hoss, Ferd	head	57	TN	NC	NC	dry goods merchant
	Hoss, Mary	wife	53	TN	TN	TN	
169	Keller, George	head	44	NC	NC	NC	dry goods salesman
	Keller, Grace	wife	35	TN	TN	TN	
	Keller, Cathleen	daughter	10	TN	NC	TN	
	Keller, Christine	daughter	8	TN	NC	TN	
	Keller, Helen	daughter	6	TN	NC	TN	
	Keller, Sidney	son	4	TN	NC	TN	
	Keller, Ferd	son	1	TN	NC	TN	
170	Fondren, James	head	46	TN	TN	TN	farmer
	Fondren, Pearl	wife	41	TN	TN	TN	
171	Dolen, Raymond	head	35	TN	TN	TN	farmer
	Dolen, Macy	wife	32	TN	VA	NC	
	Dolen, James	son	13	TN	TN	TN	
	Dolen, Jack	son	10	TN	TN	TN	
	Dolen, Lulean	daughter	8	TN	TN	TN	
	Dolen, Lola	daughter	6	TN	TN	TN	
	Dolen, Doran	son	2	TN	TN	TN	
	Dolen, John	son	0	TN	TN	TN	
172	Nelson, John	head	71	TN	NC	TN	farmer
	Nelson, Eliza	wife	64	TN	TN	TN	
173	Graybeal, Walter	head	48	NC	NC	VA	farmer
	Graybeal, Anna	wife	45	NC	NC	NC	
	Graybeal, Bob	son	18	TN	NC	NC	
	Graybeal, Rebekah	daughter	9	TN	NC	NC	
174	Buck, Wheeler	head	28	TN	TN	NC	public school teacher
	Buck, Bernice	wife	20	NC	NC	NC	
	Buck, Masell	daughter	2	TN	TN	NC	
	Buck, Edward	son	1	TN	TN	NC	
175	Calhoun, Oscar	head	26	NC	NC	NC	rayon mill spinner

Family #	Name	Relation	Age	I	F	M	Occupation
	Calhoun, Fannie	wife	20	TN	NC	TN	
	Calhoun, Dorsey	son	1	TN	NC	TN	
	Calhoun, Lillian	daughter	0	TN	NC	TN	
176	Calhoun, Harison	head	52	NC	NC	NC	farmer
	Calhoun, Frances	wife	55	NC	NC	NC	
	Calhoun, Otis	son	28	NC	NC	NC	
	Calhoun, Patrick	son	17	NC	NC	NC	rayon mill coner
	Calhoun, Jeffrey	son	14	NC	NC	NC	
177	Avery, Joe	head	54	NC	NC	NC	farmer
	Avery, Maggie	wife	52	TN	NC	NC	
	Avery, Sam	son	21	TN	NC	TN	auto shop laborer
	Avery, Mattie	daughter	20	TN	NC	TN	
	Avery, Hugh	son	18	TN	NC	TN	
	Avery, George	son	15	TN	NC	TN	
	Avery, James	son	10	TN	NC	TN	
178	Harrison, James	head	62	OH	VA	VA	farmer
	Harrison, Jane	wife	65	TN	TN	TN	
	Harrison, Ralph	gr son	10	WV	TN	TN	
179	Birchfield, Thomas	head	48	NC	NC	NC	farmer
	Birchfield, Hattie	wife	35	NC	NC	NC	
	Birchfield, Myrtle	daughter	17	TN	NC	NC	
	Birchfield, Harvey	son	14	TN	NC	NC	
	Birchfield, Clifton	son	12	TN	NC	NC	
	Birchfield, Mable	daughter	9	TN	NC	NC	
	Birchfield, Joseph	son	8	TN	NC	NC	
	Birchfield, Grace	daughter	5	TN	NC	NC	
	Birchfield, Sam	son	3	TN	NC	NC	
	Birchfield, Maynard	son	0	TN	NC	NC	
180	Ward, Thomas	head	48	NC	NC	NC	farmer
	Ward, Bessie	wife	32	TN	VA	NC	
	Ward, Kermit	son	10	TN	NC	TN	
	Ward, John	son	8	TN	NC	TN	
	Ward, Viola	daughter	5	TN	NC	TN	
	Ward, N. F.	son	2	TN	NC	TN	
	Ward, Massalaw	daughter	0	TN	NC	TN	
	Ward, Hassalaw	daughter	0	TN	NC	TN	
181	Harrison, Counsel	head	29	TN	VA	NC	farmer
	Harrison, Margie	wife	28	NC	NC	NC	
	Harrison, Roy	son	7	TN	TN	NC	
	Harrison, Bessie	daughter	6	TN	TN	NC	
	Harrison, Bernett	son	1	TN	TN	NC	
182	Elliott, William	head	59	NC	NC	NC	farmer
	Elliott, Mary	wife	57	TN	NC	TN	
	Elliott, Gertie	daughter	15	TN	NC	TN	
183	Jones, Robert Jr.	head	28	TN	TN	TN	lumber mill teamster
	Jones, Irene	wife	34	TN	TN	TN	
	Jones, Arlie	son	10	TN	TN	TN	
	Jones, Lura	daughter	6	TN	TN	TN	
	Jones, Andy	son	4	TN	TN	TN	
184	Potter, Jack	head	48	TN	TN	TN	farmer

Family #	Name	Relation	Age	I	F	M	Occupation
	Potter, Laura	wife	42	TN	TN	TN	
	Potter, John	son	22	TN	TN	TN	rayon mill coner
	Potter, Lola	daughter	21	TN	TN	TN	
	Potter, Robert	son	19	TN	TN	TN	farm laborer
	Potter, Anna	daughter	17	TN	TN	TN	
	Potter, Dan	son	16	TN	TN	TN	
	Potter, Henry	son	13	TN	TN	TN	
	Potter, Cleo	daughter	11	TN	TN	TN	
	Potter, Crawford	son	8	TN	TN	TN	
	Potter, Stan	son	6	TN	TN	TN	
	Potter, Destie	daughter	3	TN	TN	TN	
185	Potter, Sol	head	55	TN	TN	TN	farmer
	Potter, Julia	wife	35	TN	TN	TN	
	Potter, Stanley	son	14	TN	TN	TN	
	Potter, Velma	daughter	11	TN	TN	TN	
	Potter, Van	son	5	TN	TN	TN	
	Potter, Charles	son	3	TN	TN	TN	
186	Hardin, John	head	51	TN	TN	TN	farmer
	Hardin, Minnie	wife	41	NC	NC	NC	
	Hardin, Ernest	son	20	TN	TN	NC	
	Hardin, Josie	daughter	17	TN	TN	NC	
	Hardin, Catherine	daughter	15	TN	TN	NC	
	Hardin, Hazel	daughter	10	TN	TN	NC	
	Hardin, Mattie	daughter	8	TN	TN	NC	
	Hardin, Lester	son	5	TN	TN	NC	
	Hardin, Mary	daughter	3	TN	TN	NC	
	Hardin, Bernice	daughter	1	TN	TN	NC	
187	Presnell, Lincoln	head	53	NC	NC	NC	farmer
	Presnell, Dorothy	wife	40	TN	VA	VA	
	Presnell, Frank	son	17	TN	NC	TN	
	Presnell, Lorena	daughter	14	TN	NC	TN	
	Presnell, Myrtle	daughter	11	TN	NC	TN	
188	Presnell, George	head	22	TN	NC	TN	farmer
	Presnell, Nannie	wife	18	TN	TN	TN	
189	Stout, Fred	head	39	TN	NC	TN	farmer
	Stout, Hilary	wife	38	TN	TN	TN	
	Stout, Lurana	daughter	20	TN	TN	TN	
	Stout, Hazel	daughter	15	TN	TN	TN	
	Stout, Helen	daughter	10	TN	TN	TN	
	Stout, Muriel	daughter	7	TN	TN	TN	
	Goins, Elexandra	servant	72	TN	NC	NC	private family servant
	Snider, John	bro in law	50	OH	OH	OH	
190	Harrison, Ance	head	38	TN	VA	NC	farm laborer
	Harrison, Sallie	wife	33	NC	NC	NC	
	Harrison, Robert	son	16	TN	TN	NC	
	Harrison, Loyd	son	14	TN	TN	NC	
	Harrison, Bertha	daughter	12	TN	TN	NC	
	Harrison, Annie	daughter	10	TN	TN	NC	
	Harrison, Henry	son	7	TN	TN	NC	
	Harrison, Howard	son	4	TN	TN	NC	

Family #	Name	Relation	Age	I	F	M	Occupation
191	Harrison, George	head	60	VA	VA	VA	farmer
	Harrison, Hannah	wife	61	NC	NC	NC	
	Harrison, Enoch	gr son	13	TN	TN	TN	
	Harrison, Sam	son	27	TN	VA	NC	manganese miner
	Harrison, Grace	dau in law	21	NC	NC	NC	
	Harrison, Elmer	gr son	1	TN	TN	NC	
	Presnell, James	son in law	22	NC	NC	NC	farm laborer
	Presnell, Mollie	daughter	22	TN	NC	NC	
	Presnell, Bernice	gr dau	1	TN	NC	TN	
192	Harrison, Lon	head	30	TN	VA	NC	manganese miner
	Harrison, Alice	wife	27	NC	NC	NC	
	Harrison, Burl	son	5	TN	TN	NC	
193	Potter, Jake	head	42	TN	TN	TN	farmer
	Potter, Nancy	wife	41	TN	TN	TN	
	Potter, Bertha	daughter	19	TN	TN	TN	
	Potter, Millie	daughter	14	TN	TN	TN	
	Potter, Dan	son	12	TN	TN	TN	
	Potter, Okie	daughter	10	TN	TN	TN	
	Potter, Stuart	son	9	TN	TN	TN	
	Potter, Hilera	daughter	5	TN	TN	TN	
	Potter, Florence	daughter	3	TN	TN	TN	
194	Edwards, Gus	head	37	TN	NC	TN	farmer
	Edwards, Hassie	wife	33	TN	TN	TN	
	Edwards, Valda	daughter	13	TN	TN	TN	
	Edwards, Cephus	son	11	TN	TN	TN	
	Edwards, Eleanor	daughter	9	TN	TN	TN	
	Edwards, Grace	daughter	6	TN	TN	TN	
	Edwards, Della	daughter	4	TN	TN	TN	
	Edwards, Bertha	daughter	1	TN	TN	TN	
	Thomas, Beulah	roomer	22	TN	TN	TN	public school teacher
195	Brewer, Hamp	head	49	NC	NC	NC	farmer
	Brewer, Artie	wife	45	TN	TN	TN	
	Brewer, Fannie	daughter	20	TN	NC	TN	
	Brewer, Paul	son	17	NC	NC	TN	rayon mill twister
	Brewer, Arnold	son	15	NC	NC	TN	
	Brewer, Della	daughter	13	TN	NC	TN	
	Brewer, Caroline	daughter	11	TN	NC	TN	
	Brewer, Marie	daughter	9	TN	NC	TN	
	Brewer, William	son	4	TN	NC	TN	
	Brewer, Lester	son	1	TN	NC	TN	
	Brewer, Luther	gr son	0	TN	TN	TN	
196	Jones, David	head	37	TN	TN	TN	farmer
	Jones, Minnie	wife	36	TN	TN	TN	
	Jones, Ed	son	17	TN	TN	TN	farm laborer
	Jones, Millie	daughter	14	TN	TN	TN	
	Jones, Elma	daughter	13	TN	TN	TN	
	Jones, Mary	daughter	11	TN	TN	TN	
	Jones, William	son	8	TN	TN	TN	
	Jones, Dessie	daughter	6	TN	TN	TN	
	Jones, Jordon	son	4	TN	TN	TN	

Family #	Name	Relation	Age	I	F	M	Occupation
	Jones, Nola	daughter	2	TN	TN	TN	
	Jones, Ola	daughter	2	TN	TN	TN	
197	Jones, John	head	69	TN	TN	TN	farmer
	Jones, Rader	wife	68	TN	TN	TN	
	Jones, Mollie	daughter	22	TN	TN	TN	
198	Jones, Clarence	head	32	TN	TN	TN	farmer
	Jones, Agnes	wife	25	NC	NC	NC	
	Jones, Bernice	daughter	2	TN	TN	NC	
	Jones, Ruth	daughter	0	TN	TN	NC	
199	Arnett, Philip	head	31	TN	TN	TN	farmer
	Arnett, Annie	wife	29	NC	NC	NC	
	Arnett, Maynard	son	9	TN	TN	NC	
	Arnett, Blanch	daughter	6	TN	TN	NC	
	Arnett, Hassie	daughter	4	TN	TN	NC	
	Arnett, Frank	son	0	TN	TN	NC	
200	Gross, William	head	52	VA	VA	VA	
	Gross, Ina	wife	26	TN	TN	NC	
	Potter, James	step son	9	TN	NC	TN	
	Potter, Coy	step son	7	TN	TN	TN	
	Potter, Shirley	step dau	4	TN	NC	TN	
	Potter, Henry	step son	2	TN	NC	TN	
201	Banner, Carson	head	49	NC	NC	NC	farmer
	Banner, Lou	wife	49	NC	NC	NC	
	Banner, Earl	son	18	TN	NC	NC	farm laborer
	Banner, Ernest	son	16	TN	NC	NC	
	Banner, Carrie	daughter	14	TN	NC	NC	
	Banner, James	son	8	TN	NC	NC	
202	Arnett, Andy	head	26	TN	TN	TN	farmer
	Arnett, Alma	wife	22	TN	NC	NC	
	Arnett, Pauline	daughter	1	TN	TN	TN	
203	Owens, Thomas	head	64	TN	TN	TN	farmer
	Owens, Mary	wife	64	NC	TN	TN	
	Owens, Troy	son	21	TN	TN	NC	farm laborer
	Franklin, Myrtle	daughter	25	TN	TN	NC	
	Franklin, Leanne	gr dau	4	TN	MI	TN	
	Franklin, Georgia	gr dau	2	TN	MI	TN	
204	Morgan, John	head	70	TN	NC	TN	farmer
205	Holtsclaw, John	head	46	NC	NC	NC	farmer
	Holtsclaw, Bertha	wife	36	NC	NC	NC	
	Holtsclaw, Ella	daughter	20	TN	NC	NC	hosiery mill knitter
	Holtsclaw, William	son	17	TN	NC	NC	
	Holtsclaw, Inez	daughter	14	TN	NC	NC	
	Holtsclaw, Lora	daughter	9	TN	NC	NC	
	Holtsclaw, Sallie	daughter	6	TN	NC	NC	
206	Waycaster, Abe	head	66	NC	NC	NC	farmer
207	Elliott, William	head	30	TN	NC	TN	farmer
	Elliott, Lou	wife	32	TN	TN	TN	
	Elliott, Henry	son	17	TN	TN	TN	farm laborer
	Elliott, Gladys	daughter	9	TN	TN	TN	
	Elliott, Maggie	daughter	8	TN	TN	TN	

Family #	Name	Relation	Age	I	F	M	Occupation
	Elliott, Goldie	daughter	5	TN	TN	TN	
208	Buck, William	head	38	TN	TN	TN	grocery store merchant
	Buck, Rhea	wife	35	TN	TN	TN	
	Buck, Florence	daughter	16	TN	TN	TN	
	Buck, Wilma	daughter	15	TN	TN	TN	
	Buck, Wanita	daughter	12	TN	TN	TN	
	Buck, Geneva	daughter	11	TN	TN	TN	
	Buck, Eleanor	daughter	10	TN	TN	TN	
	Buck, James	son	7	TN	TN	TN	
	Buck, Ruth	daughter	4	TN	TN	TN	
	Buck, Mary	daughter	3	TN	TN	TN	
209	Brewer, David	head	48	NC	NC	NC	farmer
	Brewer, Maud	wife	38	VA	VA	VA	
	Brewer, Hale	son	10	TN	NC	VA	
	Brewer, Garfield	son	4	TN	NC	VA	
	Brewer, Cecil	son	2	TN	NC	VA	
210	Elliott, Nat	head	30	TN	NC	TN	manganese miner
	Elliott, Sallie	wife	47	NC	NC	NC	
	Elliott, Dallas	son	8	TN	TN	NC	
	Potter, Mollie	step dau	14	TN	TN	NC	
	Potter, Rosa	step dau	10	TN	TN	NC	
211	Ashby, David	head	70	NC	NC	NC	farmer
	Briggs, David	gr son	26	TN	NC	NC	farmer
	Briggs, Cassie	grdauinlaw	26	NC	NC	NC	
	Briggs, Robert	ggr son	10	TN	TN	NC	
	Briggs, Mary	ggr dau	6	TN	TN	NC	
	Briggs, Carl	ggr son	1	TN	TN	NC	
212	Green, Truman	head	23	NC	NC	NC	rayon mill twister
	Green, Eve	wife	16	TN	NC	TN	
	Green, Edward	son	0	TN	NC	TN	
213	Oliver, Sol	head	58	KY	KY	KY	farmer
	Oliver, Lana	daughter	16	KY	KY	KY	
	Oliver, Glenn	son	13	KY	KY	KY	
	Oliver, Henry	son	12	KY	KY	KY	
214	Perry, Lawrence	head	24	TN	TN	NC	rayon mill spinner
	Perry, Celestine	wife	22	TN	TN	TN	
215	Ray, Charles	head	44	TN	TN	NC	mail carrier
	Ray, Anna	wife	41	NC	NC	NC	
	Ray, James	son	10	TN	TN	NC	
	Ray, Hamilton	son	8	TN	TN	NC	
216	Ray, James Sr.	head	74	TN	NC	NC	farmer
	Ray, Lydia	wife	65	NC	NC	NC	
	Patterson, George	gr son	40	GA	US	US	motor co salesman
	Patterson, Lonnie	gr dau	25	TN	TN	TN	
217	Ray, James Jr.	head	45	TN	TN	NC	farmer
	Ray, Rosa	wife	37	TN	TN	TN	
	Ray, Robert	son	20	TN	TN	TN	rayon mill coner
	Ray, Bernice	daughter	15	TN	TN	TN	
	Ray, Pauline	daughter	12	TN	TN	TN	
	Ray, Evelyn	daughter	8	TN	TN	TN	

Family #	Name	Relation	Age	I	F	M	Occupation
218	Miller, Dana	head	28	TN	NC	TN	farmer
	Miller, Lillian	wife	21	CO	NC	NC	
	Miller, Sherman	son	3	TN	TN	CO	
219	Kite, Connie	head	55	TN	TN	NC	farmer
	Kite, Earl	son	33	TN	TN	TN	farm laborer
	Kite, Vertie	dau in law	29	NC	NC	NC	
220	Sheppard, Fillmore	head	37	NC	NC	NC	farmer
	Sheppard, Lydia	wife	38	TN	TN	NC	
	Sheppard, Augusta	daughter	11	TN	NC	TN	
	Sheppard, Hilliard	son	10	TN	NC	TN	
	Sheppard, Ruby	daughter	8	TN	NC	TN	
	Sheppard, Hurley	son	6	TN	NC	TN	
	Sheppard, Jessie	daughter	3	TN	NC	TN	
	Sheppard, Aaron	son	2	TN	NC	TN	
	Sheppard, Albert	son	1	TN	NC	TN	
	Fields, Myrtle	niece	15	NC	NC	TN	
	Jackson, Mary	niece	7	TN	TN	TN	
221	Brewer, Roby	head	66	NC	NC	NC	farmer
	Brewer, Belle	daughter	37	TN	NC	TN	
222	Bare, Arthur	head	38	NC	NC	NC	farmer
	Bare, Sinda	wife	30	NC	NC	NC	
	Bare, Earl	son	15	NC	NC	NC	
	Bare, Andrew	son	12	NC	NC	NC	
	Bare, Freddie	son	9	NC	NC	NC	
	Bare, Russell	son	7	NC	NC	NC	
	Bare, May	daughter	4	VA	NC	NC	
	Bare, Mary	daughter	0	TN	NC	NC	
223	Jones, Robert	head	44	TN	TN	NC	farm laborer
	Jones, Maud	wife	37	TN	TN	TN	
	Jones, Robert Jr.	son	14	TN	TN	TN	
	Jones, Jeb	son	12	TN	TN	TN	
224	Jones, Nat	head	54	TN	TN	NC	farmer
	Jones, Ida	wife	39	TN	TN	NC	
	Jones, Val	daughter	16	KY	TN	TN	
	Jones, Lennie	daughter	13	TN	TN	TN	
	Jones, Eldridge	son	12	TN	TN	TN	
	Jones, Roy	son	5	TN	TN	TN	
	Jones, Beulah	daughter	0	TN	TN	TN	
	Jones, Ellery	son	18	TN	TN	TN	farmer
	Jones, Nelia	dau in law	22	NC	NC	NC	
	Jones, Imogene	gr dau	0	TN	TN	NC	
225	Isaacs, Bert	head	58	NC	NC	NC	farmer
	Isaacs, Bettie	wife	51	NC	NC	NC	
226	Isaacs, Roy	head	34	NC	NC	NC	farmer
	Isaacs, Bessie	wife	31	TN	TN	NC	
	Isaacs, Blanch	daughter	11	TN	NC	TN	
	Isaacs, Rex	son	6	TN	NC	TN	
227	Isaacs, Claude	head	24	TN	NC	NC	farmer
	Isaacs, Edith	wife	24	NC	NC	NC	
	Isaacs, Virginia	daughter	3	NC	TN	NC	

Family #	Name	Relation	Age	I	F	M	Occupation
	Isaacs, Frederick	son	1	NC	TN	NC	
228	Hopson, Caney	head	49	TN	NC	TN	farmer
	Hopson, Lela	wife	42	TN	NC	NC	
	Hopson, Edgar	son	21	TN	TN	TN	farm laborer
	Hopson, Clyde	son	18	TN	TN	TN	farm laborer
	Hopson, Annie	daughter	15	TN	TN	TN	
	Hopson, Avery	son	12	TN	TN	TN	
	Hopson, Frank	son	9	TN	TN	TN	
	Hopson, Henry	son	7	TN	TN	TN	
229	Hopson, Charles	head	39	TN	NC	TN	farmer
	Hopson, Ellen	wife	39	TN	NC	TN	
	Hopson, Ben	son	18	TN	TN	TN	farm laborer
	Hopson, Beatrice	daughter	17	TN	TN	TN	
	Hopson, Estel	daughter	15	TN	TN	TN	
	Hopson, Dora	daughter	14	TN	TN	TN	
	Hopson, Beulah	daughter	12	TN	TN	TN	
	Hopson, Thomas	son	9	TN	TN	TN	
	Hopson, Martha	daughter	7	TN	TN	TN	
	Hopson, May	daughter	4	TN	TN	TN	
	Hopson, Pearl	daughter	3	TN	TN	TN	
	Hopson, Gertrude	daughter	0	TN	TN	TN	
230	Bumgardner, Hattie	head	64	TN	NC	NC	farmer
	Bumgardner, Ruth	daughter	24	TN	NC	TN	
	Bumgardner, Reuben	son	30	TN	NC	TN	lumber mill laborer
	Bumgardner, Grace	dau in law	21	TN	TN	TN	
	Bumgarder, Reece	gr son	5	TN	TN	TN	
231	Campbell, William	head	60	TN	TN	TN	farmer
	Campbell, Sarah	wife	50	TN	TN	TN	
	Campbell, Jerry	son	24	TN	TN	TN	farm laborer
	Campbell, Louis	son	22	TN	TN	TN	farm laborer
	Campbell, Tilman	son	21	TN	TN	TN	farm laborer
	Campbell, Ivalee	daughter	17	TN	TN	TN	
	Campbell, Casey	son	16	TN	TN	TN	
	Campbell, Maynard	son	13	TN	TN	TN	
	Keller, Ellen	gr dau	3	NC	NC	TN	
232	Timbs, Claude	head	31	TN	TN	NC	farmer
	Timbs, Emma	wife	24	TN	NC	NC	
	Timbs, May	daughter	8	TN	TN	TN	
	Timbs, Elesandra	daughter	5	TN	TN	TN	
	Timbs, Brady	son	3	TN	TN	TN	
	Timbs, Huston	son	0	TN	TN	TN	
233	Brewer, Belle	head	54	NC	US	US	farmer
	Brewer, Swift	son	22	TN	TN	NC	farm laborer
	Brewer, May	dau in law	23	NC	NC	NC	
	Brewer. Maud	daughter	20	TN	TN	NC	
	Brewer, Hattie	daughter	19	TN	TN	NC	
	Brewer, Felix	son	16	TN	TN	NC	farm laborer
	Brewer, General	son	13	TN	TN	NC	
	Brewer, Annie	daughter	11	TN	TN	NC	
234	Bumgardner, Ben	head	45	NC	NC	NC	farmer

Family #	Name	Relation	Age	I	F	M	Occupation
	Bumgardener, Easter	wife	39	NC	NC	NC	
	Bumgardner, Stella	daughter	18	TN	NC	NC	
	Bumgardner, Earl	son	16	TN	NC	NC	
	Bumgardner, Selma	daughter	12	TN	NC	NC	
	Bumgardner, Eleanor	daughter	7	TN	NC	NC	
	Bumgardner, Carl	son	5	TN	NC	NC	
	Bumgardner, Marilla	daughter	2	TN	NC	NC	
235	Potter, Clayton	head	35	TN	TN	TN	farmer
	Potter, Grace	wife	33	TN	NC	TN	
	Potter, Virgie	daughter	12	TN	TN	TN	
	Potter, Geneva	daughter	10	TN	TN	TN	
	Potter, Berlin	son	7	TN	TN	TN	
	Potter, Smith	son	4	TN	TN	TN	
	Potter, Gussie	daughter	0	TN	TN	TN	
236	Blackwell, Julia	head	64	NC	NC	NC	farmer
	Blackwell, Emily	mth in law	92	TN	TN	NC	
	Hopson, Ella	daughter	30	TN	TN	NC	
	Hopson, Gladys	gr dau	12	TN	TN	TN	
	Hopson, Paul	gr son	8	TN	TN	TN	
	Miller, Roby	roomer	27	TN	TN	TN	farm laborer
	Miller, Anderson	roomer	17	TN	TN	TN	farm laborer
237	Blackwell, Henry	head	39	TN	TN	NC	farmer
	Blackwell, Dealy	wife	33	TN	TN	TN	
	Blackwell, Coburn	son	14	TN	TN	TN	
	Blackwell, Claude	son	12	TN	TN	TN	
	Blackwell, Golda	daughter	10	TN	TN	TN	
	Blackwell, Virginia	daughter	8	TN	TN	TN	
	Blackwell, Elmer	son	5	TN	TN	TN	
	Blackwell, Edith	daughter	4	TN	TN	TN	
	Blackwell, Opie	daughter	1	TN	TN	TN	
238	Bardus, Harrison	head	62	TN	NC	NC	farmer
	Bardus, Eliza	wife	70	TN	TN	TN	
	Bardus, Walter	son	23	TN	TN	TN	
239	Timbs, William	head	68	TN	SC	NC	farmer
	Timbs, Jane	wife	58	NC	TN	TN	
	Timbs, Ezekiel	son	20	TN	TN	NC	highway const laborer
	Timbs, Robert	son	17	TN	TN	NC	farm laborer
240	Norris, Bynum	head	34	NC	NC	NC	farmer
	Norris, China	wife	35	NC	NC	NC	
	Norris, Melbourne	son	12	NC	NC	NC	
	Norris, Gladys	daughter	10	TN	NC	NC	
	Norris, Elwanda	daughter	9	TN	NC	NC	
	Norris, Veryl	daughter	2	TN	NC	NC	
	Norris, Beryl	son	2	TN	NC	NC	
241	Potter, Ezekiel	head	80	TN	TN	TN	farmer
	Potter, Delilah	wife	78	TN	NC	TN	
	Potter, Daniel	son in law	80	TN	TN	TN	
	Potter, Nettie	daughter	37	TN	TN	TN	
	Potter, Bonnie	dau in law	35	TN	TN	TN	
	Potter, Tony	gr son	17	TN	TN	TN	farm laborer

Family #	Name	Relation	Age	I	F	M	Occupation
	Potter, Mickey	gr dau	14	TN	TN	TN	
	Potter, George	gr son	12	TN	TN	TN	
	Potter, Alfred	gr son	9	TN	TN	TN	
242	Edwards, Arbella	head	68	TN	TN	TN	farmer
	Edwards, Amos	son	26	TN	TN	TN	farm laborer
243	Hamby, Landon	head	70	TN	NC	NC	farmer
	Hamby, Mattie	wife	60	NC	NC	NC	
	Hamby, Dewey	son	31	TN	TN	NC	farm laborer
	Hamby, Flora	dau in law	30	TN	TN	TN	
	Hamby, Ercel	gr dau	9	TN	TN	TN	
	Hamby, Kermit	gr son	6	TN	TN	TN	
244	Hamby, Loss	head	68	TN	TN	TN	farmer
	Hamby, Mary	wife	57	TN	TN	TN	
	Hamby, John	son	21	TN	TN	TN	farm laborer
	Hamby, Viola	daughter	23	TN	TN	TN	
	Hamby, Emma	daughter	18	TN	TN	TN	
	Hamby, Essie	daughter	16	TN	TN	TN	
245	Hamby, Barney	head	36	TN	TN	TN	farm laborer
	Hamby, Martha	wife	21	NC	NC	NC	
	Hamby, Lester	son	4	TN	TN	NC	
	Hamby, Pauline	daughter	1	TN	TN	NC	
246	Yates, Timothy	head	57	NC	NC	NC	farmer
	Yates, Ola	wife	52	NC	NC	NC	
	Yates, Eugene	son	27	NC	NC	NC	lumber camp cook
	Yates, Ira	son	19	NC	NC	NC	farm laborer
	Yates, Minnie	daughter	16	NC	NC	NC	
	Yates, David	father	83	NC	NC	NC	
247	Davis, William	head	47	NC	NC	NC	farmer
	Davis, Ellen	wife	43	TN	TN	NC	
	Davis, Burl	son	21	TN	NC	TN	farm laborer
	Davis, Thersa	daughter	20	TN	NC	TN	
	Davis, Solomon	son	17	TN	NC	TN	
	Davis, Odell	son	12	TN	NC	TN	
	Davis, Hurley	son	10	TN	NC	TN	
	Davis, Neil	son	5	TN	NC	TN	
248	Potter, John	head	56	TN	TN	TN	farmer
	Potter, Ollie	wife	50	NC	NC	NC	
	Potter, Nat	son	15	TN	TN	NC	farm laborer
	Potter, Myrtle	daughter	14	TN	TN	NC	
	Potter, Dan	son	11	TN	TN	NC	
	Potter, Bernice	daughter	7	TN	TN	NC	
	Potter, Sam	son	5	TN	TN	NC	
	Buchanan, Lila	daughter	25	TN	TN	NC	
	Buchanan, Earnest	gr son	5	TN	NC	TN	
	Buchanan, Joe	gr son	0	TN	NC	TN	
249	Potter, Boone	head	24	TN	TN	NC	farmer
	Potter, Murphy	brother	23	TN	TN	NC	farmer
250	Vance, John	head	46	NC	NC	TN	farmer
	Vance, Bessie	wife	46	TN	TN	TN	
	Vance, Clarence	son	17	TN	NC	TN	

Family #	Name	Relation	Age	I	F	M	Occupation
	Vance, Oma	daughter	15	TN	NC	TN	
	Vance, Howard	son	10	TN	NC	TN	
	Vance, Archie	son	7	TN	NC	TN	
251	McNeil, Joe	head	52	TN	NC	NC	farmer
	McNeil, Jennie	wife	39	NC	NC	NC	
	Falk, Delma	niece	9	NC	NC	NC	
252	Church, Walter	head	49	NC	NC	NC	auto repair shop owner
	Church, Sallie	wife	48	NC	NC	NC	
	Church, Frank	son	20	NC	NC	NC	auto shop mechanic
	Church, Hardin	son	18	NC	NC	NC	
	Church, Conley	son	15	TN	NC	NC	
	Church, Mary	daughter	9	TN	NC	NC	
253	Brinkley, Walter	head	48	NC	NC	NC	general store merchant
	Brinkley, Ester	wife	31	VA	NC	VA	
	Brinkley, Evelyn	daughter	21	TN	NC	TN	public school teacher
	Brinkley, James	son	19	TN	NC	TN	
	Brinkley, William	son	15	TN	NC	TN	
254	Woodruff, Edward	head	69	NC	NC	NC	farmer
	Woodruff, Minnie	wife	57	NC	TN	TN	
	Woodruff, James	son	20	TN	NC	NC	tea room waiter
	Woodruff, Pauline	daughter	19	TN	NC	NC	public school teacher
	Julian, Emma	niece	40	NC	NC	NC	
	Julian, Archie	gr nephew	10	TN	TN	NC	

Notes:

Little Milligan Baptist Church and School were located west of the town of Butler in the 1st District of Carter County. The site was permanently flooded by the TVA in 1948 and is now under the waters of Watauga Lake. Dayton Jones was the church pastor and Frank Miller the school principal in the 1940's.

Allen Courtner's home, barn and smokehouse. Courtner's general store sat in front of these buildings along the Elk Mills Road in the Lower Elk Community near the conflux of the Elk and Watauga Rivers. Mr. Courtner ran a store in the town of Butler before selling out to the McClain Brothers and moving his business to this location. When the TVA flooded this site in 1948, he moved to Carderview and ran a ham house.

Index

LAST NAME First Name	ARNETT	ARNOLD
ADAMS	Alma 117	Ruby 29
Celia 41	Andy 117	Rudy 29
Clyde 32	Annie 117	Ruth 95
Cynthia 26	Blanch 117	Thomas 29
Ernest 32	Frank 117	**ASHBY**
Harry 41	Hassie 117	David 118
Joseph 33	Maynard 117	**ASHER**
Ruby 41	Pauline 117	Alaska 83
ALFORD	Philip 117	Cornie 78
Blonnie 56	**ARNEY**	Dallas 83
George 56	Barney 87	Emma 78
John 56	Brownlow 87	Flossie 83
Matie 49	D. L. 87	Floyd 78
Matilda 56	Godfrey 87	Frances 83
Myrtle 57	Sarah 87	Gladys 78
Pola 49	Teddy 87	Hence 78
Sallie 56	**ARNOLD**	Henry 78
ANGEL	Allie 93	Howard 83
Charles 104	Alpha 88	Juanita 83
Hazel 104	Arvil 29	Lola 83
Margaret 104	Bessie 93	Luther 83
Martha 104	Carl 93	Martha 78
Sylvia 104	Claude 93	Roy 83
William 104	Clayton Jr. 88	Walter 78
ANDES	Doran 93	William 78
Celia 21	Eliza 93	**ASHLEY**
Charles 21	Emma 93	Annie 109
Janie 21	Ena 86	Ben 109
Lona 21	Eugene 29	Harriett 109
Worley 21	Eula 88	John 109
	Guy 93	Lizzie 109
ANDREWS	Harold 88	Raymond 109
Bernard 2	Howard 29	**AVERY**
Edith 1	Howard 93	George 114
Gather 2	Ida 29	Hugh 114
Gernie 1	J. N. 93	James 114
Hugh 1	Jessie 88	Joe 114
James 1	John 29	Maggie 114
Joseph 1	Joseph 95	Mattie 114
Mable 1	Kelly 93	Sam 114
Matilda 2	Leonard 88	**BADGETT**
Myrtle 1	Mary 95	Eliga 103
Rillie 3	Milton 88	**BAILEY**
Ruth 1	Morton 93	Cloe 27
William 3	Nora 95	Dolly 34
	Ralph 88	Elsa 34
ARCHER	Raymond 86	Floyd 27
Allen 95	Richard 88	John 34
	Robert 93	Margaret 27
	Rona 86	Walter 34

Index

BAIRD	BARE	BERRY
Cordelia 17	Russell 119	Minnie Kate 61
Daniel 17	Sinda 119	Murray 66
Elgin 18	**BEAM**	Murray Jr. 67
Ernest 18	Elias 107	Norma 39
Hattie 17	Louisa 107	Pearl 61
Luther 17	**BERRY**	Robert 38
Nora 17	Alfred 66	Ross 61
Rosa 17	Arthur 66	Roy 66
William 17	Arzilla 68	Stanford 39
BAKER	Ben 68	Trula 61
Dave 98	Bernie 66	Valentine 39
Lincoln 98	Bert 97	W. P. 39
BANNER	Betty 69	Will 66
Arthur 14	Beulah 67	Willie 38
Brady 14	Blanch 61	**BIGGS**
Carrie 117	Celia 69	Arlis 102
Carrie 14	David 61	**BIRCHFIELD**
Carson 117	Donna 39	Alex 20
Daniel 14	Doris 97	Alice 20
Della 14	Dortha 67	Allen 13
Earl 117	Ethel 97	Bertha 13
Ernest 117	Fannie 39	Bill 7
Hettie 24	Florine 66	Blanch 107
Ida 14	Forna 67	Casey 13
James 117	Griffin 39	Charles 7
Lem 14	Hugh 61	Christine 13
Lou 117	Hunter 69	Clifton 114
Michael 24	Huston 69	Donas 7
Pardee 14	Irene 61	Dora 7
Ray 14	Iva 66	Dud 13
Roby 14	J. B. 66	Gladys 7
BARDUS	Jessie 97	Glenna 107
Eliza 121	John 97	Grace 114
Harrison 121	Josie 69	Grant 13
Walter 121	Kenneth 66	Harvey 114
BARE	Letha 66	Hattie 114
Andrew 119	Lizzie 69	Hope 13
Arthur 119	Lottie 66	Ida 107
Earl 119	Madge 61	Irick 13
Freddie 119	Margaret 69	John 107
Mary 119	Mary 66	John Jr. 107
May 119	Merl 61	Joseph 114

Index

BIRCHFIELD	BLEVINS	BLEVINS
Lona 13	Annie 82	N. D. 83
Louise 107	Belle 83	Nancy 83
Luther 7	Bertha 83	Orval 83
Mable 114	Bessie 81	Paul 42
Maud 106	Bessie 83	Paul 83
Maynard 114	Bonnie 82	Roxy 81
Minnie 107	Bruce 49	Stanley 83
Myrtle 114	Burley 83	Tank 81
Nancy 19	Carter 81	Teddy 81
Nathan 107	Charles 42	Tennessee 81
Nathan Jr. 107	Charlie 81	Vena 82
Nell 7	Clark 49	Walter 49
Oscar 107	Clell 49	Will 83
Sam 114	Clemmie 82	Woodrow 42
Thomas 114	Clyde 82	**BOONE**
Thomas 7	Clyde 83	Cecil 98
Worley 13	Dave 81	Dora 98
BLACK	Dillard 82	James 98
Callie 10	Earl 81	Mildred 98
Effie 10	Gertrude 81	Verle 102
Emma 24	Hannah 81	Willimina 102
Fannie 10	Hattie 81	**BOWERS**
George 10	Henry 81	Allen 46
Lona 10	Herbert 42	Amanda 69
Ozia 10	Hobart 82	Bee 69
Ruth 24	Ida 83	Bessie 46
Savada 10	Ike 83	Carrie 70
Susan 10	James 83	Coolidge 70
William 24	Jane 83	D. H. 69
Zeno 10	John 49	Daniel 70
BLACKWELL	John 81	Dorothy 46
Claude 121	John 83	Earl 70
Coburn 121	Josie 83	Elizabeth 70
Dealy 121	Katherine 81	Ernest 46
Edith 121	Katie 71	Everett 57
Elmer 121	Laura 81	Faye 46
Emily 121	Looney 83	Floyd 46
Golda 121	Lottie 83	Jadie 69
Henry 121	Mark 42	John 57
Julia 121	Martha 82	John 75
Opie 121	Mary 42	Nettie 75
Virginia 121	Mary 81	Pansy 69
	Maude 42	R. B. 69

Index

BOWERS	BREWER	BUCK
Robert 46	Maud 118	Dora 108
Rosa 69	Maud 120	Edward 113
Roxie 75	May 120	Eleanor 118
Rube 70	Paul 116	Fay 104
Stevenson 69	Roby 119	Florence 118
BRADLEY	Swift 120	Geneva 118
Eugene 64	William 116	Genna 103
Jessie 64	William 96	Glen 108
Josie 61	**BRINKLEY**	Heniretta 103
Nancy 53	Erma 102	Herbert 104
Neta 30	Ester 123	Howard 108
Norma 64	Evelyn 123	James 118
Rufus 61	James 123	John 104
Sam 53	Walter 123	Mabel 105
Walter 64	William 123	Mary 105
BRANCH	**BRISTOL**	Mary 118
Jeanette 61	Arizona 16	Mary 123
Loretta 61	Cora 8	Masell 113
Martin 61	Dollie 8	McKinley 103
Viola 61	Edith 8	Myrtle 105
Will 61	Jackson 8	Olivia 108
BREWER	Mae 8	Rhea 118
Annie 120	Marie 8	Ruby 105
Arnold 116	**BROOKSHIRE**	Ruth 118
Artie 116	Conley 95	Verna 104
Belle 119	Juanita 95	Wanita 118
Belle 120	**BUCHANAN**	Wheeler 113
Caroline 116	Coy 9	William 118
Cecil 118	Earnest 122	Wilma 118
David 118	Herbert 9	**BUCKLES**
Della 116	Joe 122	A.F. 74
Fannie 116	Judd 10	A.F. Jr. 74
Felix 120	Lila 122	Abby 74
Finley 96	Lona 9	Andrew 59
Garfield 118	**BUCK**	Arthur 65
General 120	Alanie 104	Basil 68
Hale 118	Arch 104	Bernis 66
Hamp 116	Bell 105	Bill Jr. 58
Hattie 120	Bernice 113	Bill Sr. 71
James 96	Callie 105	Blonnie 66
Lester 116	Carrie 103	Callie 38
Luther 116	Charles 105	Celia 68
Marie 116	Chester 105	Christine 60

Index

BUCKLES	BUCKLES	BUMGARDNER
Clarence 69	Luther 69	Stella 121
Clay 69	Maggie 60	**BUNTON**
Clyde 74	Maggie 65	Anna 27
Connie 66	Mamie 66	B. D. 47
Cora 74	Margaret 69	Boyd 11
Corvana 69	Maud 69	Clifford 11
Crumley 68	Millie 71	Columbus 10
D. S. 69	Molly 69	Della 11
Dave 67	Mossie 74	Della 47
David 69	Myra 66	Dugger 44
Dora 66	Nannie 67	Gurthia 11
Edith 69	Nicholas 65	Harris 11
Edward 71	Pauline 59	Isabel 44
Elijah 66	Pearl 66	Lockie 44
Elton 74	Pearl 69	Novella 11
Emma 69	Rita 74	Otis 44
Ernest 66	Ross 74	Ray 11
Eugene 69	Roy 69	Robert 27
Evelyn 59	Ruthie 65	Rosy 11
Florence 74	Sallie 71	Sarah 11
Floyd 38	Sam 71	**BURCHETTE**
Frank 69	Sarah 69	Fae 8
H. J. 69	Seymore 68	**BYERS**
Harry 74	Sherley 74	Arville 16
Homer 66	T. J. 65	Betty 16
Ina 69	Teddie 38	Myrtle 16
James 66	Thomas 74	**CABLE**
Jane 68	Ward 59	Amanda 2
Jim 71	William 68	Anna 50
Joe 66	Worley 68	Annice 50
John Jr. 66	**BUMGARDNER**	Carmon 36
Johnnie 66	Ben 120	Chauncy 1
Juanita 69	Carl 121	Christine 1
Kate 59	Earl 121	Clifford 50
Lawrence 59	Easter 121	Conley 15
Lena 38	Eleanor 121	Coy 2
Lena 59	Grace 120	Ellen 1
Levi 38	Hattie 120	Gertrude 36
Lillie 69	Marilla 121	Grace 1
Lockett 60	Reece 120	Hardy 1
Lockett 68	Reuben 120	Hazel 2
Loyd 66	Ruth 120	Jim 50
Lula 58	Selma 121	John 2

Index

CABLE	CAMPBELL	CAMPBELL
John 1	Bertha 91	Ethel Pierce 39
Julia 36	Bertie 8 Bessie 27	Eugene 47
Leola 50	Bettie 81	Fannie 47
Lethia 1	Beulah 27	Fay 39
Lillian 36	Bonnie 27	Flora 91
Mack 2	Bonnie 33	Florence 27
Mae 1	Bruce 30	Florence 53
Millard 1	Carma 27	Flossie 47
Minerva 50	Carson 44	Floyd 47
Noah 14	Casey 120	Frank 39
Rita 50	Catherine 27	Freddie 29
Thelma 2	Celia 46	Gene 40
Wheeler 1	Charley 45	George 27
William 1	Charlie 81	George 45
CALDWELL	Charlotte 44	Georgia 27
Lundy 94	Chauncy 27	Gifford 88
CALES	Chris 41	Gladys 33
Floyd 13	Christine 27	Gladys 39
Homer 14	Claude 39	Grant 48
Loyd 14	Clifton 48	Guy 54
Mary 14	Cloe 27	Ham 8
Sanada 14	Clyde 47	Harold 27
Virginia 14	Clyde 84	Harry 84
Warren 14	Cora 78	Herman 27
CALHOUN	D. R. 77	Hildred 44
Dorsey 114	Dana 46	Hobart 84
Fannie 114	Daniel 28	Hoover 27
Frances 114	Darrel 27	Howard 45
Harison 114	David 27	Hugh 9
Jeffrey 114	David 8	Hyder 41
Lillian 114	Denver 53	Ida 33
Oscar 113	Destimona 27	Ina Bell 28
Otis 114	Donnie 47	Iona 39
Patrick 114	Dorothy 45	Irene 27
CAMPBELL	Earl 27	Ivalee 120
Allen 9	Earl 9	Jack 78
Amelia 84	Earl Jr. 27	Jacqueline 45
Andrew 45	Edith 33	James 39
Annie 47	Elmer 47	James 41
Arden 45	Elsa 44	James 47
Argus 78	Emma 28	James 81
Belle 78	Estel 28	Jane 28
Belle 95	Ethel 45	Jane 91

Index

CAMPBELL	CAMPBELL	CAMPBELL
Jerry 120	Mat 44	Tilman 120
Jessie 39	Mattie 40	Troy 48
Jessie 41	Maude 47	Vaughn 45
Jessie 88	Maynard 120	Vivian 91
Jim 33	Maynard 45	Walter 30
Joe 78	Maynard Jr. 45	Walter 33
John 28	Mel 46	Waymont 45
John 44	Melvin 45	Will 53
John 47	Nancy 45	Willard 41
John 91	Nat 33	William 120
John Jr. 47	Nettie 27	William 27
Joseph 25	Nora 29	William 29
Joseph 30	Okie 33	William 40
Josie 45	Orpha 28	William 78
Julia 30	Orville 47	Willie 91
Kyle 45	Orville 53	Winnie 8
Laura 81	Paul 39	Winona 44
Leanda 27	Paul 47	**CARAWAY**
Lee 88	Paul 47	Audrey 101
Lena 44	Pauline 27	Bertha 101
Leona 84	Pauline 47	Blaine 101
Leonard 27	Pear l 45	Lanier 101
Leota 29	Percy 27	**CARDEN**
Leroy 28	Polly 33	Alice 44
Leta 78	Pressie 44	Charley 44
Letha 45	R. E. 53	Dickson 44
Lizzie 81	Rasor 78	Grady 46
Lloyd 47	Rena 33	James 44
Lossen 44	Rita 27	Laney 44
Lossen Jr. 44	Robert 81	Louis 44
Lottie 88	Robinson 78	Mary 44
Louis 120	Rosie 91	May 46
Louis 45	Ruby 27	Parlee 44
Lula 78	Ruby 45	Rhonda 46
Luther 81	Ruth 47	**CARRIER**
M. M. 83	Sallie 28	Alvin 78
Maggie 53	Sarah 120	Benfield 78
Margaret 46	Sarah 77	Eva 78
Marian 41	Sarah 78	Nellie 78
Marie 33	Silas 44	**CHESTER**
Martha 28	Stella 81	Evaline 16
Martha 39	Sylva 33	
Mary 30	Thomas 44	

Index

CHURCH	CLAWSON	CLAWSON
Allen 20	Don 21	Stedford 2
Annie 35	Edna 18	Synda 19
Callie 35	Elizabeth 19	Taylor 2
Clifford 35	Emma 17	Thomas 19
Conley 123	Eula 21	Troy 2
Della 20	Ezekiel 19	Vermie 20
Donald 35	Fate 19	Walter 17
Dorris 20	Flossie 20	William 17
Elijah 21	Garfield 20	William 18
Ellen 20	Gernie 18	**CLEMENS**
Frank 123	Henry 21	Arlie 32
Gene 21	Hissie 2	Callie 32
Gordia 20	Ira 2	Howard 32
Hardin 123	Ira 19	John 32
Howard 20	Jada 19	**CLEMMONS**
Irina 21	James 2	Addie 34
J. C. 35	James 17	James 34
Janie 21	James 19	Kyle 34
Jeff 35	Jane 19	Margaret 34
Luther 20	John 19	Retha 34
Martha 35	John 27	**COFFEE**
Mary 123	Lewis 18	Adam 90
Nancy 21	Lona 21	Cora 90
Nellie 20	Loyd 2	Hazel 90
Otis 35	Luther 17	Martha 90
Ray 20	Mae 2	Ora 90
Sallie 123	Marjorie 18	Sam 90
Walter 123	Mary 2	Stella 90
Wiley 20	McKinley 2	**COLBAUGH**
CLARK	McKinley 18	Arthur 61
Bonnie 62	Monroe 19	Bessie 64
Junior 62	Morris 2	Creasy 61
CLAWSON	Nancy 27	Dan 64
Al 21	Novella 21	Dewey 59
Alma 21	Pauline 21	Emma 59
Anna Mae 19	Piner 18	Eulafay 59
Bert 20	Polly 17	George 64
Bertha 21	Riley 17	Henry 61
Brownlow 19	Robert 17	Herbert 62
Bud 19	Ruth 17	John 62
David 20	Salva 17	Luther 61
Delia 18	Sam 19	Magdalene 59
Dolan 18	Sarah 19	Maggie 62

Index

COLBAUGH	COLE	COOK
Maggie 64	Maggie 74	Marilda 8
Margaret 61	Mandy 84	Matilda 27
Martha 59	Margaret 54	Tarzan 6
Nancy 59	Mary 55	Thomas 6
Relcie 61	Matilda 87	Viola 8
COLE	Maud 83	William 108
Albert 84	Mona 55	**CORDELL**
Andrew 84	Myrtle 84	Adolphis 102
Arley 54	N. G. W. 84	Alexis 102
Arley 87	Nancy 85	Annie 102
Bill 55	Orville 54	Beatrice 108
Caney 59	Pear l 84	Bettie 108
Charlie 85	Rebecca 84	Bynum 102
Claude 85	Reuben 55	Clifton 102
Clyde 85	Robert 54	Dallas 102
Conley 84	Robert 87	Darris 18
Creasy 84	Rosa 59	Ellery 102
Custer 83	Spurgeon 84	Fasada 18
Daisy 87	Stinson 83	Glen 18
Edna 83	Ulysses 84	Henry 102
Eugenia 83	Will 85	Ivalee 98
Flossie 87	William 87	Jack 108
George 74	**COLEMAN**	Kenneth 98
George 87	Alleen 59	Lillie 103
Glenn 83	Edgar 59	Lilly 108
Harry 83	Edward 59	Lola 108
Helen 55	Flora 59	Maggie 102
Ida 84	Thomas 59	Marshall 98
Ina 55	**COLLINS**	Nat 103
Ishmael 87	Alice 50	Nat 18
Jasper 83	Bessie 67	Oliver 18
Jessie 84	Dewey 67	Thelma 108
Jessie 84	Floyd 67	Vernon 108
Joe 54	George 50	Wayne 18
Juanita 84	Spurgeon 67	William 108
Katherine 85	**COOK**	**CRESS**
Katherine 88	Bertha 8	Anna 89
Laura 84	Clayton 8	Clara 89
Leta 85	Coy 8	Clarence 89
Lola 84	Eliza 108	Clifford 89
Lou 84	Elizabeth 6	Edith 89
Lula 54	Mack 27	James 89
Luther 83	Mae 8	Susie 89

Index

CROW	DAVIS	DEAL
Annie 33	Burl 122	Lizzie 93
Bessie 33	Caroline 12	Mae 92
Betty 82	Charles 73	Margaret 92
Edith 33	Cora 73	Nora 93
Effie 33	Egbert 73	Randle 92
Isaac 33	Elbert 95	**DELOACH**
Maggie 82	Ellen 122	Abbie 36
William 82	Ellis 79	Edward 36
CULBERT	Floyd 79	Effie 36
Amada Jane 53	Hazel 92	Ida 36
Beatrice 53	Hildred 73	James 36
Bill 53	Hurley 122	James 36
Dora 53	Iva 95	John 36
Eva 50	Jacob 100	Lena 36
J. M. 50	Jasper 95	Lockie 36
J. N. 53	Jennie 55	Louisa 36
Kemp 50	Lena 95	Michael 36
Mary 50	Linda 73	Nat 36
N. D. 53	Lola 73	Pauline 36
Pansy 53	Lottie 79	Pearl 36
Robert 50	Lucille 73	Robert 36
Rolen 50	Maggie 73	Rosa 36
Salina 53	Mamie 73	Roxie 36
Stanley 50	Neil 122	Ruby 36
CULVER	Odell 122	Walter 36
Carl 23	Paul 52	William 36
Cecil 23	Ralph 73	William Jr. 36
Charlie 48	Reuben 73	**DINSMORE**
Ellen 48	Robert 79	Enoch 84
Emma 23	Robert 95	M. C. 84
Hal 23	Ruby 73	Sophia 84
Joseph 23	Solomon 122	Stanley 84
Lane 23	Thersa 122	**DISHMAN**
Ruth 23	Weldon 92	Dewey 24
DANNER	William 122	Mary 24
Carmack 68	William 95	Mary Jane 24
Effie 68	**DEAL**	Polly Frances 24
Ralph 68	C. R. 92	**DOLEN**
DAVIS	Delphine 92	Alice 111
Andy 12	Herbert 93	Doran 113
Bernice 73	Herman 93	Floyd 111
Bertha 92	James 92	George 111
Bessie 79	James 93	John 113

Index

DOLEN	DUGGER	DUGGER
Lola 113	Evidene 81	Truman 9
Lulean 113	Fay 16	Vala 6
Macy 113	Flora 73	Verna Ruth 73
Nan 105	Flora 81	Virginia 5
Raymond 113	Flossie 21	Wheeler 5
Jack 113	Floyd 73	Will 73
James 113	Frank 9	Willard 9
John 105	Freeman 9	William 4
DONNELLY	George 9	William 9
Alice 24	Hannah 4	Worley 16
Eula 24	Henry 10	**DUVALL**
Hazel 24	Hobart 9	Della 28
James 24	Howard 16	John 28
James 24	James 5	Ralph 28
Maud 24	Janie 15	**ECHOLS**
Pauline 24	Jennie 73	Clarence 65
DUGGER	John 81	Hallie 65
Abram 16	Lemuel 8	J. B. Jr. 65
Amanda 16	Leslie 15	John 65
Amanda 73	Lona 9	Rosa 65
Arlie 15	Lou Ellen 5	**EDNEY**
Arthur 5	Loyd 16	Birdie 96
Bertie 6	M. D. 73	Clyde 96
Bessie 73	Mae 8	Ivalee 96
Bessie 8	Martha 21	John 96
Bessie 9	Martha 9	Ora 96
Blanch 5	Maston 8	Roosevelt 96
Braemar 9	Minnie 10	Wanita 96
Bulah 6	Orville 73	**EDWARDS**
Bulah 9	Polly 9	Amos 122
Carrie 9	Rainie 21	Arbella 122
Carter 9	Ray 5	Bertha 116
Denver 6	Ray 9	Cephus 116
Dora 81	Rebecca 8	Della 116
Dortha 38	Richard 9	Eleanor 116
Earl 21	Robert 8	Grace 116
Earl 5	Roseman 9	Gus 116
Edith 16	Roy 6	Hassie 116
Edward 5	Sarah 4	Valda 116
Elbert 73	Shelton 8	**EGGERS**
Elijah 4	Spencer 9	Algine 9
Elma 15	Sylva 21	Bertha 9
Eva 6	Tina 8	Charles 9 Charles 9

Index

EGGERS	ELLIOTT	ELLIOTT
Clo 9	Grace 56	William 86
Dorn 9	Granville 69	William 114
Edward 9	Helen 57	William 117
Geraldine 9	Henry 117	**ELLIS**
Hernie 9	Howard 69	Betty 57
Job 9	Ida 87	Brady 96
Job Jr. 9	J. R. 56	Caroline 96
Lane 9	James 69	David 109
Louise 9	Jennie 72	Ernest 101
Lucille 9	King 66	Frances 101
Minnie 9	Lane 57	Frank 101
Robert 9	Lois 56	George 101
Ruth 9	Lou 117	Helen 109
EGLI	Maggie 117	Jennie 101
Clara 58	Maggie 69	Joe 96
Hallie 58	Mahala 69	Laura 101
Howard 58	Margie 57	Louise 101
Roberta 58	Mark 72	Lowell 101
Tilda 58	Mary 114	Luther 57
ELLER	Mattie 66	Martha 109
Callie 26	Minerva 70	May 109
Calvin 26	Minnie 56	Paul 101
Charlie 26	Nadine 56	Paul 57
Lucille 26	Nancy 101	Ray 109
ELLIOTT	Nat 118	Ruth 96
Ada 87	P. B. 56	Wiley 57
Alice 56	Ray 42	**ENSOR**
Bertie 57	Ray Jr. 42	Amanda 93
Bill 56	Raymond 66	Charlie 95
Blanch 42	Robert 66	Dana 93
Blanch Jr. 42	Rosa 57	Elbert 89
Brown 70	Roy 57	Ella 89
Charlotte 69	Ruth 57	George 93
Clinton 69	Sallie 118	Helen 93
Coreen 57	Sallie 57	Ida 89
Dallas 118	Sam 70	John 89
F. D. 57	Spencer 70	Marilee 89
Fay 56	Thelma 66	Mary 89
George 70	Thelma 69	Robert 89
Gertie 114	Toy 57	Velma 89
Gladys 117	Vaneta 69	**ESTEP**
Gladys 56	Victoria 56	A.J. 87
Goldie 118	Victoria 66	Albert 79

Index

ESTEP	ESTEP	ESTEP
Allen 79	Harv 44	R. D. 76
Allen 84	Hazel 43	R. P. 87
Andy 78	Hazel 95	Retta 76
Armor 95	Helen 79	Rex 76
Arthur 87	Iva 43	Robert 85
Bessie 76	Iva 79	Roger 95
Blonnie 87	Ivory 76	Roxy 84
Bonnie 76	Jackie 76	S. R. 84
Brown 84	Joe 76	Sammie 79
Burton 79	John 79	Sarah 86
Cara 76	John 80	Selma 79
Carroll 44	Johnson 76	Shade 79
Celia 79	Joyce 44	Sherman 79
Charles 76	June 87	Stanley 43
Charlie 87	Leonard 76	Susan 76
Clara 95	Lizzie 77	Tank 76
Criss 84	Lonnie 94	Tishie 78
Daniel 95	Lora 79	Vena 80
David 79	Luther 85	Walter 77
Donley 79	Mack 78	Walter 79
Donley 85	Madoline 43	Wesley 43
Dora 77	Mae 76	Wiley 95
Earl 79	Mae 79	William 79
Edith 78	Mae 87	William 87
Eliza 79	Maggie 85	Willie 76
Ella 79	Margaret 95	Wilma 87
Ella 85	Marilee 87	**ESTES**
Emile 76	Mattie 85	John 87
Emma 85	Maxie 87	Martha 87
Ernest 84	Melvin 76	**FALK**
Ethel 80	Minnie 85	Delma 123
Eula 79	Murray 94	**FERGUSON**
Evaline 80	Myrtle 95	Robert 65
Evelyn 76	N. D. 76	**FIELDS**
Finley 79	Nancy 94	Austin 112
Florence 85	Nelda 84	Carrie 112
Flossie 43	Ora 43	Dock 112
George 76	Ora 76	Lou 112
George 87	Ora 79	Myrtle 119
Godfrey 79	Pansy 79	**FINNEY**
Golda 87	Pearl 79	Beulah 29
Grace 76	Pearl 87	Bonnie 5
Grace 84	Porter 76	Delmar 5

Index

FINNEY	FORBES	GARLAND
Donald 5	Pearl 56	John 78
Doris 5	Sarah 72	Kathleen 62
Dovie 5	**FRANKLIN**	Laura 88
Eliza 5	Georgia 117	Laura 95
Flora 29	Leanne 117	Laverna 61
Garfield 5	Myrtle 117	Laverne 59
George 5	**GALLAGHER**	Lena 88
Georgia 29	Eliza 40	Letha 77
Ida 5	**GARDNER**	Liddy 62
Ida 5	Bertie 113	Lizzie 78
Lena 5	Buster 113	Lizzie 88
Maxine Bell 29	**GARLAND**	Lloyd 82
Phillip 29	Ada 62	Lola 62
Robert 29	Alice 82	Loretta 81
Robert Andrew 29	Bessie 78	Luthenia 81
FLANNERY	Campbell 84	Luther 80
Belle 18	Charlie 62	M. B. 78
FLETCHER	Charlie 80	M. D. 80
Andy 74	Chelsea 88	M. P. 87
Bertha 70	Clarence 76	Mae 80
Clarence 70	Clarence 88	Mae 95
Dewey 58	Claude 77	Mamie 80
Dora 74	Cora 62	Martha 85
Harmon 74	Dan 59	Maud 88
Lawson 58	Dave 61	Maud 95
Mary 74	Dave 82	Nancy 82
Matson 74	David 87	Odell 62
Nila 70	Edward 77	Orpha 61
Phyllis 70	Effie 59	Paul 62
Ralph 74	Ella 88	Pearl 78
Vicey 58	Elwood 78	Pearl 85
Wave 74	Frank 80	Raleigh 81
FONDREN	George 82	Ramona 85
James 113	Haskel 59	Siblia 62
Pearl 113	Hattie 80	Sindia 61
FORBES	Hazel 62 Helen 81	Stella 82
Earl 55	Hiley 82	T. N. 62
Flora 55	Ida 78	Thea 62
Hazel 55	Ira 77	Vada 80
Jenilee 62	Isaac 61	Will 62
John 62	James 62	William 94
Mabel 55	James 78	William 95
Marion 55	John 62	Yvonne 62

Index

GARRISON		GOODWIN	GREEN
Carl 104		Hazel 47	Walter 11
Etta 104		Isabel 44	**GREENLEE**
Gertrude 104		Juanita 47	John 108
John 104		Lee 38	**GREER**
Leona 104		Marie 38	George 96
Leonard 104		Mollie 47	James 3
Sam 104		Ray 47	Leastra 96
GILBERT	**GILLMAN**	Robert 24	Mollie 3
Anna Lee 9	Benjamin 25	Solmon 10	Thomas 103
Bertha 9	Bessie 25	Virginia 38	**GREGG**
Catherine 9	Jack 25	William 47	Ralph 26
Claud 10	Theodore 25	Wilson 47	**GRIDER**
Eller 9	Virginia 25	Winnie 38	Arlie 11
J. C. 9		**GRAGG**	Bertha 11
GLOVER		Agnes 101	Daniel 11
Ada 45		Joseph 101	Lou 11
Annie 45		Martina 101	Maud 11
Boyd 45		**GRAYBEAL**	Paul 11
Charley 46		Anna 113	Powell 11
Clyde 46		Bob 113	**GRIFFEY**
Conley 46		Rebekah 113	Charley 34
Dillia 45		Walter 113	Donna 34
Fred 46		**GREEN**	John Thomas 34
Gwen 46		Clo 11	Lockie 34
James 41		Colbert 8	**GRINDSTAFF**
John 45		Corda 11	Alice 50
Maggie 46		Dan 11	Alice 90
Mary 45		Dot 11	Alice 90
Mary 46		Edward 118	Alleen 49
Norma 46		Eve 118	Allen 53
Paul 45		Golda 11	Allen 93
GOINS		Hubert 8	Alma 90
Elexandra 115		James 11	Amanda 49
GOOD		James 8	Andrew 89
Polly 12		John 11	Andy 91
Thomas 12		Luther 8	Annie 55
GOODWIN		Malinda 8	Arthur 49
Alice 46		Ned 11	Arthur 91
Austin 47		Ray 11	Beatrice 76
Bonnie 23		Robert 11	Bertha 49
Bradis 47		Sarah 11	Beryl 55
David 23		Thomas 11	Bethel 93
Dawson 10		Truman 118	Beulah 50

Index

GRINDSTAFF	GRINDSTAFF	GRINDSTAFF
Billy 50	George 89	Maggie 50
Blanch 50	George 93	Maggie 52
Blanch 94	George Jr. 93	Mary 72
C. L. 50	Golda 50	Mary 90
Carl 50	Golda 57	Mary 90
Caroline 52	Ham 49	Mattie 92
Carrie 50	Hampton 50	Maud 94
Chelsie 50	Hazel 50	Myrtle 86
Clayton 90	Hazel 94	Nancy 49
Clifford 50	Helen 49	Nancy 89
Cora 90	Helen 50	Nancy 91
Coralee 52	Herbert 90	Nancy 91
Crawford 50	Herman 72	Nettie 90
Crawford 94	Hildred 90	Noah 50
Dan 50	Hubert 65	Nora 89
Dan 65	Hubert 91	Nora 94
Dave 50	I.H. 86	Norma 57
David 76	Inorma 50	Odell 50
Dayton 90	J. W. 52	Parker 90
Dewey 50	Jacob Sr. 72	Paul 52
Doctor 91	Jake 50	Paul 72
Dora 90	James 65	Pearl 49
Earl 76	James 90	Pearl 94
Edith 72	James 90	R. C. 94
Edith 86	Jane 50	Ralph 91
Edna 72	Jennie 49	Ray 52
Edward 94	Jennie 65	Rena 57
Effie 90	Jim 50	Retha 92
Elbert 57	Joe 92	Robert 49
Elbert 94	John 52	Robert 65
Eldon 90	John 91``	Robert 76
Elizabeth 50	John 93	Robert 90
Ella 93	Katherine 52	Roy 55
Elva 91	Lena 55	Ruby 76
Ethel 49	Leola 50	Ruth 65
Evelyn 49	Letha 86	Ruth 94
Evelyn 90	Lucille 90	Sara Fina 72
Fane 72	Lula 53	Stanley 94
Finnie 94	Lulu 76	Sylvia 90
Fletcher 53	M. B. 90	Vester 90
Floyd 90	M. H. 89	Walter 90
Frank 49	Mae 90	Wanda 57
Fred 93	Mae 91	Warren 94

Index

GRINDSTAFF	HALL	HARDIN
William 90	Spencer 60	Josie 115
William 91	T. J. 79	Lela 55
Woodrow 72	**HAMBY**	Leonard 49
Zola 72	Barney 122	Lester 115
Zola 90	Dewey 122	Lucy 55
Zora 76	Emma 122	M. R. 55
GROSS	Ercel 122	Mary 115
Ina 117	Essie 122	Mattie 115
William 117	Flora 122	Minnie 115
GRUBB	John 122	Nancy 49
Joseph 72	Kermit 122	Nat 3
GUY	Landon 122	Nell 49
Alfred 16	Lester 122	Powell 49
Alice 16	Loss 122	Robert Jr. 49
Alvin 19	Martha 122	Stacy 49
Carlie 16	Mary 122	William 49
Carter 18	Mattie 122	**HARMON**
Daisy 19	Pauline 122	Brandy 20
Dana 19	Viola 122	Delia 20
Elmer 19	**HANKLE**	Della 21
Gather 19	Alice 93	Dora 20
Hettie 16	Rettie 91	Eliza Ellen 21
James 16	**HARDIN**	Emmett 21
Leola 19	Amanda 49	Florence 21
Mary 16	Bernice 115	France 21
GWIN	Bessie 55	Geter 21
Charlie 92	Bob Sr. 49	Grant 20
Ella 92	Catherine 115	Julia 21
Martha 92	Celia 49	Lou 21
Martha 92	Ellen 49	Marion 21
Mary 92	Ernest 115	Mayme 21
Mildred 92	Ervin 55	Minnie 21
HALL	Evelyn 49	Polly 13
Elma 58	Gilbert 61	Retta 21
Grant 79	Guy 61	Roby 21
Green 79	Hazel 115	Ruby 21
Helen 58	Hettie 61	Russell 21
Ivalee 79	Hobart 61	Vertie 21
Jeff 79	Homer 55	Virgil 21
Roy 58	Ina 55	**HARRELL**
Sam 58	Jennie 49	Baxter 71
Sarah 79	John 115	Bessie 71
Sarah 79	John 61	Evaline 71

Index

HARRELL	HARRISON	HATELY/HATLEY
Florence 71	Maud 110	Fannie 10
Kent 56	Orpha 110	Frank 30
Lee 71	Ralph 114	Gather 30
Lucy 56	Ray 110	Herbert 29
Lynn 56	Robert 115	Lawrence 29
Malone 71	Rosa 110	Marie 30
Reed 71	Roy 114	Martha 30
Roscoe 56	Ruth 110	Minnie 29
Sam 71	Sadie 110	Norma 10
HARRISON	Sallie 115	Norman 10
Alice 116	Sam 116	Oakie 10
Alma 110	Will 110	Rhetta 10
Ance 115	**HART**	Roy 30
Annie 110	Ida 96	Sciles 10
Annie 115	John 96	Theodore 30
Bernett 114	**HARTLEY**	Wayne 29
Bertha 115	Albert 6	Worley 10
Bessie 114	Carl 6	**HATTON**
Burl 116	Clara 35	Edith 102
Counsel 114	Cora 1	**HAYES**
Dan 110	Dana 6	Arnold 30
Elmer 116	Earl 1	Bonnie 13
Elsie 110	Elenor 1	Buster 106
Enoch 116	Hobart 1	Carl 13
Ernest 110	John 35	Daniel 106
Fred 109	Matilda 6	Ed 30
George 116	Murphy 1	Edith 13
Grace 116	Ruth 35	Edith 16
Grady 110	Sherman 35	Elsa 13
Hannah 116	Sylva 1	Emila 13
Henry 110	William 1	Floyd 106
Henry 115	**HATELY/HATLEY**	Frank 13
Howard 115	Alvin 29	Fred 13
James 114	Anna Belle 30	George 13
Jane 114	Annie 10	Gertrude 13
John 110	Bonnie 30	Harold 106
Lon 116	Brown 29	Hassie 16
Loyd 115	Burl 29	Hattie 106
Margie 114	Carl 29	John 16
Margie 114	Catherine 30	Jolene 13
Marie 110	Christine 29	Juanita 30
Mary 110	Elizza 30	Kermit 13
	Elmer 30	Margaret 106

Index

HAYES	HEATON	HICKS
Martha 13	Edgar 16	A. M. 39
Mary 13	Elva 11	Adelaide 73
Mary 13	Frank 14	Adron 20
Mary 13	Fred 16	Arvel 17
Mona 13	Garfield 11	Bernie 6
Mortica 13	Gaston 14	Callie 17
Okalee 72	George 15	Conley 6
Pearl 30	Granville 16	Cora 20
Pearlie 16	Howard 11	Dewey 17
Sarah 13	Ida 11	Ellen 5
Wade 13	Ida 14	Fonzy 17
Willie 16	Ina 14	Frances 17
HAZLEWOOD	Ivan 11	Fred 39
Bertie 40	Jeanie 12	Gobel 17
Ina 35	Jonas 12	Gordon 73
Louise 40	Joseph 16	Hattie Cook 5
Robert 40	Katherine 12	Ina 5
Shelton 40	Louise 16	James 39
Sherrill 35	Mariah 16	John 17
HEATHERLY	Mary 14	Lawrence 5
Asa 82	Maude 16	Leonard 39
Charles 82	Orpha 14	Lillie 18
Georgia 87	Paul 14	Manuel 6
Godfrey 82	Rainie 12	Missouri 17
Jessie 82	Rassor 14	Nancy 17
Lilly 82	Rex 14	Naomi 39
Luther 82	Robert 107	Nell 20
Mack 77	Rome 12	Onis 5
Margaret 77	Silas 12	Peter 20
Missouri 77	Susan 12	Rosa 6
Mitchell 87	Walter 14	Stacy 20
Mollie 87	**HENSON**	Warren 39
Nina 82	Biner 19	William 20
HEATON	Frank 19	Williamson 6
Alfred 14	Herbert 19	**HILL**
Anna Mae 14	Ider 19	Bessie 68
Arlie 12	Mary 19	Clifford 68
Blaine 12	Myrtle 19	Floyd 68
Clint 14	Pearl 19	Fred 68
Coolidge 12	Percy 19	Louise 68
Coy 11	Virgie 19	William 68
Daniel 16		
Dola 11		

Index

HINKLE	HODGE	HOLLIFIELD/ HOLLYFIELD
Charley 43	Virginia 28	Bessie 18
James 45	Willard 27	Elijah 17
James Jr. 45	William 28	Jackson 17
Orley 43	**HOGSHEAD**	L. D. 17
Pansy 45	Lois 30	Lonzo 6
Roxie 43	Margaret 30	Madgie 17
Wilma 45	**HOLDEN**	Nanny 17
HOBSON	Bertha 41	Ray 6
Omer 107	David 97	Roy 17
HODGE	Ethel 97	Roy 6
Abe 76	Ford 97	Sarah 17
Beatrice 27	Frank 99	Sergeant 18
Blonnie 76	Harrison 99	Spurgon 17
Charles 28	Hazel 97	**HOLLOWAY**
Clyde 77	Janna 102	Adda 33
Coralee 30	Josie 99	Alvin 33
Etoile 31	Levi 99	Annie 23
Frances 27	Mildred 97	Burl 23
George 27	Nell 99	Chauncy 37
Glen 110	Rosemary 99	Crete 33
Hattie 30	Vanessa 41	Effie 33
Hazel 76	Walter 41	Ellen 37
Isaac 31	**HOLDER**	George 23
James 30	Burl 84	Goldie 33
James 31	David 84	Grady 37
James 77	Dora 80	Hunter 33
John 110	Doshie 79	Jesse 33
Josie 76	Duard 80	Lois 23
Mack 110	Hoover 80	Offie 33
Maranoma 27	Jennie 80	Rosy 23
Mary 110	John 77	**HOLTSCLAW**
Mary 28	John 84	Bertha 117
Nellie 76	Laura 84	Ella 117
Pierce 110	Levi 84	Inez 117
Raymond 31	Nick 80	John 117
Retha 28	Oma 80	Lora 117
Rhoda 110	Rueben 80	Sallie 117
Sallie 110	Sarah 77	William 117
Sam 110	Selmer 84	**HOPSON**
Sarah 27	Sidney 84	Annie 120
Sunday 76	Stanley 79	Avery 120
Thomas 110	Sylvania 80	Beatrice 120
Una 27		

HOPSON	HOSS	HURLEY
Ben 120	Mary 113	Charles 78
Beulah 120	Mary 99	Chester 77
Caney 120	Matilda 113	Glenn 86
Charles 120	May 97	Harvey 89
Clyde 120	Myrtle 96	James 86
Dora 120	Nellie 113	John 78
Edgar 120	Paul 97	John 89
Ella 121	Ruby 113	June 82
Ellen 120	Ruth 97	Katherine 89
Estel 120	Sarah 99	Laura 78
Frank 120	William 113	Locket 78
Gertrude 120	Willie 102	Pearlie 86
Gladys 121	**HOWELL**	Robert 76
Harrison 123	Flora 24	Rosy 86
Henry 120	James 24	Rudy 86
Lela 120	Ruth 24	Sarah 76
Martha 120	**HUGHES**	Sarah 82
May 120	Bertie 105	Sarah 88
Paul 121	Charles 105	Stanley 91
Pearl 120	Earl 105	Tennessee 76
Thomas 120	Emmett 105	Virgie 86
HOSS	Everett 52	Wilma 89
Anna 99	Gernie 105	**HUSKINS**
Blanch 113	J. B. 52	Alice 62
Boyd 3	Jane 105	Dana 62
Buck 3	Maggie 52	**HYDER**
Carl 97	Marcellis 52	Amanda 74
Della 3	Mollie 105	Anaerl 74
Ed 102	Roy 52	Burnett 74
Edith 97	Walter 105	Cecil 74
Ellen 97	**HUNTLEY**	Charles 74
Estil 102	Pedro 35	Clay 74
Ferd 113	Susan 35	Conway 74
Fred 3	**HURLEY**	Estel 56
Freddie 113	Addie 86	Evelyn 74
Garfield 96	Adkins 88	Geneva 56
George 99	Alf 78	Haskel 74
Hazel 113	Alvin 77	Hubert 56
Helen 97	Alvista 81	Jack 74
James 3	Annie 78	Jonas 74
Lillian 97	Arvel 82	Leona 56
Lula 96	Bessie 86	Lizzie 74
Margaret 97	Bob 82	Maud 56

Index

HYDER	ISAACS	JOHNSON
May 74	Blanch 119	Julia 111
Opal 56	Claude 119	Kyra 111
Verna 56	Edith 119	Leonard 112
HUNTER	Frederick 120	Lula 104
Arnell June 72	Mildred 2	Marigold 106
James 72	Rex 119	Mary 111
Julia 72	Roy 119	Minnie 106
INGRAM	Virginia 119	Oscar 111
Althea 100	**JACKSON**	Prophet 106
Joy 100	Mary 119	Robert 104
Nat 100	**JENKINS**	Rose 103
Virgil 100	Charles Edgar 25	Sylva 112
IRICK	Charles Jr. 25	Thomas 97
Alice 16	Conley 44	Viola 111
Anna 13	David 44	Walter 111
Anna 13	Ivalee 25	Will 106
Anna 13	Luther 44	Willard 111
B 13	Mollie 44	**JOINES**
Bernice 13	Omar 44	Aloma 42
Clark 13	Sexton 44	Belvie 42
Claud 16	**JOHNSON**	Effie 42
Dallas 13	Ade 103	Elmo 42
Delma 13	Alfred 111	James 42
Dovie 16	Alma 111	Norman 42
Emma 13	Arnold 106	Omego 42
George 13	Bessie 99	**JONES**
Glasco 13	Beulah 111	Agnes 117
Hattie 16	Charles 111	Alice 111
Helen 13	Charles 99	Andy 114
John 16	Clyde 111	Arlie 114
Mae 16	Dewey 104	Bernice 117
Mary 13	Dillard 111	Beulah 119
Ray 13	Ed 112	Celia 110
Ruby 16	Ernest 112	Clarence 117
Ruth 13	Etta 112	David 112
Scott 13	Ferd 111	David 116
Thomas 13	Florence 104	Dessie 116
Thomas 13	Georgia 111	Dillie 112
Vernon 13	Gilda 111	Ed 116
ISAACS	Helen 112	Eldridge 119
Bert 119	Jesse 111	Ellery 119
Bessie 119	Jessie 104	Elma 116
Bettie 119	John 112	Emory 111

Index

JONES	JULIAN	LAMBERT
Ham 111	Archie 123	Dewey 18
Hardin 111	Carrie 109	Earl 7
Howard 111	Ella 109	Ernest 18
Ida 119	Emma 123	Ethel 18
Imogene 119	Florence 109	Ethel 18
Irene 114	Herman 109	Etta 19
Jeb 119	Linda 109	Frank 7
Jessie 105	Stanton 109	Fred 18
John 117	William 109	Hobart 19
Jordon 116	**KELLER**	Homer 7
Lelia 111	Cathleen 113	Isaac 18
Lennie 119	Christine 113	John 7
Lois 104	Ellen 120	Joseph 18
Lura 114	Ferd 113	Leeta 18
Mamie 112	George 113	Mae 19
Mary 116	Grace 113	Mattie 19
Mataka 105	Helen 113	May 18
Maud 119	Sidney 113	McKinley 18
Maynard 112	**KIRKPATRICK**	Myrtle 7
Millie 116	Elizabeth 12	Ronda 7
Minnie 116	Taylor 12	Roscoe 18
Mollie 117	**KITE**	Ruby 18
Myrtle 112	Alice 40	Troy 18
Nat 119	Brown 40	Walter 18
Nelia 119	Bud 112	William 18
Noble 104	Connie 119	**LANE**
Nola 117	Earl 119	James 81
Ola 117	James 40	**LAWS**
Rader 117	John 40	Edna 112
Robert 111	John Jr. 40	Elsie 26
Robert 119	Joseph 40	Grady 112
Robert Jr. 114	Mary 112	James 112
Robert Jr. 119	McKinley 40	Mary 26
Roy 119	Vertie 119	Moses 112
Ruth 117	**LAMBERT**	Nellie 112
Val 119	Allen 19	Paul 112
Walter 112	Alvin 18	Rosa 112
William 116	Belle 7	William 26
JORDON	Bessie 18	**LEDFORD**
Cassie 70	David 18	Jehu 102
Conley 70	Della 18	Rosa 102
Ollie 70	Della 7	William 102
Sherman 70	Delmas 7	

Index

LEWIS	LEWIS	LEWIS
Alfred 32	Lawson 46	Stant 54
Annie 61	Lewis 91	Stergil 91
Archie 87	Mae 54	Tessie 67
Arvel 91	Maggie 65	Tishie 64
Bernice 64	Mamie 86	Virginia 42
Blanch 86	Marie 26	Walter 24
Carrie 49	Martha 24	Walter 42
Carroll 36	Mary 54	Walter 54
Cecil 42	Mary 67	Walter 64
Charles 36	Mary 86	Willard 24
Charles 67	Mary 87	William 26
Charley 42	May 36	William 32
Charlie 86	Meta 46	William 36
Clara 91	Molly 61	William 94
Clarence 61	Murray 67	Willie 49
Della 46	N. R. 65	Willie 64
Donald 46	Nancy 42	Willie 67
Donas 26	Nancy 54	Wilma 26
Dora 67	Nancy 86	Yvonne 91
Dorothy 26	Nancy 91	**LINEBACK**
Dove 26	Nannie Blevins 46	Malinda 3
Elwood 58	Naomi 46	Nicholson 3
Etta 86	Nellie 67	**LIPPS**
Eva 94	Nicholas 64	Anna 92
Evelyn 93	Nick 86	Callie 92
Fannie 26	Norman 42	Charlie 93
Frances 36	Oscar 8	Della 92
George 36	Paul 46	Dewey 92
Grady 24	Paul 86	Ellen 92
Hamp 67	Pauline 67	Frances 92
Harrell 46	Prince 87	Gertrude 92
Herman 42	Retha 24	Hubert 92
Howard 42	Retta 8	Ike 92
Howard 67	Reuben 86	James 92
Hunter 46	Robinson 65	James 92
Ida 94	Rose 64	Kitty 92
James 23	Ruby 26	Lora 92
Jennie 46	Ruth 42	Mary 93
John 42	Ruth 67	Mary 92
John 8	Ruth 67	Mildy 92
Kyle 24	Sarah 34	Minnie 92
Kyle Jr. 24	Sarah 8	Ola 92
Lawrence 32	Solomon 34	Pearl 92

Index

LIPPS	LOWE	LUNCEFORD
Ray 92	Maggie 111	Oscar 16
Robert 92	Maggie 51	Tiney 7
Susan 92	Maggie 51	Virginia 24
Verna 92	Mary 58	William 4
Walter 92	Mary 63	**LUTHER**
Webster 92	Molly 58	Charles 3
William 92	Myrtle 58	Jerry 3
LIVINGSTON	Noah 64	Ray 4
Alf 77	Opal 111	**LYONS**
Bernice 77	Rosa 64	Grace 91
Caroline 77	Ruth 51	**MABE**
Clara 77	Sarah 51	Bob 49
Dewey 77	Stacy 64	Sona 49
Ervin 77	Steven 57	**MAIN**
George 77	Vester 51	Edgar 8
George 77	Virgie 111	Edith 8
Grace 77	Webster 51	Estella 8
Luther 77	William 63	Nettie Cable 8
Nellie 77	**LUNCEFORD**	Parker 8
Susan 77	Andy 2	**MANN**
Vernice 77	Andy 6	Ulyssis 20
LOWE	Bert 24	Visey 20
Alberta 111	Bonnie 10	William 19
Alline 64	Bulah 10	**MARKLAND**
Basil 51	Celia 6	Alice 52
Beatrice 63	Clifford 2	Allen 50
Bell 57	Della 2	Annie 109
Carl 57	Dewey 6	Caldwell 94
Cecil 51	Dovie 2	Carroll 36
Clarence 57	Eliza 16	Catherine 36
Dexter 111	Frances 24	Ed 110
Earl 64	Freeman 10	Eliza 50
Edith 111	Goldia 6	Frank 109
Elva 92	Jacob 10	Frank 52
Estle 111	James 16	Gernie 109
Florence 63	James 24	Henry 36
George 111	Joseph 7	Henry Jr. 36
Gladys 64	Julia 6	J. N. 52
Harmon 51	Mattie 24	John 109
Henry 111	Mayme 10	John 52
John 63	Noah 2	Lizzie 52
Landon 58	Nora 7	Louis 36
Lettie 64	Ola 24	Martha 94

Index

MARKLAND	MATHESON	MCCLOUD
Mary 36	Billy Hoover 32	Chelsea 39
Minnie 109	Brownlow 32	Mary 40
Minnie 52	Florence 32	Mary 40
Pearl 109	George 32	Olivene 40
Ross 109	Mona 32	Walter 40
Wilburn 94	Oscar 32	**MCCURRY**
Willie 94	**MAYBERRY**	Bernice 103
MARLOW/ MARLOWE	Deck 109	Bernie 103
	Minnie 109	Bynum 103
Etta 14	William 109	Chastain 103
Harrison 14	**MCCLAIN**	Claisey 103
James 14	Albert 104	Ella 103
Lula 96	Annie 104	Ernest 103
Lulu 14	Beulah 113	Eugene 103
Minnie 14	Billy 104	George 103
Orvile 14	Blanch 104	Ira 103
Virgie 14	Charles 112	Lucy 103
William 14	Clyde 113	Macie 103
William 96	Dicie 112	Martin 103
MATHERLY	Dorothy 104	Ray 103
Bill 26	Ella 104	Walter 103
Boyd 37	Elmer 112	**MCKINNEY**
C. J. 26	Essie 112	Binum 96
Charles 26	Frank 104	Caroline 104
Cordia 37	George 113	Clarence 107
Dana 37	George Jr. 113	Creola 107
Dana Jr. 37	Henry 104	Davis 104
Garfield 37	Jack 104	Diana 107
Ida 37	Jane 104	Edith 107
Jane 37	John 113	Elvira 96
Joseph 37	K. C. 113	Ernest 107
Lee 26	Lillie 112	Fletcher 107
Lucy 37	Lou 104	Garfield 107
Marie 37	Margie 104	Georgia 107
Offa 37	Mary 104	Jack 96
Pauline 37	Mary 113	James 2
Percy 26	Mary 113	Jason 104
Percy Jr. 26	Minnie 113	Jennie 104
Retha 37	Newton 113	Jerry 107
Robert 37	Paul 112	Lawson 96
Stella 37	Rural 113	Lillie 107
Vesta 26	Tom 64	Lockie 109
Warren 37	William 112	Lula 109

Index

MCKINNEY	MCNEAL	MILLER
Mackie 2	Thomas 28	Gernie 99
Marion 96	Thomas 31	Gladys 99
Maxine 107	Wesley 32	Glen 101
Nancy 104	**MCNEIL**	Helen 98
Pinkie 107	Jennie 123	Herman 101
Ray 96	Joe 123	Herman 98
Sallie 107	**MCPHERSON**	Hobart 12
Stella 107	Bessie 31	Hobart 5
Vera Lee 109	Lissie 31	Hope 9
Vesper 104	**MCQUEEN**	Howard 101
Will 107	Edwin 28	Jacob 11
William 104	Fred 28	James 12
MCKINNIS	Helen 28	James 99
Lon 12	James 28	James Jr. 99
Ruby 12	Mary 33	Jennings 12
MCNEAL	Mary 40	John 12
Annie 32	Nancy 28	John 49
Brown 32	Stacy 33	John 5
Charley 47	**MILLER**	John 98
Cora 31	Abe 11	Joseph 11
Cynthis 32	Anderson 121	Josie 49
Dale 28	Andrew 8	Julia 98
Dorothy 10	Arlinne 100	June 12
Elma 28	Avery 11	Kate 8
Etoile 28	Beatrice 101	Katherine 5
Ina 10	Beatrice 99	Larraine 100
Irene 28	Blaine 11	Lawrence 98
Jesse 32	Blanch 98	Lee 100
John 28	Charllie 8	Lillian 119
John 32	Clyde 11	Lillie 8
Mae 32	Conley 101	Louise 5
Margaret 47	Daisy 98	Maggie 100
Mary 31	Dallas 100	Marie 101
Minnie 32	Dana 119	Martha 11
Patrick 47	Dorthea 100	Martha 12
Paul 32	Dove 12	Mary 11
R. C. 10	Edell 11	Maud 101
Rhoda 47	Edward 98	May 100
Robert 31	Ella 8	Melvin 100
Robert 32	Elmer 98	Nellie 99
Roby 10	Ernest 100	Norman 101
Roxie 32	Frank 9	Percy 100
Sarah 27	Georgia 101	Raymond 11

Index

MILLER	MONTGOMERY	MORGAN
Raymond 25	Norma 46	Pauline 105
Roby 121	Rex 15	Radford 16
Rosa 5	Robert 10	Robert 16
Rosalee 98	Roosevelt 29	Robert 27
Sam 101	Rosa 10	Rosalee 18
Sam Jr. 101	Roy 10	Ruby 27
Sarah 12	Taylor 15	Rudy 27
Sarah 100	Thomas 29	Ruth 27
Sherman 119	Viola 15	Willard 20
Soloman 8	Warren 10	**MORLEY**
Tasser 101	Warren 15	Adda 25
Vernie 99	Willard 15	Bernie 65
Virgil 99	**MOODY**	Cassie 65
Wesley 101	Cora Anderson 28	Chauncy 37
Wesley 101	Daigle 28	Edwin 25
William 11	Delmas 28	Ellen 37
MILLSAPS	Dennis 28	Ernest 37
Alford 25	Dezmonia 28	George 25
Arlis 25	Dolores 28	Hazel 25
Creasy 25	Dorris 28	Ivan 65
Julia 25	Jim 28	Nellie 25
MONTGOMERY	Joseph 6	Nellie 37
Alice 10	Josie 6	Pricella 37
Anna Bell 29	**MORELAND**	Virginia 25
Christine 46	Bertha 52	**MORTON**
Daniel 15	Everett 72	Clarence 43
David 29	General 72	Clayton 46
Delray 29	Junior 52	James 43
Edith 10	Millard 52	James 43
Faye 46	Myrtle 52	Marie 43
Frances 15	Robert 52	Maybell 46
George 29	**MORGAN**	Rhoda 46
Gertrude 46	Brucie 105	Ruby 46
Grace 46	Charles 105	Sadie 43
Herbert 10	Edward 105	Velma 43
Joye 46	Frank 105	William 46
Laura 15	Helen 27	**MYERS**
Lillian 15	James 16	Arvel 85
Mack 46	James 18	Beulah 91
Mae 10	John 117	Ella 84
Margie 15	Leonard 18	George 91
Nell 10	Margaret 105	Georgia 85
Nettie 29	Matulda 16	James 84

Index

MYERS	NIDIFFER	NIDIFFER
John 78	Annie 75	Walter 60
Mable 84	Arthur 75	Walter Jr. 60
Maggie 84	Bob 60	Wesley 60
Mary 78	Cassie 60	William 47
Mary 84	Conley 95	**NORRIS**
Media 84	Earl 73	Alta 51
Olive 85	Effie 61	Beryl 121
Paul 84	Eliza 95	Bynum 121
Stanley 91	Elizabeth 73	Charley 30
NAVE	Emogene 60	China 121
Annie 67	Ernest 73	Dewey 51
Earl 75	Finley 75	Edsel 51
Edith 75	Gladys 47	Elwanda 121
Edna 75	Grace 65	Evon 30
F. D. 67	Harrison 91	Farrell 51
Harry 75	Henry 75	Furman 51
Henry 75	J. C. 64	George 30
John 74	James 95	Gladys 121
Judson 75	Josie Lewis 47	James 30
Laura 75	Juanita 61	Joseph 30
Lizzie 75	Lizzie 60	Letha 30
Luther 75	Maggie 73	Melbourne 121
Mable 67	Margaret 70	Millie 30
Maine 75	Mary 73	Richard 51
Mark 75	Mary 91	Ruth 30
McKinley 75	Mason 95	Sultana 51
Myrtle 70	Murrel 60	Versia 51
Myrtle 75	Nancy 75	Veryl 121
Nannie 74	Nell 60	Virgie 51
Quinn 75	Newton 60	**OAKS**
Reba 75	Ray 61	Alice 103
Roy 75	Ray 70	Bill 110
Rueben 75	Rosa 60	Carl 14
Ruth 70	Rosa 73	Casey 112
Walter 70	Subird 61	Celia 97
NELSON	Thelma 95	Cora 112
Eliza 113	Tom 73	Dellie 110
John 113	Utah 60	Ellis 96
NIDIFFER	Valah 70	Eloise 103
Alfred 60	Velda 70	Estel 103
Amanda 73	Vicy 47	Etta 14
Amelia 70	W. L. 76	Flossie 112
Annie 64	W. T. 47	Guy 96

Index

OAKS	ODOM	PEARSON
Hazel 103	Solmon 15	William Jr. 1
Ida 103	William 15	Wilma 1
John 14	William 46	**PERKINS**
John 97	**OLIVER**	Clarence 101
John Jr. 110	Amanda 49	Clifford 101
Julius 14	Austin 49	Dolly 101
Kate 110	Elizabeth 93	Dora 97
Leo 103	Etta 93	Dorothea 102
Lester 96	Eva 90	Eva 97
Lois 103	George 93	Fleesie 15
Marion 112	James 90	Gussie 101
May 110	James Jr. 90	Hazel 101
Nero 103	Loretta 90	Hazel 8
Norman 110	Raymond 90	Jeff 101
Paul 103	Ruth 90	Joseph 15
Pinkie 101	Serena 49	Lester 97
Ralph 14	William 93	Lillie 97
Rosa 14	**PALMER**	Malcom 8
Sarah 96	Bertha 111	Mary 97
Thomas 112	Bruce 111	Melinda 8
Tilda 110	Edell 111	Melinda 8
Tully 103	Felix 111	Paris 97
Willie 110	Florence 111	Rose 97
ODELL	James 111	Roy 97
John 89	Janice 111	Ruby 97
Mae 89	**PARDUE**	Sam 97
Malone 89	Beryl 54	Stella 101
ODOM	Dicey 54	Wilbur 97
Anna Lee 15	Jim 54	Willard 97
Apinklaham 15	**PEARSON**	William 8
Bessie 15	Carl 7	William 97
Gracy 15	Dove 1	**PERRY**
Henry 15	Dove 1	Dallas 100
James 46	Estella 7	Edith 109
Jay 15	Gernie 1	Elizabeth 109
John 15	Jewel 1	Frank 109
Leon 15	Minnie 1	Harold 97
Lina 15	Raymond 1	Harrison 97
Linnie 15	Trilla 1	Henry 100
Luther 15	Vergie 1	Lois 109
Mary 46	Walter 1	Loyd 97
Ray 15	William 1	Lula 97
Rosa 15	William 7	Mable 100

Index

PERRY	PETERS	PETERS
Michael 100	Daisy 63	John Jr. 52
Mildred 109	Dan 54	John Sr. 62
Mollie 108	Dan 62	Johnnie 63
Okie 97	Dave 71	June 54
Ollie 100	Della 54	Junior 52
Ordway 100	Dessie 57	Lefty 51
Ortie 97	Dora 71	Lela 63
Pearl 100	Earl 58	Lena 63
Ruby 100	Edith 65	Leola 63
Sam 108	Eliza 44	Lillie 62
Thomas 97	Eliza 56	Lilly 63
Tracy 100	Elizabeth 71	Lola 58
Viola 97	Ella 71	Lucy 63
Wanita 109	Elma 63	Maggie 62
PETERS	Emily 49	Mandy 85
Alfred Jr. 65	Emma 63	Margie 65
Alfred Sr. 62	Estil 71	Martha 58
Alleen 63	Ettie 44	Mary 94
Alvin 94	Eugene 63	May 65
Anderson 51	Euvada 65	May 71
Andy 62	Evelyn 54	Mike 63
Annalee 62	Forney 71	Millie 71
Arley 71	Frances 57	Nannie 63
Audie 63	Frank 44	Naomi 94
Benjamin 44	Fronie 62	Pauline 71
Bertha 54	Georgia 44	Pearl 62
Beryl 57	Georgia 57	Pheba 62
Beryl 62	Gilbert 63	R. C. 63
Bessie 52	Glen 63	Ray 71
Bessie 63	Henry 56	Ray 71
Bessie 71	Henry 56	Rosa 44
Blanch 51	Henry 94	Rosa 71
Brooks 71	Herman 71	Rube 62
Bulah 53	Hobart 71	Ruth 63
Buster 62	Hooper 63	Ruth 71
Carl 62	Hubert 54	Ruth 94
Catherine 71	Irene 63	Sanford 63
Charles Jr. 71	Isaac 63	Stacy 95
Charley 44	James 63	Stanley 63
Chelsea 49	Jennie 56	T. N. 71
Clarence 71	Jim Sr. 63	T. R. 58
Clate 85	Joanna 53	Teter 58
Clyde 71	John 63	Vadie 58

Index

PETERS	PIERCE	PIERCE
Vena 623	Bruce 39	Frances 39 Frances 48
Vernon 53	Bruce 40	Frances 39
Virginia Dare 71	Burchel 92	Fred 72
Walter 71	Callie 75	Gaston 38
Wanda 71	Carroll 14	Georgia 38
Webster 57	Catherine 65	Georgia 41
Wesley 56	Christina 75	Grace 41
Will 54	Christine 55	Griffin 38
Will 71	Clarence 55	Harry 42
Will Jr. 58	Clarence 72	Haskell 39
Will Sr. 71	Clark 65	Hazen 91
William 44	Clyde 91	Henry 72
Worley 58	Cora 38	Houston 68
PHILLIPS	Cora Bowers 39	Howard 38
Birdie 106	Creola 66	Hugh 49
Leslie 106	Crumley 38 D.N. 48	Ida 65
Louise 40	Dan 67	Ina 40
William 40	Daniel 40	Ira 39
PHIPPS	Dayton 41	Ivory 66
Ethel 93	Donelly 40	J. H. Jr. 66
Jane 90	Donley 75	James 91
John 90	Dora 41 Dorothy 48	Jane 38
Logan 90	Dorsey 72	Jane 72
Mandy 90	Dossie 91	Jannie 41
Mollie 90	Earl 66	Joe Jr. 69
Will 93	Edith 39	John 38
PIERCE	Elbert 39	Joseph 66
Alfred 65	Eldridge 65	Joseph 9
Alfred 68	Eliza 58	Julia 40
Allen 41	Elizabeth 49	Julia 91
Allen 49	Ella 67	Lena 39 Kermit 37
Annie 38	Ella 91	Lena 73
Annie 54	Ellen 65	Lester 40
Armisted 41 Bailey 48	Ellis 14	Lillian 39
Berry 38	Elton 41	Lilly 73
Bertha 68	Elva 92	Lola 38
Bertha 69	Elwood 58	Lucy 40
Bertha 91	Emma 68	Lula 39
Bessie 41	Ernest 69	Mable 39
Beulah 40	Ethel 39	Mack 38
Bill 65	Etta 39	Margie 92
Bill 73	Eunice 55	Marie 39
Blonnie 72	Euvada 55	Matty 42

Index

PIERCE	PIERCE	POTTER
Melvin 39	Willy 39	Cleo 115
Melvin 55	Winnie 39	Clyde 19
Mildred 38	Woodrow 38	Crawford 115
Millie 40	Worley 39	Dan 105
Millie 65	Worley 41	Dan 116
Myrtle 68	Worley 72	Dan 122 Dan 115
Nannie 38	**PILKTON**	Danford 3
Nelian 38	Grayson 11	Daniel 121
Nina 54	Lettie 11	Dannice 3
Novella 39	Ruth 11	Dave 110
Ollie 39	**PIPPIN**	David 110
Oma 72	Agnes 110	Delilah 121
Orpha 14	**POOLE**	Dessie 20
Orville 75 Otis 48	Hattie 34	Destie 115
Paul 41	Henry 30	Dortha 18
Paul 72	Julia 34	Dovie 3
Pearl 49	Maggie 30	Eliza 12
R. C. 72	Robert 30	Emma 7
Ray 38	Robert 34	Enoch 6
Raymond 66	Walter 30	Ethel 105
Reuben 55	**POTTER**	Ezekiel 121
Robert 40	Alfred 122	Florence 116
Robert 54	Amanda 20	Frances 3
Robert 72	Anna 115	Frank 110
Rogan 72	Anna Lee 19	Garrison 18
Roy 14	Arthur 105	Geneva 121
Roy 41	Benjamin 22	George 122
Roy 75	Berlin 121	Grace 121
Ruby 39	Bernard 3	Gussie 121
Sally 91	Bernice 122	Ham 20
Samuel 68	Bernie 105	Ham 3
Sarah 40	Bertha 116	Harrison 19
Sexton 41	Bessie 6	Helen 3
Spencer 39	Bonnie 12	Helen 22
Tom 58 Troy 37	Bonnie 121	Henry 115
Vera 66	Boone 122	Hessie 3
Victoria 49	Boonie 6	Hilera 116
Viola 72	Boyd 22	Homer 3
Virginia 38	C. B. 105	Jack 114
Virginia 40	Carrick 20	Jake 116
Walker 39	Carrie 12	James 20
Wilby 38	Charles 115	James 2
Willis 49	Clayton 121	Jane 20

Index

POTTER	POTTER	PRESNELL
Jettie 3	Roy 6	George 115
Jim 105	Rubin 19	Guy 47
John 115	Russell 3	Henry 47
John 12	Sadie 20	James 116
John 122	Sam 110	Janie 7
Joseph 20	Sam 122	Leon 7
Julia 115	Samuel 20	Lincoln 115
Julia 20	Samuel 22	Link 6
Junie 20	Sarah 20	Lorena 115
Kate 103	Sarah 2	Lulu Pierce 47
L. D. 6	Smith 121	Mary 15
Laura 115	Sol 115	Mayme 6
Lena 2	Stan 115	Mollie 116
Lola 115	Stanley 115	Myrtle 115
Lucy 105	Stuart 116	Nannie 115
Mae 3	Ted 7	Polly 7
Mary 103	Tine 12	Ruby 6
Mary 12	Tony 121	Scofield 7
Mary 3	Troy 3	Warren 6
Max 103	Van 115	**PRICE**
May 103	Velma 115	Albert 35
Maynard 103	Velva 3	Arline 35
Mickey 122	Verdie 22	Charley 34
Millard 3	Virgie 121	Christine 98
Millard 6	Virginia 18	Edith 3
Millie 116	Walter 105	Gladys 35
Montie 20	Walter 3	Harvey 34
Murphy 122	William 18	J. L. 3
Myrtle 122	William 6	Lazarus 35
Nancy 116	**PRESLEY**	Lee 3
Nat 122	Joseph 32	Lillie 3
Nettie 121	Lossen 32	Lula 34
Nora 19	Maude 32	Martha 34
Novella 18	Vivian 32	Raymond 3
Okie 116	**PRESNELL**	Sarah 35
Ollie 122	Ben 7	Warren 3
Orpha 2	Bernice 116	**PRICHARD/**
Orta 18	Dorothy 115	**PRITCHARD/**
Pearl 20	Elva 7	Arthur 29
Pearl 3	Emma 6	Bell 82
Raleigh 20	Etta 7	Bessie 82
Ree 3	Frank 115	Callie 29
Robert 115	Gentry 6	Gladys 29

Index

PRICHARD/ PRITCHARD/	RAINBOLT	REECE
Jerry 29	Nina 25	Earl 32
John 82	Retha 33	Elizabeth 32
Leonard 29	Robert 25	Elmer 32
Loma 29	Selma 33	Estle 32
Mae 30	Viola 33	Ethel 32
Martha 82	Willard 33	Hester 31
Mary 29	William 25	Hillary 31
Monroe 30	**RAINS**	James 32
Myrtle 82	Austin 54	Jenna 32
Omar 82	Beulah 91	Lulu 32
Rosie 82	Charles 54	Martin 31
Spencer 29	Eliza 54	Paul 31
Vettie 29	Eliza 54	Roby 31
Winnie 29	Mary 91	Roby Jr. 31
PROFFITT	Maud 91	Roy 31
Hildred 58	Nancy 91	Virgie 31
Izilla 58	Pearl 91	Wiley 32
John 58	**RAMBO**	**RENFRO**
Julia 58	C. W. 59	Aleen 55
Lorraine 58	Martha 59	Anna 55
RAINBOLT	**RANKINS**	Bessie 55
Amy 26	Martin 110	Bittie 55
Anna 25	**RASOR**	Carl 55
Bertha 33	Lottie 60	Earl 55
Catherine 33	Snyder 60	Ettie 56
David 26	**RAY**	Hampton 55
Edith 33	Anna 118	Jennie 55
Elizabeth 25	Bernice 118	Juanita 55
Elsie 25	Charles 118	Latta 55
Emma 33	Evelyn 118	Wade 55
Ethel 26	Hamilton 118	Willie 56
Ethel 26	James 118	**RHYMER**
Fama 35	James Jr. 118	Nora 39
Ferd 26	James Sr. 118	Starling 39
Frances 26	Lydia 118	**RICHARDSON**
Grant 33	Pauline 118	Albert 79
Harold 25	Robert 118	Allen 82
Howard 33	Rosa 118	Annie 80
J. A. 33	**REECE**	Arthur 89
Lucille 26	Bee 32	Arvil 86
Martha 41	Blanch 31	Bertha 95
Mary 26	Callie 31	Bessie 77
	Dora 31	Carl 51

Index

RICHARDSON	RICHARDSON	RITCHIE
Carl 79	Maxwell 95	Ettie 57
Cephus 98	Montie 100	Hattie 58
Charlie 79	Nancy 101	Ina 57
Clarence 95	Nealy 88	Jennie 56
Clemmie 76	Nismia 79	John 58
Clyde 95	Onnie 100	Josephine 57
Dennis 101	Ora 79	Josephine 57
Donald 101	Pearl 86	Lottie 58
Dudley 88	Quentin 101	Marylee 58
Ed 100	Quinton 86	May 57
Eliga 83	Ray 101	Minerva 56
Emma 95	Ray 86	Pearl 56
Evelyn 101	Robert 89	Rebecca 58
Frank 101	Robert 101	Ruth 57
Frank 86	Ruby 51	Stuart 58
H. T. 79	Ruth 98	Tishie 60
Hobart 86	Sallie 79	W. L. 56
Houston 89	Sallie 83	Wiley Jr. 60
Howard 89	Sidney 88	William 67
Hugh 80	Tom 80	Willie 58
Irene 101	Vena 95	**ROARK**
J. C. 100	Verna 51	Arlina 41
James 79	Vernie 98	Beatrice 41
Jasper 95	Virginia 86	Cager 41
Jeff 98	William 79	Dovie 41
Jessie 76	William 95	Kelly 41
Jessie 82	William 100	Oma 41
Jessie 86	Willie 51	William 41
John 98	Woodrow 86	**ROBERTS**
Judge 77	**RITCHIE**	Mack 10
Julia 88	Allen 57	**ROBINSON**
Lela 86	Amy 67	Nicholas 54
Lena 82	Andy 57	Sallie 54
Letha 98	Anna Lee 57	**ROPER**
Lilly 89	Anna May 67	Belva 24
Losan 83	Beulah 57	Troy 24
Lottie 88	Bonnie 58	**SANDERS**
Margaret 88	C. N. 60	Paul 38
Marget 79	Chester 56	**SHANKLE**
Marie 100	Cordie 57	Carmelita 56
Mary 86	Eliza 58	Clyde 58
Mary Bell 51	Ena 57	Cordia 56
Maud 86	Ethel 57	Donald 58

Index

SHANKLE	SHEFFIELD/	SHELL
Ethel 56	**SHUFFIELD**	Eldora 99
Everett 56	Stanley 64	Elva 99
Florence 58	**SHELL**	Ernest 99
Frank 55	Aaron 102	Essie 100
Frank 56	Aden 102	Estel 96
Glenn 55	Alexi 98	Etta 96
Grace 56	Annalee 98	Floyd 107
Hershal 55	Annie 102	Frank 96
Howard 55	Archie 100	Frank 99
Lois 55	Arthur 98	George 99
Margaret 55	Astor 99	Grace 102
Otis 56	Belle 102	Gracie 107
Ralph 58	Berlin 102	Hale 100
Thelma 55	Bernard 96	Hall 98
Willie 56	Bertha 98	Harrison 15
SHAW	Bessie 96	Harvey 96
Emma 45	Beulah 107	Hattie 98
Grace 45	Bonnie 99	Hazel 98
King 45	Brooks 102	Henry 96
Louis 45	Brooks 96	Hilliard 107
Luke 45	Burl 107	Howard 107
Mark 45	Carl 102	Hubert 100
SHEETS	Carl 98	Ina 100
Cordelia 5	Celestine 98	James 98
Edna 4	Charlotte 102	John 102
Eleanor 5	Christine 98	John 102
Fredrick 4	Conley 100	John 102
Gladys 4	Constance 98	Joseph 102
Gracy 4	Create 102	Kathie 100
Hazel 4	Creed 104	Kelly 100
Howard 4	Dan 107	Lacey 99
Loyd 5	Darrell 104	Lagusta 98
Mary 5	Dayton 107	Leon 99
Rosa 4	Dealy 100	Leon 100
Ruth 4	Delcie 99	Leonard 96
William 4	Della 100	Madie 96
SHEFFIELD/	Dennis 108	Maggie 99
SHUFFIELD	Dicy 107	Margie 98
Clara 64	Dorothy 107	Marshall 102
Clint 5	Dorothy 108	Mary 107
Hildred 63	Ed 99	Mary 108
Landon 64	Edith 98	Mary 99
Martha 64	Elaine 99	McDonald 108

Index

SHELL	SHOFFER	SMITH
McDonnell 104	Estil 67	Bessie 40
Meador 99	Virgie 67	Bonnie 42
Millard 99	**SHOUN**	Bruce 47
Missouri 107	Adrian 88	Carrie 26
Myrtle 107	Anita 88	Carter 23
Nancy 100	Bell 80	Cassie 94
Nell 100	Belle 78	Charles 26
Nellie 96	Blanch 88	Charlie 94
Newell 107	Carl 80	Clarence 43
Nola 104	Cora 78	Clifford 88
Oakie 100	Dudley 80	Clyde 95
Odell 99	Edith 62	Corda 41
Paul 99	Fred 62	Cordie 23
Rebekah 102	Hazel 80	Crawford 42
Rex 96	Hubert 88	Daniel 40
Ronald 98	Ira 80	David 40
Ruby 108	Jacob 78	Della 47
Ruby 99	Jessie 80	Donald 43
Sherlia 100	Leona 88	Dora 35
Thomas 108	Martha 62	Edith 42
Thomas 98	Matilda 88	Edward 42
Vernon 98	Pauline 88	Elbert 42
Virginia 108	Powell 62	Ella 43
Walter 99	Ray 80	Elma 94
Warren 96	Sallie 62	Ernest 42
Wiley 100	Stacy 88	Eula 35
William 102	T. N. 80	Ezekiel 35
William 98	Velma 80	Florence 35
Zella 102	William 80	Frank 23
SHEPPARD	**SIZEMORE**	Frank 35
Aaron 119	Dempsey 112	Fred 43
Albert 119	Eulis 112	George 41
Augusta 119	Eva 112	Georgia 26
Fillmore 119	Will 112	Geraldine 47
Hilliard 119	**SLEMP**	Gladys 26
Hurley 119	Brazil 24	Gladys 40
Jessie 119	James 24	Gladys 63
Lydia 119	June 24	Gordon 43
Ruby 119	Loretta 24	Grace 23
SHOFFER	**SMITH**	Grace 41
Andy 67	Alex 72	Grover 35
Bertha 67	Bea 41	Ham 41
Earl 67	Bernice 41	Hamton 41

Index

SMITH	SMITH	STARNES
Hazel 41	Robert 41	Geneva 109
Helen 35	Robert 88	James 109
Homer 35	Ross 94	Lee 109
Hubert 95	Roxie 42	Lewis 109
Hugh 42	Sadie 35	Missouri 109
Irene 72	Sallie 26	Nola 109
James 23	Sallie 35	**STEPHENSON**
James 23	Sallie 35	Cindy 101
James 41	Sallie 40	**STEWART**
John 23	Samuel 88	Anita 44
John 35	Sarah 30	Charley 44
John 42	Spurgon 42	Ina 44
John 42	Taffada 43	James 44
Kate 42	Tim 41	Nellie 44
Kenny 41	Vada 42	Thomas 44
Lawson 26	Val 42	Thomas 44
Leroy 30	Virginia 23	**STINES**
Leta 35	Virginia 30	Morgan 16
Lillian 35	Virginia 35	**STOKES**
Lillian 42	Wayne 41	Helen 2
Lloyd 88	Wayne 94	**STONE**
Loraine 42	William 41	Cora 87
Lula 35	Wilma 35	Dana 87
Lula 41	Zola 23	Edna 87
Mack 35	**SNIDER**	Fay 87
Margaret 40	John 115	Mae 87
Martha 42	**SOUTH**	Robert 87
Mary 43	Ida 12	**STOUT**
Mayme 42	**SPEER**	Abraham 37
Mollie 23	Charlie 89	Aletha 1
Myrtle 88	Daisy 88	Alice 70
Nannie 42	Edward 88	Anderson 83
Neal 94	Fay 89	Anna 37
Nellie 35	Gladys 89	Blanch 25
Nellie 35	Mae 89	Buck 106
Okey 41	**STAFFORD**	Bulah 2
Ollie 26	Annie 72	Cannie 80
Ovie 35	Louise 72	Carl 80
Paco 26	Pauline 72	Celia 81
Pansy 94	**STARNES**	Charlie 15
Ralph 43	Dewey 109	China 25
Ralph 95	Dora 109	Clarence 95
Reece 42	Effie 109	Clay 12

Index

STOUT	STOUT	STOUT
Crete 31	Linny 37	Sophia 31
Dave 80	Logan 106	Susan 80
David 12	Lona 1	Thomas 12
Donald 43	Lonzo 82	Tillie 83
Dorothy 15	Loyd 37	Virginia 25
Dorothy 31	Lue 2	William 1
Earl 43	Lurana 115	**STRICKLAND**
Edith 25	Madison 15	Alice 15
Edith 31	Mae 12	Alison 106
Elsie 15	Magdalina 43	Carrie 15
Emma 25	Marjorie 1	Clarence 106
Essie 80	Martha 81	Della 15
Flora 106	Martha 95	Earl 106
Floyd 1	Mary 12	Edward 106
Fred 115	Mattie 80	Helen 106
Genette 80	Millard 25	John 15
George 15	Minerva 43	Lucy 106
Gilbert 37	Moses 81	Matilda 15
Glen 1	Muriel 115	Mayme 15
Gridley 83	Nellie 2	Pat 106
Haskle 1	Noah 95	Sally 15
Hazel 115	Ossilee 80	**SUTHERLAND**
Hazel 15	P. W. 80	Mary 55
Helen 115	Paul 78	**SWIFT**
Henry 82	Paul 81	Jessie 85
Hilary 115	Paul 95	**TAYLOR**
Hillary 95	Pauline 2	Abraham 53
Ida 12	Rachel 106	Ada 64
J. L. 80	Rader 110	Addie 85
James 31	Robert 106	Agnes 61
Jessie 80	Robert 1	Alf 85
Joe 82	Robert 37	Alfred 53
John 25	Robert 43	Alice 85
John 2	Robert 81	Allen 51
John 78	Roscoe 83	Allen 73
Julia 31	Russell 15	Allen 85
L. D. 81	Sarah 12	Allie 77
L. Z. 80	Sarah 15	Alma 81
Lela 78	Sarah 82	Amanda 54
Leland 82	Shafter 2	Amanda 60
Lillie 25	Sidney 83	Amanda 94
Lillie 31	Silas 25	Annalee 54
Linnie 37	Smith 70	Annie 85

Index

TAYLOR	TAYLOR	TAYLOR
Arthur 52	Edward 76	Harriett 85
Arthur 86	Eliza 51	Helen 85
Arville 85	Eliza 52	Hendrix 77
Bernice 55	Eliza 61	Henry 54
Bertie 53	Elizabeth 60	Henry 64
Bessie 89	Elmo 94	Henry 76
Bill 95	Elwood 51	Henry 85
Brook 61	Emory 54	Herbert 51
Burl 86	Ernest 51	Hiram 52
Burnice 53	Ernest 57	Hubert 88
Caldwell 81	Ester 51	Huston 52
Caleb 60	Ethel 60	Ida 52
Cameron 53	Euell 77	Irene 50
Cameron 53	Eula 85	Isaac 52
Carl 60	Eva 74	Isaac 53
Carl 77	Eva 85	J. M. 53
Cassie 64	Eva 86	J. N. 86
Ceafus 93	Evelyn 81	J. R. 91
Charles 72	Everett 53	Jacob 53
Charles Jr. 72	Everett 60	Jake 93
Charlie 94	Everett 94	James 81
Christine 74	Evon 94	James 89
Clara 52	Fannie 72	Jay 53
Clarence 54	Faye 94	Jenell 57
Clarence 85	Flaudie 93	Jess 52
Clifford 83	Floyd 52	Jess Jr. 60
Clyde 94	Frankie 51	Jessie 77
Connie 56	General 93	Jessie 89
Cora 51	General Jr. 93	Jim 52
Coy 93	George 54	Joe 58
Creasy 72	Georgia 94	Joe 89
Dana 52	Gilbert 54	John 51
Daniel 88	Gilbert 89	John 53
David 85	Glenn 52	John 77
Delmas 86	Golda 93	John 85
Dewey 59	Grace 58	John 85
Donley 85	Grace 89	John 92
Dora 86	Grady 54	Junior 53
Doshia 85	Gustova 57	Landon 81
Earl 51	Guy 51	Lee 52
Ed 51	Hannah 73	Lee 60
Edith 89	Hannah 83	Leonard 85
Edna 72	Harley 54	Lesley 55

Index

TAYLOR	TAYLOR	TAYLOR
Lilleth 57	Pearl 81	William 85
Lillie 77	Phebea 54	Winsel 59
Lillie 93	Pruitt 72	Worley 87
Loss 77	Rena 72	Zellie 51
Lula 60	Reuben 89	Zilda 85
Luthena 57	Robert 54	Zilla 60
Luther 54	Robert 74	**TEAGUE**
Luther 85	Robert 92	C. C. 45
Lydia 53	Roby 52	Catherine 45
Mae 89	Rosa 76	Chassie 45
Maggie 52	Roy 56	Hattie 45
Maggie 85	Roy 86	Lawrence 110
Maggie 89	Ruby 51	Louisa 110
Maggie 89	Ruby 54	William 45
Mandy 77	Ruby 94	**TEASTER**
Margaret 60	Rufus 61	Charles 108
Martha 51	Ruth 93	Dayton 108
Martha 51	S. B. 73	Frances 108
Martha 52	Salina 53	Josie 108
Martha 88	Sallie 53	Mary 108
Mary 52	Sallie 81	Mary 108
Mary 52	Sam 88	Mildred 108
Mary 60	Sanford 59	Ranzy 108
Mary 86	Sarah 54	**TESTER**
Mary 86	Sarah 77	Ben 3
Mary 93	Selmer 60	Camoline Presnell 3
Matilda 54	Selmer 85	Carroll 4
Mattie 76	Sexton 86	Coy 3
May 51	Shay 52	Earl 4
Merley 54	Starlin 93	Eli Finley 3
Murray 60	Stella 59	Harvey 4
Myrtle 50	Susan 92	Howard 4
Myrtle 52	Tessie 51	James 24
Nancy 77	Tina 53	Louis 4
Nancy 87	Tyler 60	Luke 3
Neva 51	Vada 54	Mae 4
Nola 85	Vergie 54	Nattie 4
Onnie 76	Virgie 51	Nelson 3
P. L. 86	Virginia 51	Ruby 3
Pat 50	Vivian 94	Ruth 4
Paul 89	Walter 86	Winnie 24
Paxton 51	Warren 59	**THOMAS**
Pearl 51	Will 85	Beulah 116

Index

TIMBS	VANCE	VANDEVENTER
Bertie 23	Archie 123	May 65
Brady 120	Bessie 109	Molly 65
Charles 23	Bessie 122	Nora 65
Claude 120	Billy 102	Pearl 68
Eaekiel 121	Brownlow 102	Victoria 60
Elesandra 120	Carl 70	**VINES**
Emma 120	Carl Jr. 70	Alf 17
Huston 120	Clarence 122	Arlene 40
James 23	Delia 102	Arthur 20
James Jr. 23	Duard 108	Bessie 40
Jane 121	Edith 102	Billy 40
Lawrence 23	Elwanda 109	Carrie 5
Maggie 34	Henry 109	Claud 20
May 120	Howard 123	Clayton 17
Novella 23	Jack 102	Edna 20
Retha 23	John 122	Edward 28
Robert 121	Lenore 70	Frank 28
Wallace 23	Lola 102	Geneva 20
William 121	Oma 123	Georgia 5
William 23	Paul 102	Grover 40
William 34	Ralph 70	Hattie 28
TOLLEY	Ray 102	Ira 19
Lockie 110	Ray 108	James 19
TRIVETTE	Raymond 70	James 40
Abraham 17	Ruby 102	Ledie 20
Addie 17	Ruth 108	Leona 17
Addie 21	Sherman 108	Lillie 19
Cellie 17	Sterling 108	Loyd 20
Charles 17	Sylva 108	Marie 20
Delia 17	Val 108	Mattie 19
Dessie 17	**VANDEVENTER**	Melvina 19
Dessie 21	Arlington 65	Roselee 5
Elmer 21	Cameron 65	Roy 19
Jacob 21	Edward 69	Thomas 5
Lackey 17	Emma 69	William 19
Lockey 17	Eugene 60	**VONCANNON**
Marjorie 17	Fulmer 68	Anna Mae 10
Oda 17	Howard 68	Bonnie 10
Oscar 17	Joseph 68	Catherine 10
Preston 17	Kate 68	Christine 12
Vergie 17	Lionel 65	Dennis 10
	Luther 60	Edna 10
	Maurine 60	Frank 10

Index

VONCANNON	WALSH	WARD
Janie 10	Sarah 6	Luella 12
Myrtle 12	Selma 6	Mary 16
Wheeler 12	Webster 6	Mary 80
WAGNER	**WARD**	Massalaw 114
Alex 14	Alfred 5	May 34
Andy 14	Alice 5	N. F. 114
Columbus 31	Amanda 2	Nora 5
Ettie 31	Armetha 81	Robert 2
Haskel 31	Arthur 34	Rosa 5
Lawrence 12	Beatrice 31	Roy 34
Robert 31	Bell 80	Ruby 31
Ruby 31	Bessie 114	Sarah 34
Victoria 12	Clayton 31	Spencer 34
WALKER	Dave 80	Stanley 34
Ellsworth 73	David 12	Tamara 34
Hattie 73	Della 2	Thomas 114
Louise 73	Dessie 34	Thomas 31
Margaret 73	Donnie 80	Viola 114
Sammie 73	Dorothy 34	William 34
WALSH	Earl 34	**WATSON**
Alice 7	Edith 34	Allen 21
Bernard 36	Elb 34	Alvin 21
Bert 36	Elizabeth 31	Andy 21
Cecile 36	Ella 2	Ben 64
Crissie 6	Ethel 12	Edith 64
Earl 36	Eugene 2	Elbert 21
Elma 36	Floyd 2	Estal 111
George 36	Frank 16	Ethel 21
Gladys 7	Franklin 31	Eula 64
Helen 36	Glen 2	Flora 111
James 36	Hanah 5	Mary 111
James 7	Hassalaw 114	Phil 111
Leland 36	Hattie 80	Ray 111
Luther 6	Hobart 34	Robert 111
Maggie 6	Ira 31	Ruby 111
Martha 36	Jim 81	**WATTS**
Myrtle 36	John 114	Clyde 25
Obie 36	John 34	Jack 25
Pearl 36	Josie 34	James 25
Raleigh 6	Kermit 114	James 25
Ray 6	Lincoln 34	Jannie 25
Rod 7	Loyd 12	Laurelee 25
Rod Jr. 7	Loyd 34	Myra 25

Index

WATTS	WHALEY	WHITE
Robert 25	Katty 30	Clark 35
Roby 25	Lewis 34	Clyde 94
Ronda 25	Mary Ann 37	Creasy 34
Tice 25	Nancy 33	Dana 38
WAYCASTER	Nat 33	David 24
Abe 117	Nathan 33	Dennis 30
WEAVER	Paul 31	Dove 30
Eliza 61	Ralph 33	Dudley 90
Halley 61	Ray 37	Earl 35
Herman 61	Retha 37	Edith 23
Homer 61	Roe 32	Elma 32
John 61	Rosa 33	Emma 29
Nora 61	Roxie 32	Ethel 34
WHALEY	Roxie 33	Eula 28
Bessie 33	Ruby 33	Fannie 23
Carl 43	Ruth 37	Flora 53
Carter 31	Stella 31	Flora 90
Carter 37	Tipton 37	Floyd 28
Charley 31	Troy 31	Frances 90
Charlie 37	Walter 31	Frank 29
Claude 31	William 31	Franklin 40
Clitola 33	**WHITE**	Garrett 67
Clyde 37	Adda 24	George 67
Coy 33	Alex 50	Granville 28
Dana 43	Alexander 35	Hascal 28
Dana Jr. 43	Alice 26	Helen 67
Daniel 30	Alma 38	Hila 38
David 30	Anna 40	Homer Lee 28
David 32	Anna May 28	Hubert 38
Dewey 34	Annice 53	Irene 23
Dove 32	Annie 32	Irene 38
Ella Gentry 43	Arlie 63	James 26
Ellis 34	Barbra 94	James 89
Ettie 30	Bertha 23	James 90
Frances 31	Bessie 53	Jesse 35
Garfield 32	Blanch 63	John 23
George 43	Boyd 28	John 24
Grady 31	Burson 53	John 26
Hazlewood 32	Carl 67	Juanita 24
Henry 34	Charles 53	Julia 23
James 30	Charles 63	Julia 50
Joseph 32	Chelsea 94	Laura 90
Kathy 33	Christina 29	Lois 88

Index

WHITE	WHITE	WILLIAMS
Lon 24	Will 53	Fannie 23
Lorraine 25	Willard 40	Fletcher 75
Loyd 38	William 26	Flossie 68
Lucy 67	**WHITEHEAD**	Fonce 68
Luther 50	Andrew 34	George 60
Mabel 29	Andy 107	Gladys 66
Mae 89	Gordon 107	Glen 23
Manurva 24	Lydia 107	Golda 68
Marie 26	Martha 107	Grace 68
Mary 23	Ora 107	Grady 68
Mary 35	**WHITTINGTON**	Henry 68
Melissa 25	Birdie 110	Herman 66
Noble 25	Daily 110	Hoover 72
Norma 26	Marie 110	Hubert 75
Oraville 24	Ruth 110	Hugh 67
Otis 38	**WILLIAMS**	Huston 60
Paul 38	Alfred 23	James 23
R. L. 23	Alfred 65	James 65
Ralph 90	Alice 60	Jasper 68
Ray 28	Alice 65	Jessie 71
Ray 35	Amelia 100	John 68
Ray 40	Armsted 66	John 75
Richard 28	Arthur 67	John 100
Robert 67	Arthur 75	Jones 66
Rondle 67	Beatrice 72	Katie 60
Rosa 23	Bell 65	Lee 60
Ruda 26	Callie 65	Lester 75
Sallie 29	Cameron 75	Lizzie 67
Sexton 73	Caroline 67	Lorina 68
Stanley 38	Cela 68	Luchina 71
Stewart 63	Charles 68	Maggie 72
T. A. 53	Charles 75	Marie 71
Terry 53	Clark 65	Mary Lee 60
Thomas 34	Clifton 60	Mattie 68
Tobie 32	Columbus 100	Myrtle 23
Troy 24	Cordie 68	Nannie 68
Vergie 24	Crayton 23	Nannie 71
Victoria 28	Dora 72	Nora 60
Viola 40	Earl 67	Pauline 68
Virgie 88	Edith 68	Pauline 75
Wanitta 40	Elmer 75	Pleasant 65
Wilijean 63	Eston 67	R. J. 69
	Ethel 71	Raymond 66

Index

WILLIAMS	WILSON	WINTERS
Rena 75	Lonnie 63	Florence 98
Robert 23	Louise 103	Frank 106
Robert 67	Maggie 76	Frank 99
Roby 68	Mike 62	Frankie 98
Rod 66	Mike 63	George 108
Rosa 68	Pauline 47	George 73
Roy 66	Ralph 103	Grace 99
Rueben 75	Reno 103	Ham 106
Ruth 66	Robinson 63	Hansel 105
S. W. 68	Sal 63	Hettie 112
Sadie 66	Sarah 62	Houston 106
Sam 67	Sarah 63	Howard 73
Thelma 72	Stacy 62	Inez 106
Vaughn 60	Stanley 62	Jack 106
Vernon 75	Tilda 87	James 105
W. W. 68	Vern 63	James 112
Will 71	William 47	James Jr. 112
Will Jr. 71	**WINTERS**	Jessie 105
WILSON	Agnes 106	Kate 99
Amy 63	Beatrice 98	Lance 105
Carter 47	Bessie 105	Luther 99
Conley 63	Bob 106	Marie 108
Daniel 76	Bobby 73	Martha 106
David 87	Carl 106	Mattie 106
E. L. 82	Carrie 98	May 105
Earl 62	Casey 106	McKinley 112
Edward 103	Cecil 106	Nellie 112
Edward 63	Charlotte 106	Nina 108
Emma 47	Clarence 99	Onnie 105
Finley 103	Cora 106	Orslery 112
Fred 103	Corbit 108	Ouard 105
George 46	Creole 99	Paul 106
Gertrude 103	Dan 106	Ralph 106
Hazel 103	Dayton 105	Robert 106
Helen 103	Debbie 73	Rosa 106
Ida 46	Delatine 108	Rosa 99
Ina 63	Denise 106	Roy 73
James 47	Dora 106	Roy 99
James 62	Dorothy 108	Sallie 105
Jane 47	Ed 98	Steve 105
Jane 82	Elizabeth 106	Theodore 112
Lafayette 47	Emmett 106	Wheeler 106
Laura 103	Estel 99	Willard 112

Index

	Notes:	Notes:
WINTERS		
William 105		
William 106		
William 99		
WISEMAN		
Edith 105		
Edna 105		
Jim 105		
Loyd 105		
Mack 105		
WOOD		
Bruce 96		
Fit 96		
Hazel 96		
Mabel 96		
Ollie 96		
WOODRUFF		
Edward 123		
James 123		
Minnie 123		
Pauline 123		
WORSHAM		
Effie 35		
YATES		
David 122		
Eugene 122		
Ira 122		
Minnie 122		
Ola 122		
Timothy 122		
YOUNCE		
William 37		

Index

NOTES:

Fourth District Appendix

Communities located in the 4th Civil District of Carter County in 1930 included Dye Leaf, Elk Mills, Lower Elk, Lunceford Branch, Luther Hollow, Miller Chapel, Poga, Stout Hill, Sugar Hollow and Walnut Mountain.

Veterans living in the 4th Civil District of Carter County in 1930 are listed below. The war in which they served is listed following names of veterans. These wars include the Civil War (April 1861-May 1865); the Spanish American War (April-December 1898); the Philippine Insurrection (February 1899-March 1901) and the World War (June 1914-November 1918 with American Involvement April 1917-November 1918).

Names of Veterans	Served in this War
Wiley Cable	World War
Maston Dugger	World War
Walter Green	World War
Arlie Grider	World War
Gaston Heaton	World War
Roy Hollyfield	World War
Thomas Irick	World War
Joseph Lambert	World War
Jacob Lunceford	World War
William Pearson	World War
Lee Price	World War
Harrison Shell	World War
Madison Stout	World War

Widows and widowers living in the 4th Civil District of Carter County in 1930 are listed below.

James Andrews	Grant Harmon	Julius Oaks
Nancy Birchfield	Alfred Heaton	Apinklaham Odom
Fannie Black	Granville Heaton	Sarah Potter
Susan Black	Lillie Hicks	Mack Roberts
Susan Cable	Peter Hicks	Mary Sheets
Evaline Chester	Mildred Isaacs	Morgan Stines
George Dugger	Elizabeth Kirkpatrick	Catherine Voncannon
Hannah Dugger	Andy Lunceford	Andy Wagner
Robert Dugger	William Lunceford	David Ward
Algine Eggers	William Mann	Hannah Ward
Catherine Gilbert	Luranie Markland	

Pages 1-22 inclusive enumerate the citizens of the 4th Civil District

There were 189 families living in the 4th Civil District of Carter County in 1930. Mr. William Pearson, age 34, was the enumerator. He lived with his wife, Dove and children, Wilma, Trilla, William Jr. and Raymond on Stout Road in Elk Mills. He was a farmer and military veteran.

Pictured is the family of Camoline Presnell Tester and Eli Finley Tester in a photograph taken about 1950. Beginning in the front row left is Coy, Ben, Louis and Nelson. Second row left is Rilda, Aner, Ida, Ruth, Ruby and Mae. Third row left is Pierce, Earl, Luke and Howard. This photo was taken at the family home place located in the Sugar Hollow, 4th Civil District of Carter County near the Johnson County line and Buntontown. The Tester family moved here from Laurel Falls in North Carolina in 1920 after a fire destroyed their home. E.F. Tester purchased the Sugar Hollow property from William Arney. This is family #29 in the 4th Civil District, 1930 Census of Carter County. Eli Finley is listed as 57 years of age and is a farmer, Camoline, homemaker, 50, Coy, a lumber camp cook, 31, Ben, 23 and Luke, 18 are farm laborers and Nelson, 15, Ruby, 13, Louis, 11, Ruth, 9, Mae, 7 and Howard, 4, complete the family as listed. Earl was head of his own household with wife Nattie and sons, Carroll, 4, and Harvey, 3. Pierce was in the military and lived in Virginia in 1930. Camoline Tester died in 1947 and Eli Finley Tester died in 1954. They are buried in the Andrews/Tester Cemetery in the Sugar Hollow.

First District Appendix

Communities located in the 1st Civil District of Carter County in 1930 included the Campbell Hollow, Cardens Bluff, Dividing Ridge, Fish Springs, Grand Rapids, Little Milligan, Little Stony Creek, Piercetown, Red Hill and Watauga River.

Veterans living in the 1st Civil District of Carter County in 1930 are listed below. The war in which they served is listed following names of veterans. These wars include the Civil War (April 1861-May 1865); the Spanish American War (April-December 1898); the Philippine Insurrection (February 1899-March 1901) and the World War (June 1914-November 1918 with American Involvement April 1917-November 1918).

Names of Veterans	Served in this War	Name of Veteran	Served in this War
Walter Bailey	Spanish American	Ernest Morley	World War
John Campbell	Spanish American	Robert Poole	Spanish American
John Deloach	World War	Henry Presnell	Spanish American
Andrew Finney	World War	Albert Price	World War
James Glover	World War	Homer Smith	World War
A. M. Hicks	World War	James Tester	World War
William Hodge	World War	William Timbs	Spanish American
Lawson Lewis	Spanish American	Grover Vines	World War
William Lewis	World War	Frank White	World War

Widows and widowers living in the 1st Civil District of Carter County in 1930 are listed below.

Michael Banner	Mary Jane Dishman	Lissie McPherson	Catherine Rainbolt
Robert Berry	Harv Estep	Mary McQueen	Fama Rainbolt
Dugger Bunton	Maggie Glover	James Oliver	Oscar Smith
Julia Cable	Mary Glover	Moses Oliver	Sallie Smith
Chris Campbell	Alice Goodwin	Bailey Pierce	Bert Walsh
Jim Campbell	Mary Griffey	Berry Pierce	Carter Whaley
Joseph Campbell	Martha Hately	Griffin Pierce	Maryann Whaley
Joseph Campbell	Hattie Hodge	Lillie Pierce	Alexander White
Nancy Campbell	Ellen Holloway	Matty Pierce	Hila White
Polly Campbell	Elsie Laws	Maggie Poole	Manurva White
Louis Carden	Nancy Lewis	Martha Price	Richard White
Callie Clemens	Henry Markland	Callie Prichard	Effie Worsham
Ellen Culver			

There were 256 families living in the 1st Civil District of Carter County in 1930. Mr. David Goodwin, 56 years of age, was the enumerator for this district. He was a hardware salesman and lived with is wife Bonnie, age 38, and a house servant, Mary White on the Watauga River Road near Butler.

This photograph taken in the early 1920's pictures a Whiting's Lumber Company log train. Whiting's built narrow gauge tracks from a large log loading ramp near Laurel Creek and Beech Creek in Watauga County, North Carolina. These tracks ran to their large lumber mill in Butler, Tennessee. They ran down the Watauga River, through Cowanstown and over Dry Hill before going down the Atwood Hollow across the Roan Creek to the mill. The large Southern Railway ran by the mill coming from Elizabethton and continuing up the Roan Valley to Mountain City.

Pages 23-48 inclusive enumerate the citizens of the 1st Civil District

Mr. Bert Lunceford worked as a foreman at Whiting's in 1930. He is pictured on the stump to the front of the train in this photograph. Mr. Lunceford, age 52, lived with his wife, Mattie, 40, and his daughters, Ola, 19, Frances, 7, and Virginia, 5, and his son, James, 13, in the 1st Civil District of Carter County on the Watauga River Road near Butler.

This was a depot on the Southern Railway after one of the many floods suffered by the citizens of the 1st Civil District of Carter County. Gouge was located between Cardens Bluff and Fish Springs.

Tenth District Appendix

Communities located in the 10th and 12th Civil Districts of Carter County in 1930 included Blue Springs, Buladean, Carter, Midway, Sadie, Stony Creek, Panhandle, Upper Stony Creek and Winner.

Veterans living in the 10th Civil District of Carter County in 1930 are listed below. The war in which they served is listed following names of veterans. These wars include the Civil War (April 1861-May 1865); the Spanish American War (April-December 1898); the Philippine Insurrection (February 1899-March 1901) and the World War (June 1914-November 1918 with American Involvement April 1917-November 1918).

Veterans Names	Served in this War	Veterans Names	Served in this War
John Alford	Spanish American	Henry Peters	World War
Bruce Blevins	World War	Houston Pierce	World War
Rufus Bradley	Civil War	John Proffitt	World War
Edward Coleman	World War	Austin Rains	World War
John Echols	Spanish American	Andy Ritchie	World War
Herman Grindstaff	World War	Ernest Taylor	World War
James Hunter	World War	Pat Taylor	World War
Walter Lewis	Spanish American	Carl Vance	World War
John Lowe	World War	Lionel Vandeventer	World War
Judson Nave	World War	Sexton White	World War
McKinley Nave	World War	Will White	World War
Ray Nidiffer	World War	Alfred Williams	World War
Wilford Oliver	World War	Sal Wilson	World War

Widows and widowers living in the 10th Civil District of Carter County in 1930 are listed below.

John Alford	Blanch Grindstaff	Mary Nidiffer	Allen Taylor
Josie Berry	Homer Hardin	Elma Peters	Amanda Taylor
Clell Blevins	Nancy Hardin	Emily Peters	Eliza Taylor
Katie Blevins	Mary Lewis	Will Peters Sr.	Everett Taylor
Jessie Bradley	Molly Lewis	Lottie Rasor	John Taylor
Celia Buckles	Molly Lowe	Snyder Rasor	Luthenia Taylor
Joe Buckles	Frank Markland	Willie Renfro	Martha Taylor
Mossie Buckles	Minnie Markland	Josephine Ritchie	Salina Taylor
Nancy Colbaugh	Everet Moreland	William Ritchie	Joe Vandeventer
Jennie Dugger	Annie Nave	Fred Shoun	Kate Vandeventer
Jennie Elliott	Judson Nave	Martha Shuffield	Lee Williams
Robert Ferguson	Amanda Nidiffer	Stanly Shuffield	
Sarah Forbes	Maggie Nidiffer	Annie Stafford	

There were 248 families living in the 10th Civil District of Carter County in 1930. The enumerator was Mr. Robert Hardin Jr. He was 39 years of age and lived on Hardin Hollow Road with his wife Jennie, 36, and daughter Nell, 16. He was a farmer.

Pages 49-75 inclusive enumerate the citizens of the 10th Civil District

James Marion Lewis and his wife Mary are pictured in this 1912 photograph with their children, Sally, Julie, and Stant. In the 1930 census Stant, 49, and his wife, Mae, 38, are listed in the 10th Civil District of Carter County with his mother, Mary, 76. His father died in 1913. Stant began work at North American Rayon as a supply clerk and ended his career as head of the credit union. Stant was the enumerator for this district in 1920. He also served as a county road commissioner.

Twelfth District Appendix

Communities located in the 10th and 12th Civil Districts of Carter County in 1930 included Blue Springs, Buladean, Carter, Midway, Sadie, Stony Creek, Panhandle, Upper Stony Creek and Winner.

Veterans living in the 12th Civil District of Carter County in 1930 are listed below. The war in which they served is listed following names of veterans. These wars include the Civil War (April 1861-May 1865); the Spanish American War (April-December 1898); the Philippine Insurrection (February 1899-March 1901) and the World War (June 1914-November 1918 with American Involvement April 1917-November 1918).

Names of Veterans	Served in this War	Names of Veterans	Served in this War
Allen Archer	Spanish American War	John Odell	Spanish American War
Joseph Arnold	World War	Albert Richardson	World War
James Blevins	World War	Allen Richardson	World War
Will Blevins	World War	Houston Richardson	World War
Charlie Bowers	World War	Noah Stout	Spanish American War
Charles Estep	World War	Allen Taylor	World War
Godfrey Estep	World War	James Taylor	World War
William Lipps	Spanish American War		

Widows and Widowers living in the 12th Civil District of Carter County in 1930 are listed below.

Nancy Blevins	David Garland	Wilburn Markland
Amelia Campbell	Martha Garland	W. L. Nidiffer
Belle Campbell	Nancy Garland	Mandy Phipps
Lee Campbell	M. B. Grindstaff	Elva Pierce
Matilda Cole	Nancy Grindstaff	Martha Pritchard
Maggie Crow	Rettie Hankle	Julia Richardson
Eveline Estep	Mollie Heatherly	Marget Richardson
Grace Estep	Doshie Holder	Mary Richardson
Joe Estep	Alvista Hurley	Tom Richardson
Lizzie Estep	Evelyn Lewis	T. N. Shoun
Sarah Estep	Nancy Lewis	Hannah Taylor
Susan Estep	Callie Lipps	Mandy Taylor

There were 218 families living in the 12th Civil District of Carter County in 1930. The enumerator was Mr. Joseph Arnold who was 36 years of age and lived with his wife Nora, 40, and daughters Ruth, 7, and Mary, 5. He was a sawyer at a log mill.

Pages 76-95 inclusive enumerate the citizens of the 12th Civil District

This photograph of a part of the Stony Creek Community was taken around 1910. This community was located in the 12th Civil District of Carter County in the 1930 Census.

Sixteenth District Appendix

Communities located in the 16th Civil District of Carter County in 1930 included Big Elk, Bluegrass, Buck Mountain, Elk, Lower Shell Creek, Nowhere, Upper Shell Creek and the Falls.

Veterans living in the 16th Civil District of Carter County in 1930 are listed below. The war in which they served is listed following names of veterans. These wars include the Civil War (April 1861-May 1865); the Spanish American War (April-December 1898); the Philippine Insurrection (February 1899-March 1901) and the World War (June 1914-November 1918 with American Involvement April 1917-November 1918).

Names of Veterans	Served in this War	Names of Veterans	Served in this War
Eliga Badgett	Spanish America War	Charles Morgan	World War
Arthur Bare	World War	Daniel Potter	Civil War
Henry Blackwell	World War	Jack Potter	World War
Glen Buck	World War	Aaron Shell	World War
Walter Church	Spanish America War	Floyd Shell	World War
Henry Cordell	World War	John Shell	Spanish America War
David Ellis	World War	Thomas Shell	Spanish America War
Joe Ellis	Spanish America War	Thomas Shell	World War
George Greer	Spanish America War	William Shell	Spanish America War
William Gross	Spanish America War	John Snider	Spanish America War
Caney Hopson	Spanish America War	Fred Stout	World War
George Hoss	World War	Clarence Strickland	World War
Nat Jones	Spanish America War	Sherman Vance	World War
Robert Jones	Spanish America War	Andy Whitehead	World War
George Keller	World War	George Wilson	World War
Earl Kite	World War	Reno Wilson	World War
Lee Miller	World War	James Winters	World War
Sam Miller	Spanish America War	William Winters	World War

Widows and widowers living in the 16th Civil District of Carter County in 1930 are listed below.

David Ashby	Arbella Edwards	Jane McClain	Dicy Shell
Harriet Ashley	Nancy Elliott	John Morgan	Rebekah Shell
Eliga Badgett	John Greenlee	Dellie Oaks	Jane Simerly
Dave Baker	Robert Heaton	Pinkie Oaks	John Snider
Emily Blackwell	Rhoda Hodge	Sarah Oaks	David Stout
Julia Blackwell	Ella Hopson	Sol Oliver	Rader Stout
Belle Brewer	Harrison Hopson	Dora Perkins	Louisa Teague
James Brewer	Matilda Hoss	Rose Perkins	Mary Teaster
Roby Brewer	Sarah Hoss	Elizabeth Perry	Lockie Tolley
Bell Buck	Jane Hughes	Birdie Phillips	Lydia Whitehead
Hattie Bumgardner	Thomas Johnson	Bonnie Potter	Kate Winters
Bertha Caraway	Celia Jones	Nancy Richardson	Martha Winters
Jacob Davis	Claisey McCurry	Vernie Richardson	David Yates

There were 254 families living in the 16th Civil District of Carter County in 1930. Mr. Edward Woodruff, age 69, was the enumerator. He was a farmer and lived with his wife, Minnie, 57, his son James, 20, his daughter Pauline, 19 and a niece, Emma Julian, 40, and her son, Archie Julian, age 10.

Pages 96-123 inclusive enumerate the citizens of the 16th Civil District

This photograph was taken along the East Tennessee and Western North Carolina Railway which originally ran from Johnson's Depot (Johnson City) Tennessee to the Cranberry Mines past Elk Park in North Carolina. Pictured are Bill Sisk, Clarence Angel, Charlie Miller, Sherman Pippin, Loy Harrell, David Pippin, and Andrew. This portion of the railway ran through the 16th Civil District of Carter County. Eventually after changes of ownership and financial hardship the railway was completed through Shulls Mill to Boone. The 1940 flood destroyed the Linville River part of the railway and it was not practical to rebuild. The Johnson City to Cranberry railway continued to operate until 1950.